日本の児童養護と養問研半世紀の歩み

未来の夢語れば

編集 全国児童養護問題研究会
日本の児童養護と養問研半世紀の歩み編纂委員会

福村出版

[JCOPY] 〈出版者著作権管理機構 委託出版物〉
本書の無断複写は著作権法上での例外を除き禁じられています。複写される場合は、そのつど事前に、出版者著作権管理機構（電話 03-3513-6969、FAX 03-3513-6979、e-mail: info@jcopy.or.jp）の許諾を得てください。

はじめに

　全国児童養護問題研究会（養問研）は、1972年の第1回全国大会から数えて今年で45年になり、2016年に第45回全国大会を迎えた。

　戦後混乱期のなか、憲法が発布されて、第25条で生存権と社会福祉の権利性が謳われた。その後、児童福祉法が公布・施行されて、措置制度を基盤にした児童福祉施設や里親など、いわゆる現在の社会的養護の原型が制度化された。しかし、その理念と実際には大きな隔たりがあった。厚生行政の運用も含めてきわめて救貧的保護的であり、施設児童の生活の実態も児童福祉施設最低基準に規定されてきわめて低劣であった。施設職員の配置基準が少なく、措置費の生活費、職員の労働条件も劣悪で、子どもの権利を護ることもままならず職員自身も自己犠牲を強いられ、自分の権利すら護られない状況が常態化していた。

　児童福祉法成立から20年を経る頃の1960年代後半、積惟勝が、施設は家庭に勝るとも劣るものではない、施設の主人公は子どもであり、主体的に生活をつくり上げていくもの、として集団主義養護論を提唱し、養護施設の現状に警鐘を鳴らした。これらに共感した養護施設の職員を中心に、福祉・教育系の学生や大学教員・研究者らが集い、積惟勝を会長として1972年、養問研の第1回全国大会を名古屋市の日本福祉大学で開催した。

　この会は、あくまでも自主的で民主的な研究・運動団体として展開し、年1回の全国大会を45回重ねてきた。この間、施設現場に根ざした実践を基盤に、各支部での実践・活動、中部日本・東日本・西日本の研究集会を企画運営して、全国的に活動を発展させてきた。

　また、日常の実践報告や大会報告等を出版する活動も多岐にわたっている。機関誌や研究誌もあり、また会員が、あるいは会員が共同で独自に執筆、発行している書籍も多数ある。機関誌は『そだちあう仲間』であり、当初は会員の研究発表や意見交換の場であったが、最近は全国大会の抄録集ともなっている。研究誌は年1回発行で『日本の養護』⇒『日本の児童問題』⇒『日本の児童福祉』⇒現在は『子どもと福祉』（明石書店）と変遷している。

　これとは別に、大会の節目で時宜を得た記念の出版物を発行してきた。発足から10年の『明日をきずく子どもたち』（1981年）は、これまでの活動を養護白書として社会に問うということで出版した。次に出版した『ぼくたちの15歳―養護施設児童の高校進学問題』（1983年）は、これまで全国大会の分科会などでも数年取り上げてきた、いわゆる高校進学問題、教育と福祉の統一をめざしてまとめた。

　1992年には、『春の歌うたえば―養護施設からの旅立ち』を刊行した。ここでは、各支部の活動拠点の会員を通じて養護施設の体験者から手記を募り、そこには自立の困難さ、生きていく上での労苦、そしてそこから施設が社会に果たす役割とは何かを考えさせる、まさに当事者の生々しい現実が綴られている。近年の当事者活動の魁ともいえる。これを第20回全国大会の記念事業として発行している。

その後の『児童養護への招待―若い実践者への手引き』(1996年)は、若い実践者とともに学び、ともに育つことを願って、若い実践者の手引きとして、会員30名からなる実践者からの執筆をまとめたものである。

　そして第30回大会を記念してまとめたのが、『子ども虐待と援助―児童福祉施設・児童相談所のとりくみ』(2002年)である。虐待問題が深刻化するなかで、施設や児童相談所関係者や研究者から執筆いただき、特に子どもと家族への援助の視点と実践での具体的事例から、虐待についての制度や政策にも切り込んでいる。

　さらに第35回大会(2006年)の記念事業として出版したのが、少し遅れて2009年発行の『児童養護と青年期の自立支援―進路・進学問題を展望する』である。これまで前出の『ぼくたちの15歳』発行から福祉と教育の統一を掲げ、討議を重ねてきたもので、自立支援に焦点を絞り、そのあり方を考察し、また施設体験者からの提言等も盛り込まれている。

　続いて第40回大会(2011年)に発行したのが、『施設で育った子どもたちの語り』(明石書店)である。前出の『春の歌うたえば』から20年、その時代背景は異にしているが、当事者による語り、社会的養護への提言やソーシャルアクションも活発になってきている。

　そして今年は第46回全国大会である。この45年余りの養問研の歴史を顧みると、先達のご苦労やそれにも増して実践に根ざした会員相互の議論や討論のなかで、子どもの権利への思いや、制度・政策への意見表明や提言等が重く胸に響いてくる。これら歴史を通してもっと先達に学ぶべき点、そこから新しい時代に即した展望を模索しながら、改めて養問研の歩むべき道を探したいと思い、ここに『日本の児童養護と養問研の歩み―未来の夢語れば』を上梓するものである。

　この副題は、歌人でもある積先生の自作短歌集『伴侶』に掲載されたなかの、「未来の夢語れば　母ら急にはしゃぎ　あどけなきころの　表情見せる」からとったものである。すでに大きくなって子をもつお母さんになった教え子を詠んだもので、積先生の子どもたちへの変わらぬやさしい眼差しと語りあいを養問研でも大切にしていきたいとの思いを込めて、副題とした。

　それにしてもこの養問研の半世紀の歴史はあまりにも深くて重い。資料を見てたじろぐこと、しばしばであった。養問研の歴史と重みを、今、改めて実感するとともに、その足跡を後世に引き継ぎたいとの思いを強くしている。

　おわりに、本書を発行するにあたりご多忙のなか執筆くださった皆さま、ご協力いただいた会員の皆さま、そして出版に漕ぎつけていただいた福村出版には重ね重ねの謝意を表するものである。

2017年3月

喜多一憲（養問研会長）

本書の構成について

　本書は「はじめに」で喜多会長が述べたように、養問研の全国大会が45回を迎えるにあたって企画され、2014年度から準備を進め、第46回大会を前に刊行するに至った。本書は特別鼎談、第1章、第2章、第3章、第4章（資料編）から成っている。ここでは、内容に入る前に、本書の構成について述べておきたい。

　まず、特別鼎談「養問研の歴史を振り返る」では、養問研の長年にわたって役員を務めてきた浅倉氏、長谷川氏、喜多会長の3名から、創設当初のエピソードや苦労、組織体制と担ってきた役割、養問研への期待などを語っていただいた。それをふまえて、第1章「集団主義養護論と養問研」では、第1節で調査研究部長の遠藤氏に「集団主義養護論と養問研の理念・思想」と題して、養問研の創設当初から理論的支柱であった集団主義養護論や、理論的系譜を歴史的に整理していただいた。そして、第2節「養問研活動で大切にしてきたこと」では、歴代役員7名の方に当時の状況や、養問研への思いを語っていただき、合わせて複数の支部から各地域での活動を書いていただいた。

　第2章「戦後の社会的養護における養問研の活動」では、まず、第1節「養問研の歴史と活動」で遠藤氏に、「養問研の活動と主張」と題して全国大会を中心にその歴史と主張について、喜多会長に「戦後日本の児童養護の主な事柄と養問研」について書いていただいた。

　第2節「私にとっての養問研」では、各支部の若手・中堅・ベテラン16名の方々に、養問研との出会いや活動、思いを語っていただいた。そして、第3節では長谷川氏に「30年間、養問研編集部に関わって」と題して、主に編集部の活動と苦労について書いていただいた。

　第3章「子どもと職員の人権保障と実践指針」では、第1節で望月氏から「家庭環境を奪われた子どもの権利保障と実践指針」について、国内外の動向や実践指針を策定するに至る展開過程を整理していただいた上で、第2節「養問研実践指針を生かした施設養護実践」において、永井氏と安部氏から実践指針をベースにした実践を書いていただいた。

　第3節「養問研と養護労働」は筆者が担当し、養問研が創設当初から大切にしてきた政策提言や養護労働、職員養成の課題をふまえて養問研の役割の重要性について述べた。そして、第4節「児童養護の未来を展望する」では、副会長の武藤氏から近年の政策動向をふまえて、児童養護や養問研の今後の展望について書いていただいた。

　最後の第4章「資料編」では、養問研歴代体制、支部活動の記録、養問研刊行物（『そだちあう仲間』『日本の児童福祉』など）について、表紙の写真付きで紹介した。その他、養問研の規約、入会案内、入会申込書なども合わせて掲載した。

　以上のように本書は、日本の児童養護や養問研が歩んできた半世紀について、歴代役員からベテラン・中堅・若手それぞれの会員の思い、そして、研究者による論稿も含めてトータルに示した著作である。ぜひご一読いただきたい。

堀場純矢（編集委員／養育研編集部長）

目 次

はじめに　3

本書の構成について　5

特別鼎談　「養問研の歴史を振り返る」　8

第1章　集団主義養護論と養問研

第1節　集団主義養護論と養問研の理念・思想……遠藤由美　18

第2節　養問研活動で大切にしてきたこと

　　　もてる力を発揮し、自由にものが言え、前向きに物事を考えられる養護……大塚哲朗　35

　　　私のなかの養問研……神田ふみよ　37

　　　養問研の仲間とともに養護実践を切り拓く……鳴海賢三　40

　　　全国養護問題研究会の設立に関わって……中村國之　42

　　　積惟勝先生との出会い、そして学びのなかで……浅倉恵一　44

　　　仲間とともに養護実践をつくる……春日明子　46

　　　分野別研究運動と社会福祉の進歩と向き合って……豊田八郎　48

　　　神奈川県の支部活動で大切にしてきたこと……安部慎吾　50

　　　養問研を自主研の機関車に……河野博明　52

第2章　戦後の社会的養護における養問研の活動

第1節　養問研の歴史と活動

　　　養問研の活動と主張……遠藤由美　56

　　　戦後日本の児童養護の主な事柄と養問研……喜多一憲　86

第2節　私にとっての養問研

　　　日々の実践を見つめ直す機会……岩田正人　94

　　　ダンスを通した集団づくりをめざして……加藤　潤　96

　　　養問研に支えられて……児玉あい　98

　　　児童養護施設におけるそだちあう仲間づくり……宮﨑正宇　100

　　　養問研での学びを実践に活かす……原田裕貴子　102

　　　養問研とともに学び育つ……岡出多申　104

　　　人とのつながりの場……貝田依子　106

　　　養問研とともに歩んで……合宝好恵　107

　　　　私と養問研の活動……芦田 徹　109
　　　　私と児童養護施設……尾道敦子　111
　　　　私にとっての養問研……前田佳代　113
　　　　養問研は私の羅針盤……河野博明　115
　　　　合唱組曲「さむい夜空の星たちよ」に寄せて……源野雅代　117
　　　　養問研と私……相澤知奈実　119
　　　　養問研と私――3本柱を大切に……髙橋朝子　121
　　　　養問研活動によって活かされた人生……柴山英士　123
　　第3節　30年間、養問研編集部に関わって――先人たちとの思い出……長谷川眞人　125
　　　　児童養護問題を捉えるための年表　138
　　　　全国児童養護問題研究会全国大会略年表　145
　　　　全国児童養護問題研究会全国大会「テーマ」一覧　154

第3章　子どもと職員の人権保障と実践指針
　　第1節　家庭環境を奪われた子どもの権利保障と実践指針……望月 彰　156
　　第2節　養問研実践指針を生かした施設養護実践……永井 健　171
　　　　実践指針を活かした施設養護……安部慎吾　176
　　第3節　養問研と養護労働……堀場純矢　182
　　第4節　児童養護の未来を展望する……武藤素明　190

第4章　資料編
　　・養問研歴代体制　202
　　・支部活動の記録　209
　　・中部・西日本・東日本研修会一覧　212
　　・養問研刊行物　222
　　・養問研出版書籍　230
　　・全国児童養護問題研究会（養問研）規約　233
　　・全国児童養護問題研究会（養問研）入会のご案内　237
　　・全国児童養護問題研究会　入会申込書　238

あとがき　239

編集後記　241

特別鼎談 養問研の歴史を振り返る

喜多一憲
（養問研会長／名古屋文化福祉会理事）
浅倉恵一
（養問研前会長・養問研顧問／社会福祉法人日本児童育成園理事長）
長谷川眞人
（養問研前編集部長・養問研顧問／NPO法人「こどもサポートネットあいち」理事長）

喜多：今日は、設立当初から養問研に関わってきた前会長の浅倉さんと前編集部長の長谷川さん、そして現会長の喜多で、養問研の歴史を振り返ってみたいと思います。まず浅倉さん、どのようにして設立に至ったのか、お話いただけますか。

■設立当時の状況

浅倉：養問研の設立大会を開く前、積先生を中心とした全国養護施設研究会（全養研）という組織があり、活動していました。その活動を全国的なものとするための全国大会を開きたいという積先生の思いがあり、積先生が日本福祉大学（以下、福祉大）の教員になって2年目の1972年に、その大会が開催されました。その大会の総会で話し合われた結果、「全国養護問題研究会（養問研）」として再出発することになったわけです。

その大会準備は実行委員会体制を作ってやろうということになり、全養研で活動していた中村國之さんを中心として、東海龍毅さんや豊田八郎さん、私などで実行委員会を結成して、福祉大

の教員や学生さんたちの協力の下に実施しました。

喜多：設立大会には多くの人の力が結集したということですが、どのような人たちが集まったのですか？

浅倉：第1回大会は、養護施設や乳児院の労働組合に関わっている人たちの参加が多かったような気がしますね。施設関係者以外では、大学生や大学の教員たちが多かったんじゃないですか。

喜多：施設現場の一般の職員たちの参加はどうでしたか？

浅倉：当時は、人権問題とか民主主義といったことを言うのは嫌われていた時代なので、施設職員の参加は難しかったのではないかと思います。

喜多一憲さん

喜多：ある意味では、職員は動きにくい状況があったということですね。

浅倉：そうですね。その状況を反映してか、最初の大会のころは「養護労働」という言葉やその内容に関心が高く、その内容をテーマとする分科会にたくさん人が集まったように思います。

喜多：当時、たしかに福祉に「労働」という言葉はなじまないという風潮がありましたね。

浅倉：そうです。だから施設長さんから、「養護労働」という言葉を使う養問研は嫌われたのでしょう。

喜多：「子どもの人権」については、どうでしたか？

浅倉：「人権」「権利」という言葉そのものが嫌われた時代です。子どもの権利もさることながら、職員の権利とか、「民主的な組織」ということに対する抵抗感があったんじゃないですか。代々養護施設というのは家族制度的なニュアンスがあって、一種の家父長制度的な施設養護があったので、それから見たら民主的な家族集団というのはなじまなかったのだと思いますよ。

■施設指導員は「番犬役」の時代

喜多：長谷川さんはどのように積先生と出会い、どのように養問研に関わってこられたのですか？

長谷川：1966年頃でしたか、名古屋市が管轄していた野間郊外学園と本宿郊外学園と横須賀郊外学園の3つの養護施設が統合されて、翌年、尾張旭市に移ってきました。子どもたちは200人ぐらいいたかな。施設に住み込みで4年間やってきました。指導員は、子どもが逃げないように、問題を起こさないようにということで「番犬役」。だから独身は住み込みでした。そうした状況を何とか改善しなければという時に、積先生と出会ったのです。

当時、名古屋市でいえば、施設の子どもたちは高校進学ができず、中学を卒業したら社会に出るという状況でした。卒園してから子どもたちが帰りたくても、帰る部屋がありませんでしたから、アフターケアも施設でやれない。当時はそういうことに始まっていろいろな問題がありまし

たが、名古屋市は無関心でした。民間施設も余裕がなかった。それを何とか変えていくには短期間で施設を変わってしまっては改善できない。私は若松寮に就職を決めた時には、長く勤めるとの覚悟を決めていました。施設を出た子が戻ってきた時、当時の職員がいれば安心して相談できると思ったからです。こうして22年間、私はずっと公立施設でやってきました。

喜多：いろいろ問題がある時代に、積先生や養問研に出会ったわけですね？

長谷川：そうですね。養問研との関わりは、働き始めて5年目か6年目の頃に積先生を紹介していただき、積先生が福祉大の教員になられ福祉大で大会が開催された時に大会に参加したことが始まりでした。それからは積先生の本を読み、いろいろなことがわかってきて、実践を見たいということで松風荘には何度も足を運びました。積先生の話を聞きながら「ああ、養護というのはこういう集団でできるんだ」と思いましたね。そのことを詳しく知りたかったというのが、大会に出る一番大きな動機でした。

喜多：私の場合、学生時代から養護施設にボランティアで関わっていました。学生時代に、たまたま積先生の『生活を創る子どもたち』、これは1975年に出版した積惟勝先生の養護施設の実践記録ですが、これを読んで、今までと違う子どもの人権をすすめる、子どもが主人公であるという素晴らしい実践だと感心して、伊豆半島の戸田で子どもたちと合宿している時に現地まで行き、積先生と飲みながら話をしたということがありました。本当に素晴らしい実践だと感動しました。

■民主化を求めた時代の躍動

喜多：1972年に第1回大会が開かれていますが、その時の雰囲気はどうでしたか？

長谷川：浦辺史先生とか小川太郎先生といった、本で読んだことしかない人たちが参加しておられ、そこで議論をしているわけですよ。それだけでもすごいと思いましたが、発言を聞いて「いい会だなあ」と感動しました。500人ほど参加していましたか、とにかく熱気がありましたね。みんな何とかしたいという熱い気持ちをもって集まったんじゃないですか。

浅倉：第1回は設立大会で、1泊2日だけの会でしたが、第2回大会からは、2泊3日の泊まりがけでした。

喜多：養問研の理論的支柱は、積先生の思いに影響を受けていますが、どのあたりから出てきたのですか？

長谷川：積先生の考えに多くの方が共感・共鳴し、養問研に結集したと言ってもいいでしょうね。積先生は本のなかでこう話されています。「施設に来る子どもたちは、人格や人権が破壊された、人間的にはもっとも犠牲の大きな子どもたちである。だから、施設で子どもたちにあたる職員は子どもたちの人権を擁護し、その人権の正しい発達を保障することが大事である」「施設は人間を人間らしく教育する場である。未来の主権者としての労働者を育て上げる場とすべきであり、そこに児童養護施設で子どもを養育する意義がある」と。これに私はすごく共鳴しました。

　もう1つは、施設は家庭に勝るとも劣らないという考え方です。私なりに解釈すると、施設であっても家庭と変わらないような指導ができるということではないでしょうか。なかには、積先

生の主張を施設の方が家庭よりもいいという考え方だと誤解して、積先生の集団主義養護に問題があると考えた人が結構いたように思います。
浅倉：施設長さんたちが批判していたのは、そういうこともあるだろうけれど、施設の主人公は子どもたちだという認識に対する拒否感があったような気がしますね。子どもたちに民主的な集団を作ることへの抵抗感が、まだ施設にあったのではないでしょうか。
喜多：その頃すでに、教育のなかで「学校の主人公は子どもである」と言われていましたが、施設運営はまだそこまで開けていなかった。

浅倉恵一さん

浅倉：当時の養護施設は家父長的なところが強かったですからね。
喜多：厚生行政はできるだけ福祉の世話にはならないように抑えてきたわけでしょう。そういうなかで、養護施設はかなり貧しい、劣等処遇そのものだということが、みんなわかっていた。ですからそれをどのように変えていくかという変革への熱い思いが、養問研の大会の熱気に表れていたのではないでしょうか。

■ 当時、沈着していた問題
喜多：施設の歴史のなかで考えると、当時の福祉行政はどうでしたか？
浅倉：施設の職員は住み込み制が当たり前と考えられていました。それを通勤でもいいのではないかという考え方に変えていくには、相当エネルギーが必要でしたね。今はまた「家庭的養護」という言葉が使われ始め、小規模化の流れがありますが、そうすると住み込みでなきゃできないというように、昔に戻ってきたような感じがないわけではない。
喜多：家庭第一主義ですね。昔は施設の中にも、保母さんの犠牲は当たり前だという考えがありました。今日でいう小規模化という流れの中で、形態論を優先させて労働時間の問題、支援する職員の権利がおざなりになりかねない問題性は現在でも拭いきれていませんが……。
浅倉：その時代は「福祉」という言葉は使っていても、心のなかには慈善事業的な価値観があって、それを職員に意識させようとした。福祉は労働では割り切れないというような奉仕ニュアンスがあって、だから労働時間は8時間ということに対する抵抗感があったんじゃないでしょうか。
長谷川：私が就職した当時、人事委員会の面接の時に、5年は住み込みでやってほしいと言われました。私は、「5年のうちには結婚するかもしれないから、3年ならいいけれど5年は約束できない」と言いました。結局、4年間住み込みで働きましたが、当時はそういう時代でしたね。その当時は結婚しても働ける職場に何とかしたいと、若い職員が夜集まっては議論しました。そこでは、結婚しても働ける職場をどう作り上げていくかということが毎回のテーマでした。結論は、施設の近くの宿舎から通えるのではないかということになりました。ちょうど県営住宅ができた

のでそこにみんなが住み、交代でお互いの子どもを見ていくなど助け合っていこうということになったのです。しかし、それだけでいいのか。県営住宅に住めない人はどうするのかという問題があり、まだまだ課題が残されていましたが、結婚しても施設で働くことができるようになった歴史の一歩がそこにありました。

　もう1つは、施設の子どもはなぜ、高校進学ができないのかという問題です。市と交渉しても駄目で、組合でビラを作って市役所の周りで撒いたので、ようやく教育委員会も折れて交渉の場を設けてくれました。それで教育委員会の人に施設を訪問してもらい、夜中の11時12時まで子どもが勉強している様子を見てもらったり、子どもの意見を聞いてもらい、「来年から、公立に限って受かった子には行かせる」ということになりました。翌年には公立施設も私立の施設もいいことになりました。それもまた、大きな一歩でしたね。

　もう1つ、子どもたちが正月やお盆に施設に帰って来られるような、アフターケア施設を作るべきじゃないかという議論がありました。ちょうど革新市政になった時で、2000万円ぐらい使ってアフターケア施設を作ってくれました。そのきっかけは鳥取の皆成学園の改善運動で、それをわれわれが見に行って刺激を受けたわけです。行政に盾突くことができなかった時代、そうやって1つひとつクリアしてきました。

喜多：私は民間の施設でしたから、公立はリーディング施設だったわけですね。リードしてもらえる、そこに近づけという意識がありました。

長谷川：ええ、そういうこともあり、実践の記録をちゃんと作っていかなければいけないということになり、1978年に「施設の実践報告集を作ろう」ということになり、まずは施設職員が施設のことをすべて理解できることが大切であるということで、施設概要を作ろうということになりました。いろいろな手当も入れたのですが、民間で出していない手当を公立だけ出していると困るので、名古屋市はこれを破れと言ったわけです。公立で手当が出ているなら民間も出していくという考え方をすればいいのに、まったく逆です。それで、なぜ削らなければいけないのかともめました。そういうこともありましたね。

■光っていた大会記念講演

喜多：そういう意味では年1回の全国大会は貴重な議論の場だったと思いますが、記念講演のテーマや講師については、どのようにして決めたのでしょうか？　講師は、今から見ても有名な人がずらっと並んでいてすごいですね。

長谷川：記念講演の講師などは実行委員会で相談していましたが、誰もコネなどありませんから、誰が交渉するかということが一番問題でした。映画監督の山田洋次さんに会って交渉したのは神田さんです。当時は意気込みがあったから、大物でも熱意が伝わって呼べたのかもしれません。やはり時の人を呼んだのは大きかったと思いますね。一番の貢献は神田さんだったかな。

喜多：記念講演の講師には他に、一番ヶ瀬康子さんや櫛田ふきさん、『はだしのゲン』の中沢啓治さん、尾木ママこと尾木直樹さん、それに斉藤学さん、精神科医の野田正彰さんも呼んでいますね。一方、資料の大会略年表（P145～参照）のとおり、基礎講座も当時第一線で活躍されて

いた方に講師をお願いし、また分科会も並行して充実してきたように思います。そうした大会の様子を記録した冊子や本があり、今も振り返ることができるわけですが、編集部をやっていた長谷川さんはご苦労が多かったのではないでしょうか？

長谷川：養問研の活動は会費で賄っていて、本の刊行までは財政的に余裕がありませんでした。大会の報告集を出すにもそれなりのお金がかかります。そのため、資金をどう調達するかが大きな問題でした。苦労したのは、原稿が集まらなかった時ですね。それを救ってくれたのは浦辺先生や小川先生、竹中先生で、原稿がない時にはいつも

長谷川眞人さん

書いてくれ、編集のチェックもやってくれました。私が編集を終えたのは、大学を退職する前年の2008年ぐらいで、現在の編集部長の堀場さんにバトンタッチしました。その年から明石書店で出版してもらえるようになり、お金の心配はなくなりました。

喜多：養問研は大会報告集以外にも、節目節目で本を出してきました。一番最初が『ぼくたちの15歳』で、それからおおよそ5年ごとに出版してきました。『春の歌うたえば』は神田さんが中心になってやり、『明日をきずく子どもたち』、養問研の手記『それぞれの花をいだいて』など、いろいろありますが、一番売れたのは『児童養護への招待』です。何年かの間にかなり法制度が改正されてきたので、この本もそれに合わせて何度も改訂しましたね。

■積先生没後の養問研

喜多：積会長が1983年に亡くなられましたが、その後はどのようにして体制を固めていったのですか？

浅倉：積会長が亡くなられた当時、副会長は村岡末広先生と小川利夫先生と私の3人でした。そこで、積先生が亡くなられた後、村岡先生が2年ぐらい会長代行をされていました。ところがそのうち村岡先生が調布市長選に立候補されたため、会長をどうするかということになったのです。小川先生は「私はあくまでも教育畑の人間で、教育という視点で協力します」と言われ、結局、当時養護施設の施設長をしていた私がやることになりました。

喜多：積先生が立ち上げられた養問研が、次の段階に入っていったわけですが、積先生がお亡くなりになり、何が変わりましたか？

浅倉：積先生がいらっしゃる時は、積先生の考え方に共鳴して会員になった方がかなりいたと思いますが、今度はそういうわけにはいかないので、もう少し組織的な形にしようと思いました。以前から編集部、調査研究部（調研部）はありましたが、運営委員会や部会など、組織をしっかりとしたものにしないといけないという思いがあり、編集部は長谷川さん、調研部は竹中さん、組織を固めるのは喜多さんというように主軸の体制をしっかりさせ、事務局も山口さんが頑張っ

ていました。それが良かったのではないかと思います。養問研として組織的な活動が始まったのは、その時代からではないでしょうか。
喜多：1990年代に突入という頃ですね。その頃は社会的にも少子高齢化社会が課題になっていて、1997年の児童福祉法の大幅改正の時に国に対してアピールしたり、実践指針を策定したり、地区での学習会を開催するなど、かなり活発にアクションを起こしていった時代だったと思います。
浅倉：本もいろいろ出しましたね。『児童養護への招待』は、学生さんたちの啓蒙活動に役立ちました。そのうち、もう少しソーシャルアクション的なことも必要ではないかということで、調研部を中心として実践指針が提案され、社会へ問うていく活動も動き出しました。
喜多：実践指針はある意味では「ケア基準」「権利ノート」の先駆けですね。
浅倉：北海道の養護施設の組織が「実践指針」を作る時に、竹中さんが呼ばれて実践指針の講義に行ったと思います。養問研の実践指針は、全国的に支持されたかどうかはわかりませんが、かなり説得力がありましたね。

■全養協と養問研
喜多：全養協（現全国児童養護施設協議会）と養問研の関係性はどうだったのでしょう？　いろいろと考え方の違いや議論があったように思いますが。
浅倉：養問研の設立当時は、全養協の施設長さんたちはアンチ養問研だったと思いますが、全養協の幹部の施設長さんたちには協力的な人もいたように思います。ただ、地方の施設長さんからは養問研に対して厳しい意見が出ていたような気がしますね。
喜多：養問研の理論的支柱である、いわゆる集団主義養護の位置づけをめぐっても議論になりましたね。いわゆる家庭第一主義に対抗する養問研は当時、子どもの権利を声高にいう、民主的な子ども集団をつくるということはこれまでの処遇・援助批判、職員の集団づくりは施設運営批判ひいては施設長批判につながると警戒感を募らせていました。
浅倉：村岡先生の時代から、全養協が養問研に協力をしてくれるようになったように思います。特に、2000年頃から養問研の幹部が全養協の幹部になっていったという時代ですね。
喜多：ある意味では、全養協の中で養問研が少しずつ市民権を得てきたということではないかと思います。私が養問研の副会長の時、全養協の『季刊 児童養護』の編集委員や副会長にも推されました。現在、武藤素明さんは養問研の副会長であり、同時に全養協の副会長でもあります。そういう意味で協調関係は今でも多少なりとも続いています。今でこそ子どもの人権は当たり前の考え方ですが、当時は批判やアレルギーもあり、全面的に受け入れられたわけではありませんでした。そういう意味では、養問研は子どもの人権の考え方を社会的養護に打ち出していった先駆けだったと思います。

■養問研への期待─職員を育てるために
浅倉：今日、児童養護施設は、ケア単位の小規模化、家庭的養護が必要だという流れになって

います。小集団養護がめざされる今こそ、積先生がとられていた「集団養護論」が必要な時期だと思います。家庭的とか小規模化というと、そこに妙な日本独特の父権的なものが出てくる懸念があります。積理論は、話し合いでものを決めるということで、小規模化すればするほどそうしたプロセスは必要なことです。私は今一度、社会的養護に携わっている方々に「積養護実践論」を学んでほしい、学び直してほしいと思います。養問研も、小規模化、家庭的養護という流れができているなかで、いかに積集団養護論を活かすかということを考えてほしいと思います。現養問研に対する私の要望です。

長谷川：そのためにも、長年経験された年寄りをもう少し有効に使ってもらってもいいかなと思いますね。いろいろ経験してきた人たちから話を聞くことも参考になるかと思います。私は今、NPO法人をやっていて、里親さんや児童養護施設の子どもたちと一般の子どもたちとの交流をいろいろ企画しています。里親さんやファミリーホームの子どもたち、施設の子どもたちと一般家庭の子どもたちが一緒にキャンプをやっていますが、そうした中で感じるのは「子どもたちはそう変わらない」ということです。どの子も同じような状況になってきていると思います。

　この場合、何が一番必要かなと考えた時に思うことは、社会的養護などの職員の養成が大学などで十分にできていないことですね。養問研はそこをやるべきじゃないかと思います。社会的養護などに携わる人や現若手職員の養成のための連続講座ですね。ただ、企画しても、養問研の案内さえ見ていない、届いていないという現実もあり、そのあたりも課題です。また、養問研として行う養成講座で何らかの資格が取れるような工夫をしてもいいのではないかと思いますね。

　とにかく養成しないと駄目です。職員が育たない限りはどうしようもないこともありますから。養成講座にするのか、名称は別としても、専門性をもった職員を養成するため、年1回の全国大会も大事ですし学習会も大事ですが、継続的な形での研修も必要ではないかと思います。その意味では、長年施設職員として働いた経験者をうまく使っていくというのも1つの方法じゃないでしょうか。

浅倉：研修制度が必要だというのはわかります。今の養問研なら、そういうことができる人たちは増えていますし、各県の養護施設の組織から呼ばれて講義をしている施設長さんはたくさんいるわけですから、本気でやろうと思えばできるでしょう。

　何十年も前になりますが、僕は『施設の子どもたち』という本を出し、「こうあるべきじゃないか」と提案しました。ところが未だに実現していないことがあります。体質が変わらなければ、実態を変えることはできません。初任者研修でも施設長の研修でも、いろいろな場を捉えてきちんとした研修ができるといいですね。

長谷川：発想の転換をする時代じゃないのかなと、私は思いますね。私は大学を辞めてから、先ほども言いましたようにNPOを立ち上げました。今年は9年目になります。子育て支援とか養成講座とか、一般の子と施設の子と一緒のキャンプとか登山をやっていますし、今年からは中高生や卒園生を対象にして、食事作りと勉強会もやっています。新しい発想で新しいことがやっていけるのです。その意味では、50年になる養問研が今までどおりでいいのか、新しい発想で考えるときに来ているように思いますね。

浅倉：40年50年たっても、養問研は未来に引き継ぎ、残さなければいけないものがあると思います。いかに時代が変わろうと、養問研としては養護に対する考え方を残さなければいけない。ですから、今までのような全国大会でいいのか、学習会でいいのかということも考えていきたいですね。

長谷川：養問研として、今までも現場から国に発信してきていますが、さらに困難事例を取り上げて発信することが必要ではないでしょうか。国から出されるというより、こちらから現場での実践を出していくことが必要だと思います。

喜多：基本的に養問研は、子どもの権利とか人権の問題、施設の中にデモクラシーをつくっていくという流れできているわけですね。それをベースにしながら政策提言も行っていく。職員の養成を含め、国へのアピールにつなげていくことが必要なのかなと思います。

浅倉：養問研そのものは、職員の問題も子どもの人権の問題も含めて、対立のなかから生まれ、対立を超えて育ってきたように思います。養問研はもともと職員の組織として生まれてきているわけですから、社会的に制度が変わろうとしている今、もう少しやっていかないといけませんね。

長谷川：施設とNPO法人の違いは、いつ潰れるかしれないという緊張感です。NPO法人は助成金を取れないとどうしようもないわけで、それなりのことをやらないと助成金はもらえません。施設はそこまでの危機感に晒されていないから、甘えがあるのではないかとも思います。よほどのことがない限り、個々の施設で根本を変えることはできないでしょう。そうすると、どこかが音頭取りをして変えていかなくてはいけない。最近の実態は詳しくはわかりませんが、年配の人も含めて、経験年数のある人も参加でき、意見をもらうか、あるいはそういう発想を持っている人に協力をもらいながら変えていくような体制が、今こそ必要だと思います。

喜多：今日はお忙しいなか、貴重なご意見、ご提言ありがとうございました。養問研の45年を急ぎ足で語っていただきまして、積惟勝先生はじめ先達の皆様の子どもの人権と職員の権利獲得への真摯な取り組みと情熱に改めて心を熱くしたところです。今後ともご指導、ご助言をよろしくお願いいたします。（終了）

第1章

集団主義養護論と養問研

第9回養護問題研究会全国大会 基調報告
「養護施設の現状と課題」村岡末広氏（当時副会長）

第10回養護問題研究会全国大会 記念講演
「映画を語る」山田洋次氏

第11回養護問題研究会全国大会 記念講演
「黒い雨にうたれて」中沢啓治氏

第15回養護問題研究会全国大会 基礎講座
「積先生の集団主義養護とは」
浅倉恵一氏（当時会長）

第1節　集団主義養護論と養問研の理念・思想
——子どもの権利と教育福祉

遠藤由美
（養問研調査研究部長／日本福祉大学教授）

はじめに

　全国児童養護問題研究会（略称：養問研、以下養問研。「全国養護問題研究会」という名称を改正）は、1968年9月、積惟勝が「養護教育を高めるためにおたがいに手を結ぼう」という呼びかけを出したことから組織化の動きが始まったことが、「『養問研』運動の経過報告」に記載されている。

　積が、その最後の著作『陽よ　強く照れ』に書いたところによれば、当時すでに組織されていた全国の児童養護施設関係者が集まる組織の状況をふまえ、「もっと若い指導員、保母たちを中心とした、民主的な研究組織を結成」し、「現実に子どもたちにふれ合っている実践のなかから施設養護の方向を探りたい」と希望するとともに、「わたしなりに積み重ねてきた実践と理論をこうした現場で働く人たちに徹底的に検討してもらいたい」と考えた。そうすることによって、「一施設だけの子どもたちの福祉ではなく、それぞれの施設の子どもたちの福祉を高めることができるのではないか」と考えたからである。

　1973年に発行された機関紙『そだちあう子ら』第15号（10月22日）には、1973年度活動方針が示された。これは、養問研の初期の活動方針を知る上で参考になる。

1. 主要な活動方針（その1）
    ① 次の大会までに千名に近い会員組織に
    ② 重点道県に支部とすべての空白県に会員を
    ③集団主義養護の理論的学習と実践への道筋を
    ④養護労働の一般性と独自性をふまえ全ての養護に関わる仲間が深く連帯し研究運動の前進を
2. 主要な活動方針（その2）
    ①組織をさらに前進させる体制と力量を確立し、財政基盤と人材の養成を
    ②国、自治体の福祉政策、民主的福祉運動の現状に対応、参加できる理論的、実践的力量を磨く
    ③全障研、保問研、全非研などの研究会組織などの研究組織と交流の機会をもち、児童福祉運動における共通の課題を見いだしていく
    ④社協（社会福祉協議会）、日社労組（日本社会事業労働組合）などの主催で行われる研究、研修会を重視し、主体的に参加していく
    ⑤第三回大会を目指し、日常実践、支部活動の中で準備を

⑥父母の組織化を実現させてゆく
　⑦施設出身者の組織化とアフターケア施設の問題を養護の体系を考える中で検討していく

　集団主義養護論の学習や検討が、主要な活動方針の中でも高い位置におかれているのは、組織成り立ちの背景から当然であったといえるが、当時組織されていた全国障害者問題研究会（全障研）、保育問題研究会（保問研）、全国非行問題研究会（全非研）などとの交流・連携が積極的に位置づけられていることは問題の学際的検討の可能性をすでに擁していたことを示している。また、父母の組織化は、親・家族との共育て論に、「施設出身者」の組織化は現在進められている当事者組織の組織化を当時から重視していたものとして注目される。

　このように、養問研は、施設の当事者、父母とともに、子どもたちに日常的に接する保育士や児童指導員を主体とする研究運動組織として、結成されてきた。活動は、都道府県単位を中心とする身近な支部活動の積み重ねと、1年に1回程度の全国大会によって進められることになった。

1. 積惟勝・小川利夫・村岡末広3者への注目

　養問研の活動を支えてきた集団主義養護論と養問研の理念・思想を今日的に確認するために、現場職員・学生たちとともに養問研の組織と運動を作り出した初代会長積惟勝と副会長経験をもつ村岡末広・小川利夫に注目する。3人の主張した養護論や教育論は養問研大会45周年を迎えた今日、色あせていくどころか、ますます現場に示唆を与えるものになっているからである（注1）。

　村岡末広は、当初二葉学園の事務職員・児童指導員として働き、やがて施設長に就任したが、東京都社会福祉協議会児童部会や全国児童養護施設協議会でも施設の子どもたちの人権保障問題や職員の労働条件について精力的に尽力した人物である。集団主義養護論を支持しつつ、小川の教育論も取り入れ、さらに将来の養護のあり方を提言した。小川利夫は、教育学研究者、とくに社会教育研究者であるが、日本社会事業大学に赴任したことをきっかけに児童福祉に関心を広げ、児童養護施設の子どもたちの教育権保障の実態を知ったことから、養問研に関わることになった人物である。積に加えて、小川と村岡を検討することによって、より多角的に養問研の理念と思想をとらえることができると考えられる。

　3人が執筆した論文・著作の主だったものを一覧化した（節末の表1）。積については、公刊されたものとして知られる論稿である。積の論稿のうち、1944年から1966年頃までに書かれたものは、主に自らの実践記録であり、それ以降のものは、実践の理論化を試みたものが多い。

　村岡については、その昇天後に編集された遺稿集『幸せに生かされて』に収録された論稿と養問研の編集冊子に収録された論稿をもとにしている。村岡は、1958年から執筆がみられるが、予算問題や職員の労働問題など養護労働に関わる幅広い問題を取り上げるとともに、特に1970年代には施設養護の原点として子どもの人権問題を据え、そのあり方を積極的に提案している。

　小川は、社会教育研究者であり、その研究は多岐にわたる。表に記載した論稿は、名古屋大学退官にあたって、記念論集8巻のうち「教育福祉」の巻を編集する際に作成した論稿一覧の中か

ら、養問研に関わるものを選んだものである。小川は、1950年代後半、農山漁村の貧困とそこに育つ子どもたちの学習問題に端を発し、高校進学問題など「進学と就職」問題への関心を深める中で養護施設児童の教育権保障、特に高校進学保障を中心とする問題に取り組む。さらに1970年代には、問題を「教育福祉」問題としてとらえ、「教育と福祉の谷間」を埋めるべく問題について養護界、児童福祉界、そして教育界に発信している。

　3人は、1970年代から1980年代はじめにかけてお互いに影響を及ぼしあいながら、活動している。3人が訴えた内容を素描してみたい。

2. 積惟勝「集団主義養護論」

　積の養護論は、戦前から取り組まれた実践に裏打ちされる形で、生活綴り方教育、全生活教育、家庭教育という3つの系譜をもっている。

　戦後、戦災孤児たちの養護に取り組むなかで、積は集団養護の構築を進める。たとえば、自主性を育むことを目的に、積以外の職員を寮から引き揚げさせ、子どもたちだけで炊事・洗濯などすべての生活を行った「留守番生活」や、うなぎを買うことのできない財政状況でも工夫して豊かな食事をつくるために子どもたちの話し合いを重ね、さんま丼をつくるといった「献立会議」などの実践は、子どもたちの集団づくりと生活づくりをつなぎ、集団主義養護論に結実していく実践である。

　積は、養護論の名称として、1950年代以降理論化・実践化されてきた学校という場における「集団主義教育」と区別し、施設を「情緒安定的なくつろぎの場」であるととらえた上で「集団主義養護」と表現するに至った。

　その集団主義養護論は、①「家庭に優るものはない」という家庭観・施設観から「家庭に優るとも劣るものではない」という施設観をもつ、②子どもたちには人権と1人ひとりの人生があり、教育的可能性をもっているという子ども観をもつ、③話し合い（「話し合い」－「実践」－「点検」－「追求」－「話し合い」）による「集団づくり」を行うこと、④集団遊び、文化的な活動やスポーツ・労働に関わる活動を通して、連帯性を育むこと、⑤個人的なふれあい・集団的なふれあいのなかで、自主性・批判性・創造性を育むこと、⑥集団のなかから段階的な見通しをたてる力を育て、家庭参加、社会参加をめざすこと、⑦集団のなかで人は変革するという人間観をもつ、を特徴的な内容とする。

　そのめざすものは　①集団のなかで助け合い、育ち合っていくことによって、喜びも悲しみも共にする生活、②主権者としての労働者、立派な働き手としての市民となる、③施設に預かったからには1人の落伍者も出さない、と説明される。

　集団主義養護は、次のように進められる。①「情緒安定性の原理」と関わって、何を言っても、何をしても自由である（施設ではウソ、ごまかしは許されない）という人間解放を認めることによって安心感を育てる。②自分の不利益（いやなこと、困ること）には黙らず、集団に投げかける。③施設長や職員が決めるものでなく、子どもたちが納得してつくるという意味での「みんなで決めたきまりは必ず守る」。④施設の主人公は子どもたちであり、主体的な生活者とし

て生活を主導的に進めていくことを子どもたちに根づかせる、これらを大切にした「自治集団づくり」が進められる。

「自治集団づくり」について、「仲間としての連帯、団結、および相互扶助などの精神を身につけて生き抜く人間づくり」は、「施設という異年齢男女児集団の、しかも寝食をともにする全生活のなかでは、十分培える可能性のあること」と理解される。しかし、「管理保護的集団や、治療主義的集団のなかでは、むしろホスピタリズム以上の弊害をもたらす」と、子ども個々と集団への関わり方によっては、逆の効果をもたらすことを明確に指摘する（『教育と福祉の理論』小川他，1978年）。自主的な自治集団づくりを志向するために、基礎集団の構成として積は「部屋単位5、6名ないし7、8名の異年齢児童で構成」し、これを「全集団の一つの班として位置づけ、絶えず全集団との交流をはかる」「班仲間を基礎集団として、その班のなかの集団づくりのよろこびと意義とを日常生活のなかで」十分に把握できるようにする、という。たとえば「学習（予習、復習、宿題など）は年長児が年少児を指導する『小先生方式』を活用して当てるとか、そのほか食事の作法、生活習慣など、いずれもこの小集団のなかで学びあい、育ちあうことを基調」とすると紹介された。そして、施設全体の自治集団づくりのために欠くことのできないものとして核集団（リーダー集団）を位置づける。班長の集合体ではなく、立候補制もしくは推薦制で、全集団のなかから子どもたちの人間的個性を重視して選出することが特徴である。施設集団のなかで最も重要視されるのが、全員が集まって自分たちの生活を討議する機会と場を設けることであり、「全体会議」「自治会議」「家族会議」などと呼ばれる（先に紹介した「献立会議」も含まれる）。ここでは、問題行動や生活行動の忌憚のない話し合いが行われることによって、個人的にも集団的にも前進する道を切り拓く。この他、全員が集まって自由に語り合い、気楽に意見発表したりする場の設定も考慮したいとされる。こうして、子どもたち自身が主体性をもって、自主的に集団づくりに取り組む意欲と計画とを実践する。

日常生活の場面では、暴力の否定、生存権としての衣食住（子どもの嗜好、要求、炊事手伝いなど）、集団遊びの自然な発生からルールを伴うものへ、さらにはスポーツへの発展、「小先生方式」などの学習、掃除手伝いの他、施設の行事を子どもの自主的創造的アイデアで実施することが「全生活教育」の可能性を生む。

施設が集団生活の場であるだけに、集団の優位性をとらえた生活と教育が行われるが、「だからといって、個人的処遇、個人的ふれあいを無視してよいというものではなく、むしろ、個人的接触を通して、人間感情のゆたかな交流、信頼関係の樹立、あるいは、自主的、創造的、批判的な生活態度といった民主的な人格形成の基礎的な姿勢を習得させることが」できるという。「そのこと自体が集団と深いかかわりがあり、また、集団も個人の個性、特質を守り育てることによって、集団自体も質的に高まることを知るべきであ」る。

積の集団主義養護論は、戦前から取り組んできた「教育福祉実践」をふまえて、子ども観・施設観を導き出しているところに大きな特徴がある。そこでは、日常生活や文化活動などを通した「個と集団の育ちあい」が重視されるだけでなく、「どんな子どもにも人権・人生がある」「どんな子どもも教育可能性をもっている」といった子ども観や、「施設の主人公は子どもたちで

ある」「愛情は人間的（個人的）ふれあいのなかから生まれる」といった施設・養護観が底流している。これを見落としてはならない。

3. 小川利夫「教育福祉論」からアプローチした施設養護問題

　小川利夫は、教育学とくに社会教育学研究者と同時に、日本における「教育福祉」提唱者としても知られる。貧困児童の教育問題実態調査をふまえ、「教育福祉」問題を以下のように規定した。
　「今日の社会福祉とりわけ児童福祉事業のなかに実態的には多分に未分化に包摂ないし埋没され、結果的には軽視ないし剥奪されている子どもと青年の学習・教育権保障上の諸問題が、ここでいう教育福祉問題に他ならない」（『教育と福祉の間』小川，1978年）
　これは、子どもの権利が侵されていることの背景に横たわり、いままさにその解決が求められている問題を、「教育と福祉」の「法と行政」、実践者同士の「谷間」的状況（「教育と福祉の谷間」問題）にあるととらえ、子どもたちの権利を保障するための概念として規定されたものである。小川が、この「教育福祉」概念を提唱したのは、積や養問研との関わりがあったことと深いつながりをもつ。
　小川は、1960年代以降急激に上昇する高校進学率を目の当たりにし、その一方で田舎から都会への中卒集団就職者の生活実態を明らかにし、「進学と就職」という進路にまつわる子どもたちの育ちに注目する。それとともに、高校進学していない中卒者は、どのような子どもなのか追究し、障害のある子ども、被差別部落の子ども、非行のある子ども、そして児童養護施設の子どもたちの実態にたどり着く。その格差の実態を知ったことから、小川の養問研活動や養護施設の子どもたちの教育権保障の研究が始まったと言ってもよい。
　小川によれば、子どもと親の家庭における私有的な関係が今日の学校さらには社会における社会的諸関係をも直接的間接的に規定している、児童養護施設の子どもたちはその家庭の悲惨な状態によって施設に入所した存在であり、だからこそ「日本の子ども」の親としての「国」の直接的な保護を受ける存在である。子どもたちがそこでどのように「人として尊ばれているか」ということは、施設の子どもたち以外の子どもたちがいかに「人として」尊ばれうるかを示す1つの試金石だという。このように、小川は、児童養護施設の子どもたちの状態を、たまたま児童養護施設で暮らすことになっていない子どもたちの権利保障の「試金石」として位置づけるとともに、その教育権保障がどのような状態になっているか、不利な状態におかれているとすれば、教育行政や福祉行政、さらには教育学そのものの見直しを迫る問題だととらえた。
　こうした考えのもと、養問研の活動に参加することになった小川は一貫して「進路指導」の分科会に助言者として参加し、全国の児童養護施設における高校進学保障等、子どもたちの進路保障を阻む問題について検討を加えていく。また、愛知支部の取り組みとして、各養護施設の進路実態調査を実施し、その結果をまとめた。1983年には「進路指導」分科会の成果の集大成として編集された『ぼくたちの15歳―養護施設児童の高校進学―』が出版されたが、その編者の1人である。『ぼくたちの15歳』の巻末には、7つの専門領域からの高校進学保障もしくは進路保障に関する理論的検討と提言、それをふ

まえた小川のまとめが掲載されている。これは、養問研全国大会の夜に9時間にわたって行われた座談会の成果である（座談会のテープお越しは、当時の研究生や大学院生が行った）。

小川は、『ぼくたちの15歳』が語りかけているさまざまな問題について、3つの視点からとらえた。第一は、養護施設児童の高校進学問題を、現代社会における青年期教育保障の一環のなかに位置づけてとらえることの必要性があること。第二は、当時直面していた養護施設における高校進学、特に実践的に進路指導をどうとらえるかを検討すること。第三は日常の養護実践において、どのような子どもを育てたらよいのか、どのような目標をもつのかが問われること（めざすべき子ども像のある実践、夢を育てる実践を、子どもが主人公の施設実践を）。

そればかりではない。養護施設で働く人々の直面している問題について「実に多く複雑で矛盾に満ちている」と指摘しながら、どのように解決していくかが問題だとし、課題を3つ指摘した。1つ目は、子どもの学習・発達権（学習・教育は生きて働く力）の保障運動をさらにいっそう発展させる必要があるということ、2つ目は、施設労働の自主化・民主化運動をさらに発展させる必要があること、3つ目は施設地域社会化運動を名実ともに実現していく必要があること。これらを「養護施設三原則運動」と命名し、その取り組みを提起した。

小川は、「進路指導」分科会で指導性を発揮するだけでなく、この養護施設の子どもたちの現実、施設職員の努力の現実を、まだ知らない、あるいは誤解している教育学研究者や学校教育関係者に伝えることにも尽力をした。自ら教育研究集会や教育制度改革検討委員会で発言し、改革の内容に盛り込むとともに、養問研のメンバーを集会に招き、養護施設の実態について報告を求めるなど、「共通の広場」づくりに取り組んだのである。

4. 村岡末広「施設養護の原点としての人権」

村岡は、子どもたちのおかれた現実と子どもたちの発する声を取り上げ、人権を原点とする施設養護を主張した。村岡は、子どもたちを「施設集団で社会的に養育することについての課題」として、「全般的には保護者の家庭養育に代わって児童を健全に育成することである」とした上で、「集団養護の特性」として「①集団の中で孤立状況を克服し、集団の支えの中で自己発展をはかること、②親と家庭状況を客観化し、親の状況を乗り越えることによって自己のつくり出す家庭を創造化すること、③集団やサークル活動によって、自己の生活目標を確立し、創造的生活を確立すること」を指摘した。また「家庭養育よりも集団養育の方が問題を意識化する教育的場面がつくりやすい」とし、「問題行動のある場合、問題を客観化できる、親とは違った人間関係の中で問題を発展できる」等を児童養護施設のもつ教育的条件だとした。

さらに、子どもの発達段階に関わる養護を行う時に、人権の視点から次の4点を考えるべきだとされる。

①どのような子ども像を理想として養護を行うのか。
②それを民主的な生活場面で実現していく。
③子どもの生活参加をはかり、自主的で創造的な子どもの日常生活を保障する。
④教育的条件と配慮を最大限に考え、子どもの将来展望に基づく養護の確立をはかる

これらの村岡の提起は、「衣食住の保障だけであったり、生活管理だけが先行したり、押しつけ生活であったりといった」当時の養護の現状に対し、「確かに、幼い社会経験の児童にあっては、その生活のさせ方については、家庭にあっても千差万別であるように、施設あるいは個々の職員にとっても、さまざまな考え方があろう」と認めつつも、次のことを強調する。「われわれが社会的に養護を行うという場合、恣意的な個人の家庭が持つ養育観とは違って、社会的な展望をもった養育観であり、その実践であることに意味があることで、まして養護処遇とは組織的な社会的養育であるからである」。施設における養護実践が、家庭を代替することから始まるものであっても、求められる実践内容は確かな子ども像をもって組織的に取り組む専門職としての実践であるという考えがうかがわれる。

　村岡は、人権の原点として施設養護の実現の形態については多様な形態が必要だと考えていた。たとえば、「養育の社会化という意味での施設とは、より社会保障的な意味をもち、児童の必要性に応じて対応できるように十分な配慮がされるべきである」とし、さらに当時の「施設のように"養護に欠ける"児童を補うというのではなく、養護がその児童にとってもっとも必要である場合には、集団的あるいは個別的に十分与えられるように配慮されることである」という（『児童福祉研究』第9号1965年）。その時、十分な人員配置や運営経費、環境整備が前提となるが、さらにさまざまなタイプの施設が準備され、「児童の欲求に応じて選択されるよう、養育がよりその目的を十分果たし得るよう、機能的な体系も考慮される必要がある」とする。たとえばそれは、①1対1の関係強化と一貫性継続養護→里親または養育家庭、②グループでの関係強化と一貫性継続養護→小規模施設または小舎グループ施設・教育的養護、③集団での教育的配慮と生活体験枠の拡大→園内教育、性別、年齢別などの意図的施設、④集団での相互支援とそれによる個々の伸長→一般的男女混合集団施設、⑤専門的、教育的、治療的養護→教護、虚弱等、その他収容施設というように〈養護ニードと養護内容の配慮〉に対応する条件づくりとして、それまでの単一的な施設の設定や経費の配分ではなく、より多様な状況に対応できる条件をつくることを主張した（「児童福祉施設体系のあり方と近代化の方向」『月刊福祉』60巻10号1977年）。多様な養護形態のあり方は、十分な人員配置、運営経費、環境整備を前提とし、子どもの要求と最善の利益に基づいて求められる。

　1985年段階の児童福祉施設最低基準には、生活指導が実践領域の1つとして位置づけられている。

　　第70条（生活指導を行うに当たって遵守すべき事項）
　　　1　養護施設における生活指導は、児童の自治を尊重して、児童が日常の起居の間に、社会の健全な一員となるよう集団的および個別的にこれをおこなわなければならない。
　　　2　生活指導は日々および年間の実施計画に基づき、特に児童が余暇において行う集団遊び、お話、音楽、リズム、絵画、製作、運動、自然研究および社会研究のうち、適当なものを選びこれを行うものとする。

　子どもたちの「自治の尊重」が「集団的」「個別的」に行われなければならないとされていること、生活指導の内容が保育所保育内容を思わせるようなものであり、18歳までの子どものう

ち比較的低年齢の子どもたちを対象として想定されているようにもとらえられるが、しかし文化的・芸術的な内容が位置づけられていることは重要である。

村岡は、「行政的な意味では」と断った上で、「養護施設でいう生活指導とは、『児童福祉の基本理念である、心身ともに健やかに生まれ、かつ育成され、等しくその生活の保障と愛護される主体である児童を、社会の健全な一員となるように養護し、日常生活の自治的活動の保障の中で集団的、個別的に指導することである』」という。村岡は、児童福祉の基本理念をふまえた子どもの養護を自治的活動のなかで指導することを生活指導としてとらえているのである（「社会福祉と生活指導―養護施設の実践を主として」全国生活指導研究会編『生活指導』1985年）。

また、学校教育分野における生活指導の原理や大谷嘉朗と厚生省の施設養護の基本原理を取り上げ「現代の養護施設における生活指導原理となっている」と位置づけた。一方、養問研の集団主義養護論において積が整理した養護原理に注目する（①人権の尊重と人間形成の原理―人間らしく生きることの原理、②情緒安定性の原理―心のよりどころとしての原理、③個と集団との統一原理―育ち合うことの原理、④児童と親、家族との関係調整の原理―家族とともに育つことの原理、⑤積極的社会参加の原理―参加する人間としての原理）。積の養護原理に示された理念について「積極的に児童の発達その教育と福祉の理念を掲げた、集団主義生活指導理念」として評価されるが、実践現場との関連では「現実にはいまだ多くの施設のものとなっていない」と率直に指摘、「管理的養護集団における生活指導は、指導態勢、組織、内容ともに職員の側の管理であり、施設経営の管理の中での適応を中心に、生活指導が展開されている実態が大部分である」と、当時の現状を把握した。

村岡によれば、児童養護施設が「生活をともにする協同体的集団であること」に注目し、そのために「指導の展開が、学校における生活指導のように、客観化した評価や展開に欠けるきらいは否定できない」とするが、なお「寝食をともにする、遊びや行事をともにする遊びの共有、達成感、完成感を共有するなどは、独自の生活指導の展開過程をもつことができる」と、その可能性に期待している。別のことばで、次のようにも言う。「要養護対象の内実は、ますます集団的な仲間づくりと、そこでの発達が期待されている。特に、養護施設のように、異年齢集団で共同生活という、生活の社会化過程に必要な要件を十分に持ち、生活の主体的な関わりのなかで自立していく要件は多い」。ここには、積が亡くなって数年1980年代半ばにおいて、集団主義養護論が主張する集団づくり、生活づくり実践が多くの現場に浸透しているとは必ずしも言い難い状況があるにしても、なおいっそうその有効性・可能性は高いものだという村岡の認識が表れている。

5.共通に示された今日的課題

積・小川・村岡はそれぞれの場と時期において、独自の視点と専門領域をもち、養護問題への対応について意見を表明しており、そこで指摘された問題は多岐にわたり「日本の養護」の変革に対する問題提起をなしたといえる。一方で、養問研という「共通の広場」で議論を重ね、活動をしてきた経験をふまえると、少なくとも共通した3つの課題が示されているように思われる。

a. 個と集団の育ちあい

　1つは、養護の現場における「個と集団の育ちあい」をどのように実現していくかという課題である。

　積のいう「集団主義的」な考え方は、「利己主義と現金主義」という「個人主義的な考え方」に対置するものとして位置づけられ、「一人一人の考え方とか、生き方というものを皆が大事にする」可能性をもつものととらえる（「集団主義養護の確立をめざして」）。「個と集団の育ちあい」は、積集団主義養護論のなかで提唱された考え方であるが、積によれば、すでに見てきたように、施設における班仲間、リーダー集団、全体会議などの活動とともに、「個人的接触を通して、民主的な人格形成の基礎的な姿勢」が習得され、そのこと「自体が集団と深い関わりがあり」「集団も個人の個性、特質を守り育てることによって、集団自体も質的に高まる」と説明される。

　小川は、青年期教育研究の立場から、特に青年期の子どもたちが集団で生活し、切磋琢磨できる環境に注目する。児童養護施設の中・高生を当時設けられていた海外帰国子女の寄宿学校でともに過ごすことにより、施設の社会化を進めることを構想した。村岡は、このような施設を市町村に積極的に設置することを考え、この構想が「単に要養護問題というだけでなく」「子どもの権利保障としての教育福祉」の確立をめざすものであると評価した。現在取り組まれている青年期の子どもたちが、駅近くの地域小規模児童養護施設などで社会的自立を準備しながら生活する形態は、当時の発想との関連を予感させる。

　村岡はさらに、「育ちあい」の姿を施設養護のなかの問題だけでなく、家庭や親との関係、地域社会における位置のなかで構想した。「施設養護に関しての今日の期待」を「個人の発達に対して、遅れや歪みを十分に是正し、自発性、創造性を高めて自立することにある」とした上で、そのための実践内容として「①施設養護の内容として教育条件を個人、集団ともどもに厚くし、たかめていくこと、②家庭や親との関係の調整によって正しく自立してゆく条件をつくり出すこと、③地域社会全体の中で疎外されていなくて、自信をもって社会人として自立できる条件を生活の中で作り出してゆくこと」、としているのである。積において、子ども集団における「個と集団の育ちあい」、子どもと職員における「個と集団の育ちあい」、あるいはその後の浅倉たちの議論によって補強された職員集団における「育ちあい」を、村岡はさらに積のいう「家族関係調整」を家族、親との「育ちあい」（共育て）とし、積の「積極的社会参加」の視点を変えた形で「養育の社会化」を強調したといえる。

　今、「施設の小規模化と家庭的養護の推進」のなかで、子どもの生活単位6～8名を基礎集団とするか「家庭的養護」の取り組みが進められている。虐待によって人と人とのつながりを心地よく思えない子どもたち、関係を断ち切る、悪化させる傾向にある子どもたちに対して、単純に「個室」を与え、放課後は「個室」で孤立して過ごさせる養護になってしまってはならないのではないか。関係の断絶や悪化がみられるからこそ、個が大切にされるとともに、人との関係・つながりを築き深める集団づくりが求められる。今日的に「個と集団の育ちあい」をどうとらえるか、私たちに課せられた課題だといえる。

b. 福祉と教育の統一

　児童養護施設の子どもたちの育ちを保障することを考えると、そこには「福祉と教育の統一」が欠かせない。このことについて、三者は共通認識をもち、しかし三者三様に指摘している。

　教育福祉論を提唱した小川利夫は、先に紹介したように「教育福祉」問題をとらえたが、その時、問題を簡単に「『教育と福祉の谷間』にある諸問題」と説明する場合がある。さらに「教育と福祉」の「法と行政」、実践者同士の「谷間」的な状況、すなわち児童福祉分野と教育分野それぞれがもつ子ども観に隔たりがあることから生じる教育基本法と児童福祉法、文部科学行政と厚生労働行政、そしてそれぞれの分野の実践者同士の認識の弱さ、無関心・無理解が「谷間」的な状況をもたらしていると指摘した。そしてこの「教育と福祉の谷間」ともいえる現実を克服していくにはどうすればよいか、解決策を探り、子どもの権利の保障、教育と福祉の権利の統一的保障を訴えたのである。

　村岡は、1970年代半ば、1975年の『月刊福祉』の施設職員の資格、給与問題を扱った論稿のなかで、当時の福祉教育改革の試案を取り上げ、行政担当者の間にみられる「基本的な視点の欠落」を指摘している（『月刊福祉』1975年）。「その最も大きな欠陥は行政の縦割りにあるように思える」と指摘した上で、「行政官としての手腕が問われるのは、自己の分野の制度とその予算をのばすことにあるわけで、文部省を主体とする教育制度と厚生省制度との調整は旨くいっているとは言えない」「こうした問題は児童福祉施設の施策の中には無数にある。教護院の教育問題、養護施設の幼児教育問題、肢体不自由児施設や重度障害児施設、精神薄弱児施設児童の教育問題など、教育の面からとらえられなければならない。根本的な視点に欠けているように思える」と、鋭く指摘した。この指摘は小川がかねてより主張し続けていたことでもあり、養問研のなかでこの問題意識の共有がはかられていたであろうことは想像に難くない。1970年代、学校の教師が「養護施設」と聞いて障害児のための学校（当時は「養護学校」。現在は「特別支援学校」）をイメージすることが一般的ともいえた時代に、これらの指摘が行われたことの意義は大きい。その後社会的な注目が進み、障害児の教育権保障として、養護学校は義務化され、かなり遅れて教護院も「準ずる教育」規定が児童福祉法から削除されるなど、数々の前進がみられた。

　法律や行政上の谷間の問題が子どもたち1人ひとりの上に影響を及ぼす。子どもたちは、権利侵害される被害者である。そうした子どもたちへの福祉と教育の必要性について、積は次のように述べた。「教育」の問題と「福祉」の問題、この「両者は密接なかかわりを持つものでありながら、それぞれ独自のかたちで、その問題の追求、研究、実践が積み重ねられて今日に至りました。そのこと自体、まことによろこばしいことではありますが、しかし、この両者は平行する2本のレールや、車の両輪でなく、一個の人間として、権利の主体者として、また生涯の生活者としての立場に立って考えるとき、当然、折り重なって、統一的に獲得されるものである、と言えるのではないでしょうか」。

　これは、子どもたちが「一個の人間として」「権利の主体者として」「生涯の生活者として」生きていくために「統一的に獲得される」ことが求められるとの考えである。1人ひとりの子どもたちに対して「基本的人権」の視点からの「福祉と教育の統一」「教育と福祉の権利の統一的保

障」が訴えられている。

「養問研」運動の柱の1つとして「福祉と教育の統一をめざす」と掲げられているのは、「法と行政」実践者同士の「谷間」を埋める目標でもあり、個々の子どもたちに欠かすことのできない視点である。その意味で、福祉分野・教育分野にとどまらず、心理学分野、司法・保険・医療分野等との協働・連携の到達と課題を整理することが求められる。それは、権利保障の問題でより明確になる。

c. 子どもの人権・権利保障

すでに見てきたように、積は、戦前からの教育実践や養護実践への取り組み経験から、1960年代には「①どの子も権利をもっている、②その子にはその子の人生がある、③どの子にも教育的な可能性がある」という子ども観に達していた。積は言う。「精いっぱい生きたい、少しでも人間らしい人間に育ちたい。そういった願いが、その（子どもの＊遠藤）眼を通して小さなからだ中に充満しているように思えてならないのです。そこに、子どもとして『生きる権利』『遊ぶ権利』『学習する権利』などといった人間として成長するもろもろの権利を抱いている姿をみるのです。私は子どもの人権をそのように捉え、何か犯しがたい美しさ、きびしさを感じるのです」。子どもを人権主体としてとらえる子ども観は、実践のなかで「福祉と教育の統一」と結びつき、子どもへの教育と福祉の権利の統一的保障を求める考え方を導き出す。

小川はとくに、教育福祉論の立場から「子どもの教育と福祉の権利の統一的保障」の重要性を養問研内外で訴えていた。教育の研究集会や教育制度改革検討委員会などで「教育と福祉の谷間」を埋めるべく発言をし、その理解の深化や改革提言をまとめていったが、そればかりではない。小川が養問研で精力的にその力を注いでいた当時、世界的には国連で子どもの権利条約策定の審議が進められていた時期でもあった。国連では1977年頃からその取り組みが始められ、日本においてもその動きが研究者によって紹介されていた。小川は、その条約策定の重要性を認め、日本においても取り組まれた子どもの権利保障の機運を高めるための運動を組織する。子どもの人権保障連絡協議会での議論や広報パンフレットづくりなどに取り組むが、子どもの学習権保障分野では、養護問題を抱える子どもたちの学習権保障問題をはじめとする「教育福祉」問題への視点を訴えていった。

村岡が子どもたちの人権を重視する姿勢は、全国養護施設長協議会による人権集会を村岡が中心になって企画開催してきたことから証明される。そして、同時に養護施設の子どもたちの作文集『泣くものか』『続　泣くものか』の編集とも深い関連をもつ。この編集も村岡が中心となって進めたということが、その遺稿集においても紹介されているが、これらの書は、全国の養護施設の子どもたちが書いた作文を集め掲載したものであり、そこに記されている作文は、戦争の被害者として、あるいはいわゆる崩壊家庭のなかで生き抜いてきた子どもたちの赤裸々な事実、思いが綴られている作文であり、人権侵害の証言である。

1989年に国連で子どもの権利条約が採択され、日本も批准した。養問研ではいち早くその検討を始め、養護実践指針を発表し、改訂も重ねてきた。子どもの権利は、生命への固有の権利（第6条：生存と発達の最大限の確保＝教育と福祉の権利の統一的保障）を中核に、総合的に保

障されること、特に困難な子どもたちには優先的に保障されなければならないことが、共通認識として形成されつつある。

　国際的な子どもの人権・権利保障論の動向と日本の子どもたちの証言が交わることによって、子どもたちの求める人権保障のあり方と実践者・法と行政の姿勢が問われた。養問研では、大会テーマとして人権問題や子どもの権利条約と権利保障問題など取り上げて議論を行ってきた。村岡がとらえた「歴史の証人としての子ども」の位置づけや、「21世紀こそ子どもの世紀に」という願いは、養問研の活動のなかに脈々と息づいている。

おわりに

　三者が主張した内容は、それぞれの独自性を示しながら、しかし重なり合っている。本稿では、それらを「個と集団の育ちあい」「福祉と教育の統一」「子どもの人権・権利保障」としてまとめた。子どもの貧困化や虐待の深刻化が進み、社会的養護の分野では「施設の小規模化と家庭的養護の推進」が進められている。この状況にあって、紹介した3つの主張は、今日の養護実践に生きて働く指針となる内容である。子どもたちの現実を真摯に見つめ、その声に耳を傾け、その子どもたちの「最善の利益」を追求することが求められる。すべては、日々の子どもの現実と実践の分析から始まり、実践者たちのわかちあい、学びあいによって、進化する。

〈注〉
　養問研では、第20回大会基調報告で集団主義養護論の位置づけを再検討し、さらに1998年6月の「養問研のしせい（改訂版）」において、「集団主義養護論を支持するしないにかかわらず、子どもたちの人権と発達を守り、児童養護・児童福祉の現実に根差して児童養護内容・児童福祉援助の内容を改善し、国民から信頼される児童養護・児童福祉を築くために共に研究と実践をしようとする。あらゆる人々に開かれた民主的な研究団体として養問研を育てていくことが適切である」とし、「集団主義養護論だけに依拠することなく、幅広く関係諸科学や実践に学」ぶ姿勢を打ち出した（全国児童養護問題研究会『養問研への招待』2008年1月）。そのとき示された6つの研究課題の最後に「集団主義養護論についての再検討」が掲げられている。その課題の第一歩を本稿で試みたいと思う。

〈参考文献〉
・小川利夫他（1978）『教育と福祉の理論』一粒社
・小川利夫（1978）『教育と福祉の間―教育福祉論序説―教育と福祉の理論』一粒社
・積惟勝（1978）『陽よ強く照れ』ミネルヴァ書房　p287-288
・全国養護問題研究会（1980）『日本の養護』
・積惟勝（1981）「集団主義養護の確立をめざして」『そだちあう仲間』6号
・小川利夫・高橋正教・長谷川眞人（1983）『ぼくたちの15歳―養護施設児童の高校進学問題』ミネルヴァ書房
・遠藤由美（1986）「戦後日本養護問題史研究ノート　その1」『教育論叢』第29号　名古屋大学大学院教育学研究科教育学専攻院生自治会 p70-71
・遠藤由美・松下行則（1988）「積集団主義養護論の再検討」『教育論叢』第31号　名古屋大学大学院教育学研究科教育学専攻院生自治会
・小川利夫（1994）『小川利夫社会教育論集　第5巻　社会福祉と社会教育』亜紀書房
・遠藤由美（1994）「『教育と福祉の谷間』を問うて見つめて」『小川利夫社会教育論集　第5巻 社会福祉と社会教育』亜紀書房
・村岡末廣遺稿集刊行会（1999）『村岡末広遺稿集　幸せに生かされて』日本機関紙印刷所
・全国児童養護問題研究会（2008）『養問研への招待』

表1 積惟勝・小川利夫・村岡末広 論文一覧

掲載年	積惟勝	小川利夫	村岡末広
1944	子らを守る（東文館）		
1945	疎開学園物語（帝都出版）		
1946	戦災遺児を護りて（主婦之友社『主婦之友』2月号） 学寮経営の実際		
1947	学寮経営の実際 第二輯		
1948	孤児正子の失踪（主婦之友社『主婦之友』2月号）		
1949	青空を呼ぶ子供たち―戦災孤児育成記（銀杏書房） 学寮の概要と経営上の諸問題 東京都片浜学寮 東京都片浜学寮（松風荘）概要		
1950	学園要覧 東京都沼津児童学園（松風荘）		
1951	われらかく育てり―戦災児童の手記（新響出版）		
1956	集団に育つ子ら（新評論）	夜間中学生の生成過程（『日本社会事業大学紀要』第4集）	
1958		教育における「貧困」の問題（日本社会福祉学会編『日本の貧困』）	事業費について（『児童福祉研究』2号（58）東社協）
1959		東北の辺地漁村と子どもたち（朝日新聞9月4日付け朝刊） 東北の「辺地漁村」（『教育』9月号） 中学卒業生の進路をどう考えるか（『教育』11月号） 年少労働と教育問題（『教育』11月号） 中学校における就職者の問題（『教育』11月号）	
1960		へき地漁村の貧困問題（『社会事業研究年報』第1号）	わが国における施設保母の給与に関する歴史的実態（『児童福祉研究』4号） 曲がり角に根本的な掘り下げを（『社会事業』43-10（60）全社協）
1961		進学と就職（『岩波現代教育講座 青年問題』）	
1962		我国社会事業理論における社会教育観の系譜（『社会事業の諸問題』第10集） 貧困児童と教育の機会―養護施設児童における中学生の進路状況と問題点（『子どものしあわせ』9、10月号）	
1963		青年期教育における差別の問題（『教育』5月号、8月号）	「戦後処理」は終わったはずだ（『月刊福祉』46-12（63.12）全社協）
1964	疎外されている子どもたち（全社協『月刊福祉』47-6） 意見発表「施設を集団主義的生活の場とせよ」（全養協箱根大会）	教育における「国民的最低限」とは何か（『生活と福祉』2月号） 教育扶助に現れた児童観（『生活と福祉』3月号）	養護施設の将来展望について（『児童福祉研究』9号（65）東社協）
1965	生活を創る子どもたち（講学館）		

	集団に育つ子ら（全生研『生活指導』10月号）		
1966	はだかの教育（洋々社）	高校進学問題の谷間―教育扶助の理論と現実（江間治との共同執筆『教育』3月号東京都社協『福祉公報』）	
		養護施設と寄宿学校（東京都社協『福祉公報』）	
1967		教育と福祉の谷間（『生活と福祉』2、3月号）	児童収容施設は国の予算措置に何をのぞんでいるか（『月刊福祉』50-2（67.2）全社協）
		集団就職　その追跡研究（高沢武司・小川俊夫編）	
1968	施設養護原理（『児童福祉ぎふ』No.6）	なぜ若年労働者は就職していくのか（『経営者会報』NO.16）	社会変動期における児童福祉施設について（『社会福祉研究』2号（68.6）鉄道弘済会）
1969	児童の福祉と教育の統一を願って（上）（日福大『福祉大学評論』6号）	「へき地教育」分科会の課題（『教育評論』7月臨時増刊）	
	養護施設における集団主義教育について（日本社会福祉学会『社会福祉学』8、9合併号）		
	意見発表「これからの養護施設のあり方」（全養協石川大会）		
1970	児童の福祉と教育の統一を願って（中）（下）（日福大『福祉大学評論』7、8号）		
	座談会　養護施設のなかの児童観（全養協『児童養護』1-2）		
	私の＜社会福祉＞（全社協『月刊福祉』53-1）		
	＜児童養護＞のビジョン（全社協『月刊福祉』53-4）		
1971	集団養護と子どもたち（ミネルヴァ書房）		委託費と従事者の処遇（『社会福祉研究』8号（71.4）鉄道弘済会）
	専門性についての提言―施設実践（日本社会福祉学会『社会福祉学』12）		
1972	施設児童の入退所ケースからみた今日の児童問題（全社協『月刊福祉』55-4）	障害児と教育権（『精神薄弱児研究』2号）	めざめた眼をもって（『児童福祉研究』14号（72）東社協）
	児童養護と教育（日本社会福祉学会『社会福祉学』13）	都市における青少年問題（『経済と貿易』106号）	
		教育と福祉の権利（小川利夫・平原春好他編）	
1973	座談会―高年齢児の養護をめぐって（全養協『児童養護』4-1）	教育と福祉―生涯教育論の再構成（『ジュリスト』臨時増刊6月25日）	福祉要求のなかの地方財政（『月刊福祉』56-7（73.7）全社協）
		教育福祉の権利（『季刊　教育法』9月）	民間施設における戦後の児童問題研究について（『とうきょうの施設養護』（73.9）養問研東京支部）
		教育福祉問題としての養護施設（『そだちあう仲間』創刊号）	現代福祉における民間社会福祉事業の位置づけ（『ジュリスト』537有斐閣）
			最低基準と福祉の水準（『社会福祉労働論』（73.11）鳩の森書房）

年			
1974	序―施設養護の実践的方向性（中村・浅倉『施設の子どもたち』ミネルヴァ書房）	保育一元化原則の吟味（『都政』2月号）	福祉施設の運営をめぐる問題と課題（『社会福祉研究』15号 鉄道弘済会）
		現代の貧困と教育差別の再生産（『現代教育科学』11月号）	
1975	集団主義養護論（浦辺史編『児童問題講座』第6巻）	児童行政の性格と課題（『体育科教育』3月号）	家庭養護（養育家庭について）（『児童問題講座』6 ミネルヴァ書房）
	昭和社会事業史の証言（5）上下（鉄道弘済会『社会福祉研究』16・17）	教育と福祉の統一（大会記念講演）	私立施設と公私格差
			福祉施設施策の動向（『月刊福祉』58-12（75.12）全社協）
			児童のための施設運営の課題（『養護問題の今日と明日』ドメス）
1976	施設集団と子どもの自主性（全養協『児童養護』7－1）	教育と福祉の統一について（『そだちあう仲間＝特集号＝』）	施設養護の原点としての人権（『養護施設三十年』（1976）全養協）
		教育福祉問題の権利構造（城戸幡太郎先生80歳祝賀記念論文集）	
	私の歩んだ道と施設職員に期待するもの（『とうきょうのようご』第3号）	「教育福祉」問題調査の回顧と反省（吉田久一編『戦後社会福祉の展開』）	
	集団主義養護の理論と実践について（養問研『養護問題講座Ⅱ』）	児童の教育と福祉（小川他編『社会福祉学を学ぶ』）	
	疎開学寮から養護施設へ（全養協『養護施設30年』）	足元を掘れそこに泉が湧く（『そだちあい』創刊号 愛知支部）	
		児童観と教育の再構成（小川・永井・平原編『教育と福祉の権利』）	
1977	戦後における養護理論の展開（NFU社会福祉学会『福祉研究』36）	児童福祉と教育権論の課題（日本教育法学会年報第6号）	泣くものか・解説（『泣くものか』（77）亜紀書房）
	施設養護児童の生活指導と障害児問題（全障研『障害者問題研究』11）	児童福祉法の成立とその性格（『季刊 教育法』24、25号）	児童福祉施設体系のあり方と近代化の方向（『月刊福祉』60-10全社協）
		福祉と教育（真田是編『現代の福祉』）	施設の社会化と広報活動（『月刊福祉』61-11（77.11）全社協）
		児童福祉法30年と子どもの人権（『そだちあう仲間』Vol.2）	施設における最低基準（大会基礎講座）
1978	養護施設は一時預り所であってはならぬ（NFU社会福祉学会『福祉研究』38）	教育と福祉の間―教育福祉論序説（小川他編『教育と福祉の理論』一粒社）	都福祉審議会意見具申「新しい養護計画に向かって」
	地域における＜施設づくり＞と研究運動（NFU社会福祉学会『福祉研究』40）	福祉労働論への質問（『社会事業史研究』第6号）	養護問題の今日（『そだちあう仲間』）
	施設養護児童の生活と教育（小川他編『教育と福祉の理論』一粒社）	児童福祉法成立資料集成（上巻）（ドメス出版）	
	陽よ、強く照れ（ミネルヴァ書房）	児童福祉と教育文化問題（『児童問題研究』）	
	施設養護について（上）（『京都の児童福祉』4）		
	発達保障と集団づくり（養問研『そだちあう仲間』Vol.3）		

年			
1979	集団主義養護の確立をめざして（全養協『児童養護』10-1）	教育は福祉を母とし文化を血肉として（『青年と奉仕』122号）	親権濫用の実態と今後の課題（『自由と正義』（79.4.）日弁連）
	子どもの人権を考える（養問研『そだちあう仲間』Vol.4）	人権としての子どもの教育と福祉（『別冊国民教育3 子どもの権利』）	
		地域と子ども―その底辺からの考察（『真理と創造』）	
		子どもの人権を考える（『そだちあう仲間』Vol.4）	
		夜間中学生問題とその矛盾（『青年心理』第17号）	
		子どもの差別（『ジュリスト』No16）	
1980	集団主義養護論（養問研『日本の養護』4）	教育における子どもの福祉（『教育と法と子どもたち』法学セミナー）	
		今日の児童問題を考える（『教育』2月号）	
1981	明日をきずく子どもたち（共編）（ミネルヴァ書房）	子どもは追いつめられている（『家庭科教育』5月号）	「児童は社会の一員と重んぜられる」と今日の子どもたち（『保育の友』（81.5）全社協）
	集団主義養護論（養問研『日本の養護'81』）	福祉と教育の地方自治（東海自治体研究所『地方自治』）	
	集団主義養護の確立をめざして（養問研『そだちあう仲間』Vol.6）	養護問題をすべてのものに（『明日をきずく子どもたち』）	養護労働と職場づくり（大会分科会座談会）
		新生『そだちあう仲間』に寄せて（『そだちあう仲間』Vol.6）	人権侵害の調査報告（『そだちあう仲間』Vol.6）
1982	少年駆け込み寺の提案（養問研『そだちあう仲間』Vol.7）	子どもの発達と教育の保障に科学的な眼を（『季刊 児童養護』12-4）	児童福祉審議会について
	座談 西村氏積惟勝会長と「養護施設」を語る（養問研『そだちあう仲間』Vol.8）	障害児の教育・労働権保障の現状と今後の課題（『教育評論』2月号）	現代家庭の危機と児童養護の現状（『月刊福祉』65-5（82.5）全社協）
	集団主義養護Q&A（養問研『そだちあう仲間』Vol.8）	教育の荒廃と国民生活（講座『今日の日本資本主義』）	養護処遇におけるファミリー・グループホームの位置づけ（『児童養護』13-3（82.12）
		教育と福祉の輪をひろめよう（『のびゆく仲間』）	家庭の崩壊と母子関係（『発達』12（ミネルヴァ書房）
		行革と養護問題（『そだちあう仲間』Vol.8）	行革と養護問題（『そだちあう仲間』Vol.17（82.5）養問研）
		選抜制度と進路指導（『そだちあう仲間』Vol.8）	養護問題と施設（大会基礎講座）
1983	笹っぱ優勝旗（共著）（洋々社）	養護施設と学校のあり方（『季刊児童養護』14-1）	変貌する社会福祉ニードとソーシャルワーカーに求められる役割と課題（『社会福祉研究』32（83.4）鉄道弘済会）
		選抜制度と進路指導その2（『そだちあう仲間』Vol.9	
		教育の機会均等と青年の進路（『国民教育』夏季号）	
		なぜ、いま高校教育なのか（『公的扶助研究』No.97）	養育家庭制度10年の歩み
		「教育福祉」概念の現代的考察（『講座 社会福祉』第9巻）	21世紀こそ子どもの世紀に（『これからどうなる日本・世界・21世紀』岩波書店）

		教育福祉の道を求めて―積惟勝先生追悼（『伸びゆく子どもたち』）	
		ぼくたちの15歳（小川他編ミネルヴァ書房）	
1984		ぼくたちの15歳（大会基礎講座）	この少年に施設は何をなすべきであったのか（『新しい家族』養子と里親を考える会）
		養護施設児童の人生選択（中日新聞2月15日付け）	
		高校「中退者」問題を考える（『児童福祉法研究』第4号）	児童福祉法と崩壊家庭の少年の人権（『少年非行』日本評論社）
1985		教育福祉の観点から（『月刊福祉』3月号）	社会福祉と生活指導
		教育福祉の基本問題（勁草書房）	養護問題の状況変化と施設運営（『現代日本の生活課題と社会福祉』川島書店）
		集団就職その後30年（『健康』）	
		「いじめ」問題の基底をみつめて（『児童心理』臨中号）	措置費見直しの動きをどうみるか
		『児童養護』に期待する（『季刊児童養護』創刊15周年）	
1986		現代の教育問題―教育と福祉の課題（大会記念講演）	地方分権と公私格差（『福祉展望』2号（86.9）都社協）
			措置費制度の動向と東京の養護（『児童福祉研究』18（86.10）都社協）
			福祉行財政の地方移管と養護施設（『養護施設の40年』（86.10）全養協）
			85年を超えて
1987		学び、知る権利（『子どもの人権宣言'87』）	今日及び今後の養護問題について（『児童養護』18-1（87.7）全養協）
		教育と福祉の課題―限りなく学ぶ自由をすべての者に（『日本の児童問題②』）	児童はどこでどのように養育されるのか『社会福祉研究』40号鉄道弘済会）
		福祉教育と教育福祉（『福祉教育の理論と展開』）	
		福祉教育と社会教育の間（『社会教育の福祉教育実践』）	
		愛知の高校入試改革（愛知青年期教育研究会編）	
1988			
1989		教育福祉論の今日的課題（『教育』No.507）	
1990		教育学部―関連学部の福祉教育	
1991		「教育福祉」私考	
1992			
1993			

第2節　養問研活動で大切にしてきたこと

もてる力を発揮し、自由にものが言え、前向きに物事を考えられる養護

大塚哲朗
（養問研前組織部長）

養問研との出会い

　養問研のこと、またそれとの出会いに触れるには、その創設者である積惟勝先生や先生の著書との出会いを語らずしては語れないように思われる。ぼくにとって、先生が園長をされていた松風荘の実践に直接触れる機会があったこと、先生の著書『集団に育つ子ら』との出会いは大きいものがあった。

　当時（今から半世紀も前）、施設の閉鎖的集団生活の弊害（ホスピタリズム）が問題視され、施設養護のあり方として、いわゆる小舎制による「家庭的養護」という考えが大きくクローズアップされていた。それは集団生活のマイナスの側面への反省からでもあったが、一方プラスの側面にも目を向けられたのが積先生だったように思う。それは必ずしも家庭的養護の否定の上には立っていなかった。松風荘の実践を振り返ってみても、まず定員30人ほどの規模で、子どもたちは積先生を「お父さん」、主任の野田先生を「お母さん」と呼んでいた。そしてみんなの話し合いの場は「家族会議」と称されていたのだ。大きな家族としてお互いに思い合い、育ち合う場こそ、「家庭に勝るとも劣らない」養護施設の姿であるというのが積先生の持論であった。先生ご自身も、集団規模が大きくては自信がないとおっしゃっていたことからも理解できる。本来ある家庭の温かさがそこに流れていたのである。

　一方、先生には、働く職員のための研修会のあり方に対する考えがおありだった。当時すでに長い歴史をもって全国養護施設協議会という大きな組織が存在していた。確かに貴重な職員研修の場にはなっていたが、やはりお膳立てされたものという側面は否めなかった。積先生には、働くわれわれ自身が創り上げた研究会が必要だという思いが強く、是非そういう研究会を全国規模で立ち上げたいとのお話を直接伺ったことがある。

　こうして積先生を会長とした全国養護問題研究会が誕生し、略称も「全養協」（全国養護施設協議会）との混同を避けて「養問研」とした。1972（昭和47）年に開催された記念すべき第1回全国大会は日本福祉大学を会場として行われ、まさに手作りといった感じの大会であった。参加者が何人だったかは記憶にないが、皆何かが変わるとの思いを胸に手弁当で駆けつけたに違いない。ただ、積先生は全養協のメンバーでもあったため養問研立ち上げ後も異質な存在としてご苦

労が多かったようだ。

誇りに思っていた養問研の柱

　さて、養問研はあくまでも組織を貫く1つの柱をもち、個人の意思によって参加する会員組織であり、運営費用はほとんど会費収入で賄われるというのが原則であった。当時われわれはそれを誇りにすら思っていたように思う。

　この1本の柱の存在と運営の原則手弁当という組織の強みは、自分たちの研究会という意識から積極的な参加姿勢が伺えることと、誰に遠慮することなく先駆的な実践が可能であることにあった。さっそく県支部活動の広がりが、愛知、岐阜、東京、神奈川に見られ、その後、多くの支部が組織されていったのである。

　1969（昭和44）年、養護施設唐池学園に就職したぼくも、全国養問研の設立を受けて神奈川県での活動を始めた。神奈川においても長い歴史をもっている神児研（神奈川県児童福祉施設職員研究会）という研究会がしっかり根づいていた。県域の児童福祉施設の職員は自動的に会員となり、その会費も施設が負担し、運営費も公的な援助のもとでの活動であった。そういうなかでの養問研活動は当然のことながら運営も厳しいものがあり、また、当時は業界からも批判的な目で見られていたため、こっそり仲間を募り、細々と支部の研修会を行ってきたように思う。しかし、根幹には自分たちの研究会なのだから、誰に遠慮することなく思い切ったことができるという自負があった。

学園内での実践

　さて、ぼくの職場であった唐池学園は大舎制の外観で、中はマンションのような小舎制といった造りで、施設の器としてはいろいろな意味で理想的ではないかと思う。そこでの実践としては、養護施設は子どもにとって生活の場、自由に何でも言い合え、1人ひとりの思いを大切にするために話し合いの場は欠かせないとの思いから、自治会の体制を大切にした。縦の流れとしては部屋会議、リーダー会議、自治会の場を組織し、要求事項、問題行動の対処、トラブルの解決などにあたったが、影響力の大きい高校生のリーダーをどう育てるかがカギに思えた。また、横のつながりとして行った小学生会議、中学生会議、高校生会議は、もっと多岐にわたった内容を取り上げたように思う。次に1989年に子どもの権利条約が国連総会で採択されたことも、われわれの方向性に確実なものを感じたことであった。さっそくそれを受けて子どもの権利ノートのような冊子を職員でまとめたことを思い出す。

　このように少しずつ園内では集団のなかで育ち合う実践ができてきたが、その背景にはそれを確実なものにしていく「働きやすい職場環境」があったからだった。この点については労働条件もさることながら、職員を信じ、任せてもらえる雰囲気が一貫して流れていたことが大変大きかったと思う。こういうことからも、もてる力を発揮し、自由にものが言え、前向きに物事を考えていけることに必要なことは、大人も子どもも同じであることが分かる。

　最後に養問研のますますの発展を祈ります。

私のなかの養問研

神田ふみよ
（養問研前副会長）

　私は1965年、都立施設に就職した。当時の状況を簡単に述べておく。
　子どもたちは狭い部屋に詰め込まれ、保母は住み込みの長時間勤務で手当はない。児童福祉施設最低基準や労働基準法には適用外であった。また、職場の上下関係が厳しく、自由に意見が言える雰囲気はない。年に3割の職員が辞めていった（現代で言う「ブラック施設」？　私自身が法律に無知であった）。劣悪な環境や集団規模の大きさは、子どもに対して管理・監督的指導になりがちである。子どもの立場から見れば、友だちとはうるさくて邪魔な存在になってしまう。私は熱意をもって就職したものの、厳しい現実の前に立ちすくむ毎日であった。また、児童養護に関わる書物はほとんど見当たらない。保育や教育関係の本を探したが、児童養護の分野に関わる研究者の少ないことに失望した。
　このような状況のなか、1972年に養問研を知り、参加した。養問研がめざしてきたことと、私が志してきたことがすべて一致しているとは思っていないが、以下5点に絞って述べる。

子どもと職員にとって良い環境を

　施設は、子どもにとって生活の場所であり教育の場である。3食の美味しい食事があり、清潔な居室や暖かい寝具でぐっすり眠れる、個が保障される空間と遊び学び合う穏やかな人間関係が必要だ。子どもと親にとって、入所に至るまでの生活は苦労が多かったことだろう。厳しい選択と決心の末にたどり着いた施設が、暗くて陰湿な所であれば、子どもは親・家族への憎しみや恨みの感情が増幅するであろう。親は後ろめたさを終始抱くのではないだろうか。
　施設が明るくて親しみをもてる環境にあれば、痛みの感情を和らげ、肯定的に物事を受け取ることができるだろう。親子関係の維持や修復もできるであろう。毎日の暮らしのなかで、積極的に知識や技術、人・物との関係を学び、将来に希望をもって成長していけるのではなかろうか。また、職員にとっては働く場所である。職員がゆとりをもって安心して働ける施設は、子どもにとっても心安らげる場所である。職員が疲れ切っていては子どもに寛容になれないし、丁寧な対応ができない。私は疲れ切っていた時に、言うことをきかない子どもを思わず叩いてしまった苦い経験がある。敗北感に似た感情に襲われたことを、ときどき思い出す。
　保母になって間もなく、母が私に「他人様の子どもを預かっていることを忘れるな」と言った。保母は母親代わり云々と言うけれど、私の母はきっぱりと「他人様の子どもを預かる職業」だと

言い、「他人にわが子を預けなければならない親の心を思いやるように」と付け加えた。
　施設内外で職員の権利ばかりを主張して子どもの権利をないがしろにしている、という批判があった。「母親代わりに勤務時間はない。交代勤務は以ての外」という意見もあった。養問研が、外から批判されたのもこの理屈であったと思う。しかし、職員の権利が守られていないところで子どもの権利が守られるのだろうか。表裏一体の課題であると、私は考えていた。

育ち合う関係

　児童養護施設は、2歳児から18歳まで、場合によっては20歳までの幅広い年齢の子どもたちが暮らしている。職員と子どもの信頼関係を築くことは大切だが、それ以上に子ども同士の良い関係を育てることが重要である。毎日一緒に暮らしている子ども間でいじめや暴力、上下関係がはびこっていたら、子どもは安心して生活を楽しめない。また、子どもが自分の意思を自由に表現でき、施設運営に反映できたら、より暮らしやすい生活を送れるだろう。
　私は夕食の時間が好きだった。この時間を大切にした。温かで美味しい物を食べれば穏やかになる。食卓を囲み、子どもらは思い思いに学校の様子や友だちのこと、悔しかったことや愉快だったことをしゃべる。ときには親・家族の思い出、生い立ちをしゃべる。それを聞いて子ども同士が、あれこれ感じたままを言い合う。笑ったりしんみりしたりして、そこに共感関係が生まれる。また、施設や職員への批判や要求が出る。どうしたら改善・実現できるか知恵を出し合い、連帯感が培われる。普段は伺え知れない子どもの一面が見える。
　また、入所間もない子が食卓に並んだ煮物を見て、「初めて食べる」と、そっと私に言った。入所前の生活の一端を知る。私が子どもの話に頷きながら食べていると、「よく食べるねぇ」と隣に座った子どもが笑う。子ども間だけでなく、子どもと職員も育ち合っている。何と幸せな時間だろう。

道を開く

　児童養護の仕事を通して、施設内外で生じているさまざまな問題や壁を知った。親の安定した生活がなければ子どもは安全に安心して暮らせない。そんな当たり前のことを知った。子どもが関わる保育、教育、医療。社会生活を送るにあたって、労働や住宅などの社会的問題。また、恋愛・結婚などの個人的な事柄を通して、日本の社会保障や福祉の問題、時代の「今」を見る目を開かせられる。それらの問題を何とか解決したいと思う。
　公立高校しか進学が許されない時代があった。私立高校への進学が認められても学力が追いつかず、「進学可能校がない」と言われた中学3年生がいた。「それでも、15歳の子どもを社会に出すわけにはいかない。どこか探してほしい」と担任教諭に頼んだら、「定時制高校なら入学できるかも……」と言われた。私は「前例がない」と言う施設長と職員を説得した（というより頼み込んだ）。施設長が本庁に何度か足を運んで承諾を得てくれ、定時制高校への道が開けた。
　ダメだったものを可能にする。壁を広げ障害を越えて行く。道はないが行く先はある。子どもの権利保障を追求してきた養問研の支えが、私の背を押してくれた。

専門職をめざして

　保母は子守り、誰にでもできると仕事と思われていた。しかし実際は、幼児から少年期、思春期、青年前期の子どもの発達の道筋や特徴を知り、深く子どもの成長を育て支える専門職であると思うし、そうありたいと思う。ある時、薬物以外はみな経験したという中学3年の女子が入所してきた。学校の成績はとても良かったが、屁理屈ばかり言う挑戦的な子であった。私は彼女をなかなか理解できず、たくさんの書物を開いた。誰の著書であったか定かではないが（ロシアのコスチュークであったように記憶しているが……）、本のなかで「思春期の矛盾」という言葉に出会った。霧が晴れたような、子どもとの距離が一歩近くなったような気持ちになったことを、今も覚えている。

　学べば答えは見つけられるが、次の問いが待っている。学ぶ楽しみ、知の扉を開けていくワクワク感、緊張感。その魅力を実感する。専門職としての誇りが湧いてくる。実践しつつ、勉強することが求められている。そして社会に発信していくことが大切だと思う。

養問研の存在

　施設は狭い世間である。どんな職場であれ、そのなかだけに浸かっていれば限界が見えてきてしまう。運営や人間関係に失望することもウンザリすることもある。また、自分の実践や理論がなかなか理解されず、孤立感を味わうこともある。しかし、養問研に参加し、広く他施設の実践報告を聞くと、新たな視点と力を得る。報告者の熱い思いに感銘を受ける。他者の実践報告を聞きながら、自身の実践を検証することができる。次は自分も報告できるようになろうと、意欲的になれる。養問研に参加すること、養護実践の歴史のなかに自分が居られることを、幸運だと思えた。長く働き続けてこられた要因だった。

　最後に、常任運営委員となり、全国にたくさんの知人を得た。また、記念講演者に交渉するにあたり、その人の著書を読み直接話ができ啓発された。そのなかの1人、漫画家の中沢啓治氏から、「はだしのゲン」の絵に「人類にとって平和こそ最高の宝である」という言葉を添えた色紙を頂戴した。2016年の今年、その思いを強くする。

　養問研と出会わなかったら、私はどんな実践をしていただろう。どんな生き方をしていただろうか。交流できた人々にあらためて感謝したい。そして、何よりも私を育ててくれた子どもたちに敬意を表したい。

　　　　　泣きながら　電話かけ来る理由（わけ）よりも　拠るべき家の　あらぬ娘（こ）かなし
　　　　　気がつけば　奥歯をぎゅっと噛みており　職離るるも　残る習性
　　　　　養問研・児童養護を語る時　心あまりて　言葉足らず

養問研の仲間とともに養護実践を切り拓く

鳴海賢三
（養問研前編集部長）

労働組合を結成

　海の子中学寮は財団法人大阪港湾福利厚生協会の経営する水上生活の中学生が入所する児童養護施設で、職員は住み込み・断続勤務、10人前後の大部屋居室担当制であった。1970年前後、港湾流通の合理化から入所児童が減少し、施設存続が取りざたされていた。地域は港湾団地整備による人口急増で、急激なマンモス校・校内暴力、少年非行・刑法犯が溢れ、施設もその渦中にあった。暴力・いじめ、喫煙・シンナー・ボンド、徘徊等問題行動の深刻化に、職員は次々と退職した。私たちが入職した当初、子どもが「先生いつまでおるんや」と言った。陰惨ないじめにあった子どもに、「先生が守るから」と言っても、「先生はすぐ辞めるやろ！　信用できへん」と拒否された。いじめや暴力を振るった子どもに注意すると、「保母は女中や！」「殴って指導するのが指導員やろ。何で殴らへんのや！」と開き直る現実に、個別職員の指導は無力であった。そこで私たちは、廃止が目前の施設で養護実践・養育環境の改善と将来的展望を切り拓くために、ここに根を下ろすと覚悟を決め、子どもと職員の生活・教育・福祉、労働を守るために、全職員で労働組合を結成した。

1人ひとりの子ども・子ども集団、職員集団が輝く施設をつくりたい

　養護実践として学んだのは、積先生の松風荘の実践"1人ひとりの子どもの気持ちや個性を大切にし、集団で守り育てる人間教育、生活教育、文化活動、施設存続運動"であった。養護目標を「1人ひとりが主人公として、基本的人権を大切にしあい、安心した生活をつくるために行動できる人間になろう」とした。実践は「子どもから意見、願いを聴こう。気持ちや意思をみんなで話し合おう。子どもたちの要求を実現する行動を通して育ち合う自治的集団を組織しよう」と、職員集団一致の取り組みが始まった。

　不平不満を「バラバラに文句を言っても何も解決しない。いやなこと、こうしてほしいということ、こうしたいという要望を話し合い、室長会議で要求としてまとめ、全職員出席の全体会議で話し合おう」と提案した。全体会議では日課、規則、食事、部屋の改修、職員に対する要求が101個も出たが、実現したのは3つであった。しかし、子どもたちは要求をまとめ行動を起こせば、職員は気持ちや意見を尊重し実現できると受け止めてくれた。これを機会に、自分たちも生活をよくしたいと室長会議、レクリエーション、生活などの係を作る要求を出し、自治会組織体

制・活動が始まった。

　1972（昭和47）年、第1回養問研大会に参加した私たちは、全国的な実践方向からもこうした実践に確信と希望をもった。この年、子どもたちは"不利益には黙っていない"とボス支配を批判し、自分たちで週番体制を決めて日課を運営し、卒業お別れ会で暴力支配を克服した劇を上演して後輩に託した。その後、海の子中学寮憲法を制定するなど、自治的活動が定着した。並行して組合交渉で設備の改修・居室2〜4人、職員宿舎の建設、交代制勤務によるチーム支援が確立した。施設存続には保護者の強い要望を受け、組合交渉を重ねて法人設立（海の子学園入舟寮・池島寮）が実現し、一般養護児を迎えることができた。その後の取り組みは養問研の全国の実践から学び、地区社協と子ども会、ふれあい祭り、地域学童保育など、子どもたちと取り組み、福祉拡充専門拠点としての機能を発揮することができた。

養問研大阪支部と全国大会の活動

　第1回全国大会終了後、困難な職場を変えたい、自分たちの実践を発表し学び合おうと、大阪支部が発足し、全国運営委員には鳴海・大塚がなった。第2回大会で、「子どもの自治について」を海の子中学寮・鳴海が、「養護施設における栄養士の役割」を海の子中学寮・河野が、「乳幼児養護」をすみれ乳児院が、「子どものアフターケアのあり方」を清心寮・大塚が、それぞれ発表した。どの分科会も熱っぽい報告・討議が続き、時間内で語り尽くせず、深夜まで話しあった。

　「大会宣言」は、春日・長谷川・鳴海で朝方までかかり作成した。この宣言は養問研の仲間がともに新たな児童養護を切り拓こうとする決意でもあった。

大阪支部の活動

　大阪支部はその後も毎月の学習会で実践を学び合い、第5回・6回全国大会（京都）では、「退廃文化と克服実践」を海の子中学寮・清水が、他にも大阪支部は「豊かな生活づくりをめざして」「児童青年期の発達と生活指導」「児童相談所から見た養護相談の実状と施設養護への期待」「地域活動の実践報告」などを報告した。この大会では鴨川三条大橋の歌声交流集会での笑顔、マカレンコの映画『人生案内』の人間教育実践に感動し、全国の仲間がともに養護実践をさらに切り拓こうと輝いていた。

　大阪支部活動の特徴は、日社労組大阪支部（現全国福祉保育労働組合大阪地方本部）と大阪府立・大阪市立の児童養護施設の関係者で「大阪の養護をよくする会」を結成し、児童養護の現状・問題点および課題を要求にまとめたり、さらに大阪市教研集会、寄宿舎研究会などで発表を行うなど、実践・研究・運動の統一を大切にして活動したことであった。

全国養護問題研究会の設立に関わって

中村國之
（養問研前副会長）

児童養護に関わるようになったきっかけ

　私は、1943（昭和18）年、釜山に生まれた。1945（昭和20）年7月に父が戦死し、8月に終戦。私たち家族は釜山港より引揚げ船に乗り、宮崎の親戚の家の二階で間借り生活を始めた。

　戦後の生活苦のなか、浮浪者が食べ物をもらいに木戸に立った時の母の言葉を、今も思い出す。「苦しい時はお互い様。一緒に頑張りましょうね」。母はそう言って、少ない食べ物のなかから分け与えていた。これが私の福祉の原点である。

　1960（昭和35）年、母は県立整肢学園の調理の仕事につき、初めて家族で近くの市営住宅に入居できた。そのうち、私は、高校2年生、3年生の時、兄弟を求めてに出入りするようになった。学校が終わるとほぼ毎日入りびたりで、私は子どもたちの兄のような存在になり、頼られるようになる。私は子ども会をつくり、学園にお小遣い値上げや外出時間の延長などの要求をした。

　当時、私が感じたこと等を作文し、『わたしの見た園』という作文集（10冊）を、実習に来た学生さんに読ませていた。整肢学園の子どもたちに頼られ、子どもたちの要求を子どもたちと一緒に職員の方たちに伝えていくなかで、内弁慶の私に変化が起こった。整肢学園の子どもたちのために私にできることはないかと考えるようになり、日本福祉大学の夜間部に進学することになったのだ。

　そこで施設問題研究会（以下、施設研）を設立し、愛知県、岐阜県を中心とした施設を訪問し、子どもたちと遊び、キャンプに参加し、学習支援などのサークル活動を行った。そのなかで、全国社会福祉協議会に「学割」をお願いして、全国養護施設長研究協議会に参加させてもらえるようになった。

積先生との出会いから養問研設立へ

　1964（昭和39）年6月、第18回全国養護施設長研究協議会で積先生が、「養護理論を積極化し、施設を集団主義的な教育の場とせよ」との意見発表をされた。その発表に多くの施設長から質問と批判が出され、反対された。これについては積先生も「散々な目にあいました」と、記している。その場には私もおり、終わってから会場で積先生の所に行き、「先生の発表に賛同します」と伝えた。それが、積先生との出会いだった。

　それ以後、私は幾度となく松風荘を訪問することになった。松風荘を訪問した時、幼児さんか

ら中学生まで生き生きと自分の言葉で意見を述べており、大変驚き感動した。忘れられない思い出だ。そこで私は、積先生の「家庭に優るとも劣るものではない」という考え、1人ひとりの子どもの意見を尊重し、みんなの生活を守る生活実践を体感することができた。

このように、施設研の仲間や岐阜の指導員会で松風荘を訪問し、積先生や野田さんを囲んでお話を聞き、私は多くのことを学んだ。

1968年9月、積先生の「養護教育をたかめるために、お互いに手を結ぼう」という呼びかけに賛同し、全国養護施設研究会（仮称／全養研）が結成される。施設で働いている仲間が悩み、課題を抱え、話し合う場を求めていることを、そこで私は確信した。そして支部づくりが各地で始まったが、各施設長の賛同は得られなかった。「全養研」という略称は「全養協」と紛らわしいので変更するようにというクレームもあった。

1970年1月、全養研の第1回全国運営委員会が開かれた。1972年9月に日本福祉大学で開催した第1回養護施設問題研究会には、多くの参加者が集まった。参加者はこれまで溜まっていたものを吐き出すかのように語り明かした。11月に開いた第1回代表者会では、名称を「全国養護問題研究会」（略称、養問研）とすることを決定した。1973年9月、『そだちあう仲間』の創刊号の編集責任者として、私は発刊にあたったのである。

施設養護実践

私が日本福祉大学を卒業した時に、「日本で一番悪い施設だけど、行ってくれませんか」と、某施設への就職を頼んできたのは、同大学に入学してきた施設出身の学生だった。「悪い施設」は「改善できる」と、私は喜んで行った。

そこは、施設長以下全職員が住み込みで、家族もちのみ1室を与えられていたが、独身者は子どもたちと同室だった。独身であった私は3歳の幼児と小学生、中学生の男児6名と同室で、私のスペースは押入れの上段だった。食事以外、散髪、洗濯、繕い、学習、被服管理、学校対応など、すべて私の仕事だった。おまけに退職した方が担当していた会計の仕事まで回ってきた。

子どもたちと起居をともにする生活が始まった。労働条件などは最悪と言えるかもしれないが、子どもたちは大切にされていた。高校進学も認められていた。子ども間のいじめも感じなかった。そのうち、「次に問題を起こしたら教護院措置」と児童相談所で言われていた中学2年生の女児が入所してきた。その女児が、友人宅の金庫から30万円を盗み、友だちと一緒に神戸で着替えて、新幹線で東京に行ったのだ。上野署に保護された時の所持金はほんのわずかだった。行動を起こす前、その子は学校を休んだが、東京に行くことを他児に話していた。話を聞いていた子が、「兄さん、あの子、捕まったら教護院にやられるから東京に行くと言っていたよ」と教えてくれた。そしてその子は、「私たちがもう悪いことをさせないから、教護院にはやらないで」と、私に頼んだ。私は上野署に迎えに行った。その後、子どもたちが見守って生活し、その子は無事に卒業することができた。

次の養護施設では、「ボス支配」と「軍人あがり」の職員による体罰があった。ボス支配と体罰をなくすため、若い職員たちと話し合いを重ね、体罰を子どもたちに詫びた。中学生になった

子が、「やり返そうと思っていたらできなくなった。なぜだ」と言ったが、子ども集団と職員集団が幾度となく話し合って生活を築いてきたからである。

　次の施設では、二階の窓から無断で外出したり、バイクで友だちが迎えにきたりする子、高校生の中学生に対する暴力や不登校等、問題が多く、小さな子どもたちが安心して生活できる生活集団作りと生活改善のための闘いの日々であった。

　私たちは子どもたちと生活を共にするなかで話し合い、子どもたちの要求をじっくり聴き、実現できるよう努力することを繰り返した。職員で話し合い、お互いをカバーし合った。暴力のない生活をめざそうと子どもたちと何度も何度も話し合い、生活を楽しむ企画を沢山考え、実践していった。

養問研に期待すること

　職員の住み込み制は大方通勤制に変わり、労働時間は短縮され、施設職員の職種は増えたが、現場の保育士、指導員の在職期間は相変わらず短いように思う。子どもたちの抱える問題は虐待や発達障害など、以前より難しい対応を求められているように思う。それだけに、職員のチームワークや専門職間の連携学習、ふりかえり、そして実践が大切であると思う。

　子どもたちの生活集団づくりと、職員の専門職としての集団援助体制の確立が急務になっている。養問研は今こそ、生活集団づくりと子どもたちに向き合う専門職集団の育て方の確立と研修の場が必要だと思う。積先生の願いの実現のために！

積惟勝先生との出会い、そして学びのなかで

浅倉恵一
（養問研前会長）

　養問研に関わってきている人たちは皆そうであろうが、私も40数年にわたる関わりのなかで、多くの実践者や研究者の方々と出会い、そして沢山のことを学ばせていただいた。ここで学び得たものは、今でも私の誇るべき財産になっている。

積先生との出会い

　数多い出会いのなかで、私の施設養護の考え方に最も大きな影響を与えた人は、積惟勝先生である。先生のお名前を初めて知ったのは、『施設養護論』（糸賀一雄・積惟勝・浦辺史編、ミネルヴァ書房、1967年）であった。その書物が出版された当時、私は知的障害児施設の児童指導員であり、近江学園園長であられた糸賀先生の著された書物として購入したのであったが、積先生

の執筆担当であった「施設養護の基本原理」と「施設養護の内容と方法」の内容を読んで、児童養護施設にはこのような素晴らしい考えの下に実践されている施設長（当時積先生は、松風荘園長）さんがおられることに驚くと同時に、その内容に引きつけられた。

　その引きつけられた積先生の考えは、その著述のなかで示された「施設の主人公はあくまでも児童である」「これからの新しい社会のにない手としての、人間を創るという積極的ないとなみ、その教育過程こそが施設養護である」という認識に立つことが必要というものであり、さらには、「施設へ入所する場合、その実質的な決定権は、施設の主人公である在園児童にある」「何よりも大事なことは、彼をひとりの人格のある人間としてとらえ、人間として解放することである」「施設の生活は児童が中心になって推し進められなければならないし、当然、日課、行事の内容は児童たちの手によって作成されなければならない」「誰もが、何でも、はだかになって言い合えるものにしなければならない」「ひとりひとりが、施設の生活にプライドを持ち、胸を張って施設をでるばかりではなく、社会にでても、新しい社会の担い手となって進めるような、施設養護教育がなされることである」という、人権思想を基盤とした「積極的集団養護論」である。まだまだ管理的な体質が強くあった当時の施設養護の実際からみたら、とても画期的な理念であった。

　この積先生の考えは、その当時の全国児童養護施設協議会（全養協）の施設長さんたちには受け入れられていなかったようである。それは、積先生の主張のなかで用いられている「集団主義教育」という言葉に対する反発であったかもしれない。その一方で、積先生の考えに共鳴する施設長や職員さん、そして研究者の方々も多数存在していた。

松風荘を訪ねて

　1969年4月、私は児童養護施設の児童指導員として働くようになった。その年の夏頃であったと思うが、幸いにも積先生との交流があった岐阜の指導員仲間に誘われて沼津市内の松風荘を訪ね、積先生と初めてお会いすることができた。

　著作物を通して先生の理念に出会っていたが、実際に先生ご本人との出会いは私にとって貴重な思い出でもある。松風荘の園長室で、先生の考えを十分にお聞きすることができたし、園の「おかあさん」的立場にあった野田あい子先生ともお会いできた。また遊びに来ていた卒園生からも、子どもの立場からみた園の具体的な内容と積先生の「おとうさん」（積先生は松風荘の子どもたちから「おとうさん」と呼ばれていた）としての生活の様子についてもいろいろと話を聞くことができた。

　その後、1972年に積先生が養問研を創設され、会長として活動されてからは幾度となく会合でお会いでき、講演などを通してその考えを学ばせていただくことができた。個人的にも度々ご指導を受ける機会にも恵まれた。また養問研の運営委員の方々と沼津の海岸沿いにあった旅館で、しばしば積先生を囲んで合宿したことも楽しい思い出の1つであり、大切な学びの時間でもあった。

　1983年に積先生がお亡くなりになってから、33年を超える年月が過ぎた。養問研の全国大会

も45回を迎えた。養問研の会員の多くは、積先生から直接的に学んだ経験をもっていないであろうし、「積惟勝」という名前を認識していない若い会員もいるかもしれない。

創設期の原点を今一度振り返るとき

　記念すべき第45回大会を経た今、養問研も創設期の原点を今一度振り返り、積先生が松風荘で実践した民主的な家族集団養護でもある「集団主義養護論」について再学習することが必要ではないだろうか。残念なことは、積先生の著作書が現在購入できないことである。図書館にしかないかもしれない。積先生の実践を学ぶのに最も適した書籍は、1971年にミネルヴァ書房から出版された『集団養護と子どもたち』である。望ましくは、養問研としてその著作を再発行させること、できなければ機関誌に転載することである。会員の皆さんに是非とも読んでいただきたい1冊といえる。

　今日社会的養護の一角を担う児童養護施設のあり方に、小規模・家庭的養育化という変革の波が押し寄せてきている。小規模化した集団養護には、積先生が『集団養護と子どもたち』で具体的に示した家族集団的養護実践の理論を学ぶことが必要ではないだろうか。

　「子どもを主人公とした集団づくり」「話し合いに基づいた民主的な家族集団づくり」を、施設集団の小規模化に備えてしっかりと学んでほしいと願っている。

仲間とともに養護実践をつくる

春日明子
（初代東京支部長）

　1972年9月9日～10日、第1回全国養護施設問題研究集会（仮称）が、積惟勝実行委員長の呼びかけのもとで、愛知県の日本福祉大学で開催された。参加者は、北は北海道、西は沖縄から総勢270名にのぼり、全国から集まった参加者は保母・指導員・調理士・園長管理者等、職種を超えていた。

　記念講演は浦辺史先生が「児童養護の諸問題」と題して児童養護に社会科学を問い、小川太郎先生が「集団生活をどう指導するか」と題して集団生活について講演された。委員長、記念講演者が日本福祉大学教授であるとともに、日本福祉大学積ゼミの学生30人が事務局に参加し、研究集会を支えた。参加者が仲間として一体感がもてるように随時出した速報に感動を覚えたと、参加者から声が上がった。

第1回全国養護施設問題研究会において問われた規約

　未来を見据えた規約づくりをめざして

① 第1条の（名称）「養護施設問題研究会」(仮称)から「養護問題研究会」に改正。

養護施設にとどまらず、養護問題は、「施設」の子どもをとりまく社会・親の問題、とりわけ「貧困」問題として捉えていくこと、施設だけでは解決できないこと、低学力や高校進学などを解決するには教育関係者と、親の貧困や疾病のことを解決することが必要で、そのためには、関係機関との連携、地域の協力が大切であること等、福祉・教育・医療の連携を研究活動の視野に入れ「全国養護問題研究会」としたのである。現在の貧困問題につながる討論を行い、貧困問題の先駆的な整理を行った規約である。

② 第3条（目的）職員の権利の検討

本会は「養護施設」における　→本会は「児童の養護にかかわる」に改正。民主的な教育理論とその実際の研究を推し進めるなかで、子どもの生きる権利、発達する権利、学ぶ権利、幸福になる権利、(「さらに地域に根ざした児童福祉活動を展開し、」→削除) すべての子どもの福祉向上につとめると共に、(「職員の福祉向上を図る。」→挿入) 日本福祉大学のゼミ・サークルが中核になりつつも、全国的には社会福祉労働者の改善運動が各地で行われ、自治体労働者の自治研や社会福祉労働者の研究集会・従事者研究会は、子ども・利用者の権利を守り育てる研究活動の広がり、全国障がい者問題研究会、児童相談研究会、教育関係の研究会等との連携もあり、(目的)に「職員の権利」を入れることは、子どもの権利と職員の権利の統一と他団体との連携、より民主的な研究会として踏み出す一歩となったのである。

学びの場、充実した・こころよい大会、学習講座

第2回の愛知大会を経て各地に支部ができ、支部活動が始まり、研究活動・実践活動・団体との合同研修会と、広がりをみせていった。東京支部では小冊子『とうきょうのようご』を発行するなど各地の養護実践が出版され、研究と運動の交流ができるようになったのである。

第3回・第4回大会は、全国運営委員会と支部実行委員会（施設職員が主体となり）が協同して東京で開催することになった。養護施設で働く仲間、自治体で働く仲間、研究者、学生と手つなぎをしながらの運営だった。その後、2年ごとに中部・関東・関西で開催することが緩やかな約束事のようになり、開催地支部の特色を出しながらの大会運営と楽しい交流会、歓喜の継続で、京都大会では鴨川べりで元気よく「うたごえ」と参加者の一体感を味わった。第1回から続いた大会速報は、ともに働く仲間と学ぶ仲間が1つになった速報で、参加者には好評であった。

養問研は子どもとともに育つ私たちの研究会であり、福祉と教育の統一をめざし、乳児から青年期まで（20歳まで視野に）の健康で文化的な生活・遊び・学び・発達保障・自立支援・アフターケアと支援の継続に一貫して取り組んでいる。そうした姿勢に誇りをもち、大会参加後は卒園生に会って帰ることを楽しみにしていた参加者もいる。また、困難な職場から参加した職員は、大会に参加することでまた1年仕事を頑張れると語り、親戚の方が危篤のなか参加された方もいた。大会にはいくつものエピソードが残っているのである。

大会だけにとどまらず、東西日本の講座を毎年開催し、講座と身近な取り組みの実践報告と自治体の取り組みなど情報交換をしてきた。『そだちあう仲間』に掲載の「児童福祉法30年と児童

の人権」の小川利夫先生の巻頭言の「児童養護 80年代の展望と人権問題」、村岡末広先生の子どもの人権や権利を取り上げた講演など、亡き2人の先生の講演内容は今に生きる話であり、読まれることを勧めたい。学ぶことの大切さを学んだ思い出である。

　素敵なネーミング『そだちあう仲間』には、劣悪な労働条件・環境のもと「1人ぼっちで悩むのはやめましょう、みんなで語り合いましょう、育ち合いましょう」という思いが表れている。非行問題や家族の問題を背負ってきた子どもの生活の豊かさと育ちの発達保障、そして幸せになる権利の追求は、子どもからも学び、職員同士でも学ぶというのは、真摯な職員姿勢で養問研がさきがけた支援であり、養護実践の基本になる思想である。

　矢川徳光氏は学習講座において、発達の歴史「制限・発達・自由・解放」を話された。斉藤茂夫氏は「木をみて森をみない」というのはだめで、物事は個を見るのでなく総合的に見なさいと話され、横須賀池上中学の家本先生は、「非行にどう取り組んだか」で、大切なことは教師の集団づくりで、学校の主人公は生徒であると話された。

　生徒自身で取り組む行事や生活を写真家の英氏が撮影された。生き生きとした生徒の表情、顔。合唱コンクールのコーラスが会場いっぱい流れるなかでの写真展を、最近観覧した。池上中学で学んでいた人たちが写真に熱い眼差しで見入っていた。施設の職場づくりと「施設の主人公は子どもである」という思想は、養護実践も教育も共通である。

集団主義養護を生かしながら新たな養護理論と実践の確立を
　原稿執筆のために、『日本の養護』『そだちあう仲間』など、関係する書物を読み直すことができた。1つひとつの実践に重みを感じつつ、新たな養護問題は柔らかな頭と熱い心で解決することが必要であると感じた。積先生のめざした「集団主義養護」を生かしながら、時代に則した新しい科学的な養護理論と実践の確立が必要である。

分野別研究運動と社会福祉の進歩と向き合って

豊田八郎
（養問研初代事務局長）

　私は、松風荘（沼津市）園長積惟勝先生による「養護教育を高めるために、互いに手を結ぼう！」（1968年9月）の呼びかけに応え、全国養護問題研究会（略称「全養研」）の活動に加わったが、その後、一時200名までになった会員も、事務局体制や支部活動は困難を来し、1971年頃には存続が危ぶまれた。そこで1971（昭和46）年4月、積先生が客員教授として日本福祉大学に見えられたのを機に、事務局を名古屋市の名広愛児園に移し、「会」の再建を事務局として担う

ことになる。

養問研の再出発と支部の再建

　私の社会福祉運動に対する関心は、1966（昭和41）年の全国公的扶助研究会に参加した時に、社会福祉の分野別研究活動の重要性と現場と研究者の共同が、「国民の権利としての社会福祉の実現に不可欠」と学んだことから始まっている。すでに、1953（昭和28）年に全国保育問題研究協議会が、1967（昭和42）年全国障害者問題研究会が設立されていた。また、1969（昭和44）年の少年法「改正」を機に、全国非行問題研究会も、1970（昭和45）年11月の第1回総会で会の結成を決め、2カ月に一度、例会をもつなど活動を進め、1971（昭和46）年11月には機関誌『非行』を発行している。

　再建の準備は、1972（昭和47）年5月に話し合いがもたれ、100名規模で第1回全国大会を9月に日本福祉大学で開催することを決めた。この年は沖縄の本土復帰の年で、沖縄や各地からの参加申し込みは、予想を大きく上回った。日本福祉大学のⅠ部Ⅱ部「施設研」部員や、積ゼミの学生らが大会事務局や運営を担ってくれるなど、地域で青年対策に取り組む運輸関係に働く仲間も、会場と宿泊所を結ぶ交通手段の確保など急な対応に力を貸してくれ500名の参加者を迎えることができた。会員も新規に210名が加わり、11月の代表者会議で役員と活動方針を決め、「全国養護問題研究会」（略称「養問研」）として再出発することができた。

　1973（昭和48）年11月には、村岡末広副会長（二葉学園園長）を団長に、復帰後の沖縄の子どもや児童養護施設の実態調査を行うなど、再建後の活動も軌道に乗り、徐々に支部も再建されていった。

　後に養問研の設立の意義について、野沢正子先生はこのように述べられている。
「……これらの養護論の展開は、すべて施設養護における方法技術論的視点からの議論であり、それなりの必然性と必要性は有するが、ここでも根本的に養護にかかわる養護問題の分析や認識が脱落しているのである。ただ、その間、1970年代に入り、全国養護問題研究会が結成され、施設関係者のみでなく、学校教師、児童相談所、ワーカー、家庭養護関係者、研究者等が共同して、養護問題を討議し、子どもの処遇を発展させようとする場が生まれてきた。……　養護にたずさわる指導員や保母など直接処遇職員によって実践、報告されるようになってきた。このことは、養護問題を客観視し、一般化する上で重要であるばかりでなく、養護を社会的な諸関係の中で再構築する上に不可欠な条件であると思われる。現場の実践者と研究者による実践と理論の有機的交流がはじめられていることも、養護と養護理論研究にとっての新しい段階を迎えたものとして期待されているのである」（「養護と養護問題」1980年10月大阪社会事業短期大学創立30周年記念論文集より一部抜粋）。

分野別研究運動の広がりと研究活動の成果の出版

　1974（昭和49）年には会員が500名を超えた。私は、触法少年の更生保護や集団就職してきた若者たちの教育の仕事にたずさわりながら事務局を担っていたが、積先生や村岡先生と相談し、

「松風荘」に指導員として就職し、会の活動を担うことになった。

1975（昭和50）年に全国児童相談研究会、1976（昭和51）年に全国老人福祉問題研究会が設立された。それらの活動にも養問研の仲間が関わり、分野別の研究運動は急速な広がりをみた。

さらに実践の場での研究活動の成果は、各分野の機関紙誌で発表され、現場の実践や人材育成に大きな影響を与えていくことになる。養問研も『そだちあう仲間』や『日本の児童養護』を出版するなど、日本の福祉運動が大きく前進した時期である。

人材育成と社会福祉の進歩を願い

1985（昭和60）年4月、松風荘を退職して大阪に戻った私は、民間社会福祉事業者の組織化に加わり、12月に「社会福祉施設経営者同友会」が設立され、当初専従事務局員を務めた。1990（平成2）年4月からは、保育所園長として地域の福祉要求にも目を向け、社会福祉法人のあり方についても、市民の暮らしのなかにその存在意義があるとして、住民との協働と、地域で志を同じくする法人が1つになって、児童・障害・老人の三領域に事業を拡げてきた。今では50以上の事業経営を行う法人に成長している。

1990年代後半、社会保障制度審議会勧告、社会福祉基礎構造改革、社会福祉法人制度改革等、福祉における公的責任の後退や産業化の流れに抗し、憲法が定める社会福祉の「国民の権利」と「国の責任」を共通の課題に、立場や分野を越えた運動のネットワークが、「社会福祉危機突破集会」など地域や全国的規模で共同の取り組みとして広がり、ますます重要になっている。

今は、すでに一線を退いているが、「総合社会福祉研究所」（1988年設立）の役員として理論学習や運動面での人育てを大切に、社会福祉の進歩と、もう少し向き合っていこうと思っている。

神奈川県の支部活動で大切にしてきたこと

安部慎吾

（神奈川支部長）

私が支部長をさせていただいている神奈川支部は、「社会的養護のあり方の改善を目的に、社会的養護に関係する実践者や研究者、学生などを対象として、定例学習会を中心に、"半歩先をゆく"ニッチな活動を展開し続ける」ことをモットーに、今日まで活動を続けてきている。

"半歩先をゆく"目標を設定

活動を計画するにあたって、実践に関する課題が山積している現場感覚から遠のかず、課題への取り組みに役立つ一般性と、一歩ではなく"半歩先をゆく"手の届きそうな実現可能性のある

近年の当支部の活動実績

形式	テーマ	発題者
2013（平成25）年度		
定例学習会主催（1）	社会的養護を要する子どもとその家族に長く寄り添い支援できる大人を増やすために～主に仕事と家庭の調和（ワークライフバランス）の視点から、児童養護施設職員が長く働き続けることのできる職場環境の構築に関する考察と提言 　　第1部：調査結果報告 　　　　　※前々年度に質的調査・前年度に量的調査の結果報告書発行 　　第2部：グループインタビュー	第1部：2名 　日本社会事業大学准教授 　唐池学園児童指導員当支部長 第2部参加者：3名 　自身の家族の育児経験などがある児童養護施設職員
定例学習会主催（2）	社会的養護の施設における、ケア単位の小規模化と施設機能の高度化に対応できる人材育成と職員集団づくり	二葉むさしが丘学園施設長
定例学習会主催（3）	社会福祉施設における人材の確保と定着のために～職員採用と新任育成について実践的に学ぶ～	福祉経営ネットワーク コンサルタント
2014（平成26）年度		
定例学習会主催（1）	児童養護施設等において、いかに人材を確保し定着させるか～職員の募集・採用面接・育成に関する実践報告～	二葉むさしが丘学園施設長
定例学習会主催（2）	第1部：多文化社会のニュージーランドにおける、虐待対応・地域子育て支援を主にした児童福祉実践 第2部：施設長会・神奈川の社会的養護の将来像に関する検討会作業部会「神奈川の家庭的養護推進に向けた課題と方向性」	第1部：児童家庭支援センターみなと相談員 第2部：同作業部会委員 横浜いずみ学園施設長
定例学習会主催（3）	社会的養護の施設において、子どもや職員との関係で困った時にどうすればよいか～子どもの理解を深めてより良い関わりを考える～	白梅学園短期大学教授
2015（平成27）年度		
定例学習会主催（1）	効果的に実践できる計画とは何か？～企業コンサルタントから学ぶ実効性のある計画を立てる技術～	コンサルタント会社エムアイアール ディレクター
定例学習会主催（2）	第1部：情報交換会 社会的養護の施設における児童手当の取り扱いについて～子どもの利益に資する有効活用のために～ 　　※翌年度、参加者に募集した児童手当の扱いに関する事例と課題に対するアンケートを集計して、関係機関等に文書提言 第2部：講義 　子どもの貧困と社会的養護について～高卒後の生活・教育支援を中心に～	第1部： 　発題：唐池学園児童指導員　当支部長 　助言：新横浜法律事務所 弁護士　子どもセンターてんぽ・事務局長 第2部：元神奈川県児童相談所　児童福祉司、千葉明徳短期大学保育創造学科教授　『子どもと福祉』編集委員
定例学習会主催（3）	戦後70年特別企画：戦争孤児当事者へのインタビュー上映会 戦争が生んだ知られざる歴史の証言と社会的養護の現在 　　※翌年度、上映内容を録画したDVDを関係機関等に配布	証言者：戦争孤児当事者

目標設定をしている。また社会的養護に関する研究活動は多くあり、研修会は年々増えていることもあって、当支部でしかできない"ニッチな"独自性のある活動をめざしている。

主な活動は、年3回程度の定例学習会の主催である。毎回約30名のご参加があり、参加者へのアンケートでは、学習会の内容に対する良好なご評価と参考となるご意見をいただいている。

学習会を主催することによって、実践に関する有益な知識や技術を得ていて、実践への組み込みを図る機会になっている。また多くの方にご参加いただいているおかげで、新たなネットワークが築かれる場にもなっている。学習会の後は懇親会も開いていて、グチや冗談も含めた情報交換がなされている。

学習会の前後には当支部の運営委員会を実施しており、活動の企画と振り返りを行っている。神奈川県内の有志の施設職員が運営委員になっていて、現在5施設11名で構成されている。定期的に会う運営委員は、実践上の課題等を率直に相談できる間柄になっている。

実践に役立った貴重な出会い

私は自身の実践において行き詰ることがよくあるのだが、支部活動を通じて知り合った施設職員や研究者の方から学んだヒントが今までの実践にとても役に立っている。多くの貴重な出会いを与えられていることによって、実践者としてだけでなく人としても喜びを得られていることに感謝したい。

社会的養護のもとで生活している子どもがより良い未来を創っていくためには、ともに生活している実践者が心身ともに健康で、実践に関する専門性と人間性を向上させながら、実践者でい続けることが必要である。

今後もその必要性を高めるために、養問研の先輩のレガシーをつなぎ、実践を長く担う後輩へ引き継ぐ支部活動を行っていきたい。

養問研を自主研の機関車に

河野博明

(前大分支部長)

自主研と養問研

養問研の大分支部について語るには、まずは「自主研」のことから入らねばならない。大分には、自主研と称する「養護問題自主研究会」がある。この自主研は、「今年は九養協の研修会の準備等が忙しくて、1年間研修らしい研修がなかった。このままでは子どもの問題に対応できなくなる」と危機感をもったA指導員の呼びかけから始まった。

1984（昭和59）年の暮れに、湯布院に有志十数名が集って結成。翌年の1月から活動を開始した。支援方法や各施設で抱えている問題などを検討しようと発足した勉強会だったが、施設長さんたちからは、労働組合を作るのではないかと胡散臭い目で見られた時期があったり、そのときどきのテーマや事例をもち寄っての勉強会は、参加者が2、3名の時もあった。入会・退会は自由で、養護問題に関心がある人は福祉関係者に限らずだれでも参加できる会としたが、実際には児童相談所の職員や施設職員にとどまっている。私にとって自主研は、当初は私自身が児童養護の仕事を学ぶ場であったが、次第に指導員の仕事や施設の姿勢を確認できる場となり、養問研の情報を伝える場になっていた。

　児童福祉の分野に足を踏み入れたばかりで、何も知らない私が発足当初から自主研の会長になったこと自体は重荷であったが、定例会に参加するうちに施設の個々の違いを知ることができ、公立の児童養護施設なのに民間施設に比べて何もできてないこと（遅れ）がわかってきた。同じ施設でありながら、子どもたちと関わること（支援内容）がまったく違うことは驚きであった。民間施設は私立高校の進学も認めていたのに、予算がないという理由から私立高校への進学は認めない。卒園者の支援は、卒園生（当時40歳位）に電話一本で丸投げの状態にあった。

　わかば園が抱えている課題の大きさは、民間施設の比ではなかった。「何もできてない施設。みんなの施設にどうにかして追いつきたい（わかば園の子どもたちに申し訳ない）」と思う日々だった。そんななかで養問研の存在を知り、全国大会に参加した。子どものもっている力、生きいきと集団のなかで育ち成長発達する子どもたちの姿は、衝撃的だった。自主研では学べない先進的な実践報告に触れ、児童養護施設を利用している子どもが、入所した施設や地域によってこんなにも違っていていいものかと疑問をもった。

全国運営委員として

　私は1986（昭和61）年の全国大会の参加を契機に、学習会などにも参加し始めた。ある日、何の前触れもなく、事務局から全国運営委員会の案内が届きびっくりした。運営委員会の存在そのものも知らなかったので、この会議に出席するかどうか悩んだ末、夜行列車で名古屋に向かった。自分にしっかりした考えがあるわけでもなかったので、会議に出席するだけの時期もあった。

　ある時の運営会議で、NOを言えない私は二つ返事で学習会の大分開催を引き受けてしまった。支部としてはよちよち歩きの頃で、案内文を発送した後になって宿泊施設の予約ができてないことがわかり大慌てしたり、各施設からの参加を促すために、県内の全施設を回って施設長に職員の参加を依頼したりした。1989（平成元）年1月に別府で開催した初めての会には、60名ほどの参加者があった。この学習会の準備が支部活動のスタートとなった。

　会員のなかには自主研会員をそっくり養問研の会員にしてしまえばいいといった暴論もあったが、県内の状況から考えて養問研＝自主研は難しく、養問研はあくまでも自主研の機関車となって自主研を引っぱっていくことになった。学習会を開催した頃（30数年前）は、養問研の中味も知らずに批判し嫌っている施設長さんが多く、他施設に声をかけるのもためらわれた。ある施

設では、学習会に参加した職員を赤旗で迎えなければといった冗談とも本気ともとれる声が聞かれた。また県内の多くの施設は、「四年制大学卒は採用しない」「四年制大学の実習生は受けない」「職員はいろいろな情報を知らない方がいい。子どもの世話さえできればいい。職員が情報をもつと理屈を言うようになる」と公言する施設長さんがいたりと、今では考えられない風潮があった。

　養問研への非難や偏見をなくすには、養問研の大会や西日本学習会に多くの職員が参加し、先進的な実践や情報を共有し、県外の仲間に触れることを一番と考え、全国大会や学習会への参加を呼びかけ、参加者を増やすことに心がけた。また身近なところで研修会を開き、養問研に触れる機会を増やすことに骨を折った。学習会を九州で何度も開催したこともその一環だった。福岡、鹿児島、山口や沖縄まで細い糸を頼りに走り回って学習会を開いた。

　大分では、1989年の初回から今まで5回ほど開催。全国大会の参加者も1人から今では4～5人の参加が望めるようになった。1人で何もかもしていた西日本の研修会の準備に、今では10人近い実行委員が集まるようになった。いつの日か、九州で全国大会を開催したいものである。

第2章

戦後の社会的養護における養問研の活動

第1節　養問研の歴史と活動

養問研の活動と主張

遠藤由美
（養問研調査研究部長／日本福祉大学教授）

はじめに

　全国児童養護問題研究会（略称「養問研」、以下「養問研」。発足当時「全国養護問題研究会」）は、現在、「子どもの養護・養育・教育・福祉・文化などの理論・制度・実践に関する民主的・化学的研究を推進し、子どもの生きる権利、幸福になる権利を守り育て、父母・家族の支援を進め、もって、全ての子どもと家族の福祉の向上に努めるとともに、児童福祉の現場で働く人々の福祉向上を図る」（規約第3条）ことを目的とする研究運動組織である。以下では、まず、養問研設立への時代背景を大まかにとらえたうえで、養護問題研究会の通信や基調報告など、『そだちあう仲間』などに掲載されている内容を再構成して、その歴史と主張をたどる。養問研の活動の位置について、社会の歴史と照らし合わせて検討することが求められるが、別の機会に改めたい。

1.　現場職員による養護実践（論）の研究運動組織の成立
(1)　全国大会開催まで

　1945年8月15日、15年におよんだ戦争が終わった。戦争の最大の犠牲者である子ども（空襲で家族を失った子ども、外地から引き揚げる途中で家族と離ればなれになったり死に別れたりした子ども、夜露をしのぐ家もなく浮浪生活を続けることになった子ども）は、政府が把握した数でも12万人余を数えた（1948年）。そのため、育児施設の急増方針がとられるとともに、1947年、児童福祉法が制定され、養護施設が制度化された。

　1950年、堀文次（石神井学園）は、当時施設の子どもにみられた「乏しい表情、ずんぐりむっくり体型」などの発達状況を指摘した。これを発端にホスピタリズム論争が展開され、大舎制のあり方が問われ、里親制度・小舎制が模索された。

　1950年代後半以降、日本が経済発展の道を歩み始めた頃から、養護施設には「親のいる子ども」が増えてきた。高度経済成長期、離婚・家庭不和・長期疾病・親の就労等を理由とする養護施設への入所の増加は、そのような状況と根っこのところでつながった問題である。「親のいる子ども」が大きな割合を占めるようになってきたことから、施設職員は親がわりの存在から親と子の間に立つ存在となり、養護実践においても「家庭復帰」が1つの目標として加わることになった。そこで大谷嘉朗は、養護施設について中間的過渡的性格をもつものであると位置づけた。

全国養護施設長協議会（現「全国児童養護施設協議会」）は、1960年の京都会議で、家庭生活における人間関係の歪みから生み出される「対象児童の質的変化」に対応するために、養護施設が教育治療・社会的調整治療の役割をもつことを提案した。1960年代、厚生省は施設斜陽論、転換論を強調した。それは施設否定論につながるものであり、児童福祉施設最低基準（以下、最低基準）を放置し、結果として施設養護の劣等処遇をさらに進めるものであった。

1964年、積惟勝氏（松風荘施設長）は、箱根で行われた全国養護施設長協議会（全養協）大会で自らの意見を表明した。施設否定論に反対し、「1人ひとりの個性をのばすことと、集団のなかで規律的な生活をいとなむこと」を「統一」して実践することを主張し、「養護理論を積極化し、施設を集団主義の場とせよ」と提案した。積のこの提案は、養護施設関係者にさまざまな衝撃を与えた。

「全体主義」「個性無視の暴論」といった批判もあったとされるが、現場で働く若手職員からは積極的に受け止められ、仲間づくりが始められ、第1回大会へと準備が進んだ。当時、高度経済成長政策は終末を迎え、子捨て、子殺し、暴走族、浅間山荘事件、木枯らし紋次郎、インスタント食品の氾濫という社会状況のなか、田中内閣が登場した。その一方、当時、各地に相次いで革新首長が生まれ、社会福祉、児童福祉に対する考え方の変革と、働く者の側に立った福祉の内容を高める運動が盛り上がっていた。

養問研の母体である全国養護施設研究会（全養研）をはじめとして、日本社会事業職員組合（日社職組）の社会福祉研究集会、全国自治団体労働組合（自治労）の全国自治研集会、全国保育団体合同研究集会（保育合研）の幼児養護部会、東京の児童問題研究会、愛知のむすびの会、あるいは各地の社会福祉協議会（社協）における研究会などで、集団主義養護を中心とした積極的養護論が語られてはいたが、養問研としての組織の立ち上げは、それらを1つに結集する会に発展させるものだととらえられた。

養問研は、1968年9月、積惟勝氏が「養護教育を高めるためにおたがいに手を結ぼう」と呼びかけたことをきっかけに組織化の動きが始まった。当時の「『養問研』運動の経過報告」文には、「養護施設の現状は社会的に未だに『孤児院』的認識しかないが、これは施設側の施設観が諦観的であり、救済的であり、しかも、施設の児童観が消極的な要保護児童観に立っていて、施設養護教育を重視していない結果ではないか」と述べられ、さらに「養護施設こそ人間教育の場であるから、積極的な養護理論をふまえて、実践の場でこれを生かそう。そのためにも個々バラバラでは何の成果も生み出せないから、全国的に手を結び、共どもに養護教育の在り方を究め深めて、子どもたちの福祉をかちとろう」と続けられた。ここには、積氏の姿勢、積極的な養護理論を検討し、養護実践を充実させようとする姿勢が打ち出されている。

50名がこの呼びかけに応え、全国養護問題研究会として出発。岡山や千葉では支部づくりが始まった。同年11月『全養研通信』が創刊され、1969年1月には、会員数94名となる。1月に支部づくりを始めた愛知県では、2月に結成が実り、結成大会には百数名の参加があった。その後、4月に兵庫県、1970年8月には広島など支部づくりが進められる。さかのぼって1月には会員数161名を数え、同月第1回の全国運営委員会には、神奈川県、静岡県、愛知県、大阪府より

参加があった。ここでは「記録運動」「研究運動」「施設史発掘」「現場従事者の生き方を追求していく」という活動の4本柱が示された。徐々に活動が活発化していくようにみえた研究会活動であったが、1971年、各支部の運営が困難となる。

　1971年9月から1972年4月にかけて、再建のための準備会が愛知県でもたれる。5月には第一回全国集会を100名の参加者で取り組むことを決め、日社職組（現日社労組）・児童問題研究会（児問研）、合同保問研参加者の協力を得ることとなった。

2.「語り合おう職場の問題」「考え合おう養護問題の展望」運営体制の確立
(1) 分散した力を1つに（第1回1972年）

　〝語り合おう職場の問題を、考え合おう養護問題の展望を〟という大会テーマを掲げた第1回大会は、1972年9月に日本福祉大学を会場に、のべ500名の参加者で開催された。施設労働者の参加者は、約250名と報告された。

　積氏は、「開会のことば」で次のように述べた。

「……〈全養協〉は、すでに早くから組織され、研究集会も持たれていますが、これはあくまでも施設長を中心としたもので、従事者や外部の人たちの声は十分に反映されていたものとはいえません。そこで、数年前から、自分たちの手で、自分たちの力で、養護施設問題の研究活動を進めたいといった、みなさん方をはじめ多くの方がたからの要望が高まってきました。そこで、私たち呼びかけ人はまずこの集会をもって、組織化や運動の契機にしてほしいという願いからお世話することになったのであります。したがって、この集会は意欲的なみなさん方の結集した意志のあらわれでもあると言えましょう。みなさん方はこの集会を自分たちのものとして、どんな問題でも出しあい、語りあい、考えあって、あかるい施設の展望が開けるよう、意義あるものにしていただきたいと思います」

　ここには、子どもたちに実際に日々ふれあっている現場の職員たちのなかで問題を共有し、解決の方向をともにさぐる姿勢が示されている。

　大会では事務局体制が確認された。

　この第1回大会の分科会は、「乳幼児の問題」「学童の問題」「進路・アフターケアの問題」「施設従事者論」「養護施設の展望」の5分科会で、多くの問題点と悩みが出されたが、1泊2日という制約もあり、施設の展望や解決の方向を見出すことはできず〝グチのこぼしあい〟の大会と言われた。

　しかし、記念講演を担当した浦辺史氏は、「児童養護の諸問題」として、養護問題をもっと社会科学的にとらえる必要があることを強調し、養護施設の役割とは何か、施設の機能とはどんな内容をもったものか、といった基本的問題を提起された。また、小川太郎氏（教育学）は集団主義教育にふれながら、施設の「集団生活をどう指導するか」について提起した。

　参加者は予想をはるかに超え（参加者数約500人、うち半数は学生）、主催者側が驚くほどの反響で、参加者の意気込みは盛んで「働く者の養護論をつくろう」と大きな期待が打ち出された。総会では自主的全国的組織の研究会として発展させることが決定され、養問研の第一歩を踏み出

した。また、設立準備段階では「養護施設における民主的教育理論の研究と具体的実践の場からの研究」を主な目的に据えていたが、対象を養護施設に限定せず、乳児院、教護院、里親、一時保護所等の問題も含め、養護に関わるすべての児童の問題ととらえ、子どもの権利と職員の福祉向上を図ることを明確にした。

第1回大会は、「養護施設問題研究会」が開催したが、組織名称として「施設」をとり、「全国養護問題研究会」と決定した。11月には、第1回運営委員会が開催され、1972年度の活動方針として「会員拡大／支部結成／報告集配布」が決定され、規約も定められた。

(2) 研究分科会の整備（第2回1973年）

1973年2月に東京支部、3月12日に京都支部、3月20日に岐阜支部、6月7日に静岡支部と、各地で支部の結成が相次いだ。同じ6月には京都支部が「養護問題講座」を開催し、2カ月の間、週1回の講座を開いた。同年9月には、機関誌『そだちあう仲間』が創刊される。

このようななかで、1973年、第2回大会が"話し合うなかまから育ち合う子どもの未来を創ろう"を全体テーマとして開かれた。

Ⅰ 子どものおかれている現状をつかみ、子どもの生活に根ざした集団主義養護を進めるための理論を
Ⅱ 国民の期待と子どもの発達を保障する施設の展望を
Ⅲ 福祉労働者、研究者、学生等養護に関わるすべての人々が固く手を結び、養護運動の前進を

という3つの柱のもとに15の分科会を設け、話し合いを積み上げていくことを目指して開かれた。参加者は370名前後で、この大会も学生に支えられたものだった。

この大会で記念講演をした一番ヶ瀬康子氏は、「これからの児童福祉」と題し、「施設の最低基準の低さは、子どもを尊重した生活を保障していない。個別処遇どころか集団処遇もできていない。このような状況のなかでは集団は個人を規制し、子どもに不信感をもたせる結果を生む。誰のための、いかなる福祉が必要なのかを明らかにするところから養護施設の教育が生まれる。子どもの人権を守る場としての施設をめざすように」と強調された。

また、基調報告に代わる大会宣言は、「児童の生存権だけでなく、福祉労働者の人権も侵害されている。私たちは研究と実践活動を積み上げ、他の研究団体とも手をたずさえて子どもの幸福と豊かな発達を保障する運動を進めよう」と訴えた。日程も2泊3日となり、愛知県の知多半島で開催された。

基礎講座として、「最低基準における行財政のしくみ」「保母の仕事」「発達保障の理論」「養護における実践記録のとり方」を設けた。機関紙『そだちあう子ら』第15号（1973年10月22日）には、養問研東京支部が『とうきょうのようごしせつ』を創刊し、民間施設における戦後の児童問題研究などについてまとめたことが報告されている。

(3) 施設職員による大会運営（第3回1974年、第4回1975年）

第3回より会場を東京に移すとともに、大会の準備から運営を一切施設職員によって行うこと

を目標とした。第1回および第2回大会は、積会長が勤める日本福祉大学内の事務局を中心に進められ、学生の非常に大きな援助によってもたれた。しかしその一方で、現場での悩みと学生の純粋な指向性にはギャップのある点もみられ、「大会の担い手は第一線の職員でなくてはならない」という考えから、現場側の主体的運営で初めて進められた。

第3回大会の全体テーマは「施設の民主化をめざし、話し合いの輪を広げる中で育ち合う子どもの未来を」とされ、15分科会に分かれて行った。

大会で明らかにしたことは、高度経済成長下における経済的、文化的貧困化現象の進行に伴って要養護児童問題が大きく広がっていること、開差是正措置による施設運営の危機などだった。しかし一方では、革新自治体下で職場を基礎にした要求運動も進んでいることが明らかにされた。基礎講座には「行財政のしくみ」「労働基準法と施設労働」「養護運動」「保母の仕事」「施設養護と遊び」「集団主義養護の実践と課題」が準備された。

記念講演で国民教育研究所の深谷鏰作氏は「教育と子どもの実態」と題して、「差別・選別の学校教育の中で、子どもたちの遊びや友達関係が希薄になっている。養護施設の職員は学校教師に働きかけながら、仲間と一緒にすばらしい生活を築いていく人間として基礎的な生きる力を作ってゆく集団的な養護を実践できるような施設を目指してほしい」と強調した。

第4回大会では、小川利夫氏（名古屋大学教育福祉論・教育学研究者）が「教育と福祉の統一について」の記念講演をし、「養護施設問題は現在の日本の貧困における教育と福祉の保障をどう進めるか、さまざまな矛盾をもっとも鋭くかかえている施設の職員が問題提起することが、福祉と教育を統一する運動の前進にとって重要である」ことを強調した。

また、この大会では、①生存権保障の努力、②生活援助のあり方と改善、③施設の民主的運営の3つを養問研活動の課題にすることが提案された。

この大会でのまとめは、
①分科会での発表が個人的であったり、積み上げるような継続性がなかった。
②養護労働論について歴史的な面も含めた学習が必要である。活動を中心的に行っている人たちとの学習会を組織する必要がある。
③研究者等へ現場に役立つ理論づくりの資料を出す働きかけをする。
④養問研の組織を強化して機関紙等を出し、地方で1人や2人で活動している人とのつながりをもつ。
⑤会員の権利、義務の問題を明確にし、財政の確立を図る。
⑥他の組織との関係を強め、協力関係を進める。
だった。

試行錯誤で進めてきた研究会だが、第5回大会に向けて、養護児童を取り巻く貧困問題、施設養護の歴史、集団主義養護についての学習会を開いた。また分科会での到達点の確認、分科会手引きを作成し、第5回大会に臨んだ。この大会以降、毎年愛媛、山形、広島、滋賀などを開催地として学習講座（1泊2日）をもつようになった。

(4) 課題を明らかにし発展的に（第5回1976年、第6回1977年）

　第5回、第6回大会は京都で開催された。この大会では、①職員が集団的に働き、職員集団のもてるすばらしい面を子ども集団に受け渡していくことができるような職場づくり、②発達保障の場としての施設づくり、③子ども像、人間像を追求する、④実践と研究の積み重ねをする、という4点が養護実践の視点として打ち出された。また、研究運動の柱として、①実践記録をつける、②施設の歴史の発掘、③計画的学習、④施設労働者としての生き方を明らかにしていく、という4点も据えた。

　従来の分科会討議について、論点をどう立ててどう進めるべきかの課題が十分ではなかった面があったととらえ、第5回、第6回大会の分科会は次の6点を共通の論議課題として整理した。

①「養護問題」は単に施設の問題だけでなく、社会、親の問題としてとらえ、生活指導、進路指導、教育・文化問題などをあわせて考えること。

②施設が資本主義社会の落ちこぼれた家庭の子を収容保護するだけでなく、「発達、生活、教育」の場としていくために、権利保障を制度、体制、環境、措置費、人員配置などの面から要求し、養護実践のあり方、労働の内容を含めて実践を進めていくこと。

③民主的、自律的集団をつくるため、集団の意味を明らかにする。「集団養護」「集団主義養護」の歴史的理論的考察を進めること。

④「生活指導」の実践的中味の検討を進める。学習、遊びをはじめ日常生活のあり方や健康で文化的な生活を、日々創造しているかどうかの問題。

⑤「地域」との関わり、里親や教育機関への働きかけを一層強めること。

⑥労働条件と労働内容は密接な関係にあり、研究で明らかにされた課題を労働運動で発展させていくこと。

　第5回大会の記念講演は、高浜介二氏（大阪保育研究所）が「人間教育と養護実践」をテーマに行った。人間教育とは人間的資質を獲得する教育であること。人間的資質とは、第一に目的意識性と計画性、第二に能動性、第三に意志力、第四に集団だと説明された。特に集団の教育力は1人ひとりを守る力をもった集団であり、また創造する力をもった集団をつくることだと述べられた。そしてさらに、職場で"1人でも頑張る"ところから出発し、それを1000人で頑張るように広げ、"1000人が1人のように頑張る"ような団結をつくりあげる見通しをもって仕事を進めるよう励まされた。

　第6回大会では、浦辺史氏（保育問題研究会・日本福祉大学）が「現代社会における人格形成について」をテーマに講演した。退廃文化と民主主義の危機が深まる昨今、民主的人格の形成は非常に難しくなっているが、子どもの教育にあたるものの主体的な集団と子どもの生活集団を組織することが大切だと、映画『人生案内』にふれて語られた。

　第5回大会からは、養問研の運営体制が整ったこともあり、組織の拡充を願って、大会記念報告集を『日本の養護』として出版することになった。編集者は、当時の思いを創刊号の編集後記に次のように述べている。

　「『日本の養護』とは、少し大げさな表題のような気がするが、……　少し背伸びをして、真に

『日本の養護』を切り開くにふさわしい研究会の充実と発展をめざしていきたい。そのための報告集でありたい」。

3. 人権保障としての養護実践研究と積集団主義養護論養護施設
(1) 養護施設限定の問題ではなく、人権問題としてとらえる養護問題（第7回1978年、第8回1979年、第9回1980年、第10回1981年）

　高度経済成長政策による急激な社会変化が、家庭、家族を不安定にし、子どもの成長の上に大きな重圧となって現れて、子どもの非行、自殺が目立って増えた。施設入所児のなかに情緒障害児や教護院か養護施設か、といういわゆる境界線児も多く入所するようになってきた。その子どもの措置に至った背景は従来の尺度では計れないものをもっていることが明らかになった。

　1978年に開催された第7回大会は「養護問題は養護施設だけの問題ではない」ことをますますはっきりさせ、養護問題をどうみるか、貧困をどう理解するか、を鋭く問いかけた大会だった。

　記念講演の斎藤茂男氏（共同通信編集委員）は、「子どもたちは、今」と題して今日の子どもの問題をどうみるかについて、非行少年のケースを取り上げながら検討し、あわせて克明に現代を語った。斎藤氏は「施設で子どもを引き受けるということは、その背景にある状況を丸ごと引き受けることであり、それは事実から出発し事実でもって自分の視点を鍛え理論を組み立てること、そうした自己変革を伴う子どもとのかかわりのなかで子どもを守るちからを広げることができるのだ」と主張した。

　各分科会では、要養護児童の多様な問題にどのように応えていくのか、実践に即して検討した。

　また、運営面では、大会参加回数が2回以上の人が半数を占めるようになり、養問研が施設職員に広まり定着し、励ましを与えていることに確信をもてる力強い大会だった。反面、参加回数や勤務、経験年数等による論議の内容の進展、運営に工夫を求められた。

　国際子ども年（国際児童年）にあたる1979年第8回大会は、「子どもの人権が守られているかどうかをみんなで点検し、守られていないのはなぜか、その原因をつきとめ障害となっているものを取り除くにはどうしたら良いか」を考えた。また養護問題を考える時、大人たちの基本的人権の問題も視野に入れながら、子どもの人権を点検することが大切であることが確認された。

　基調報告では、養護問題が養護施設問題ではないということについて事例をもって示し、それゆえ、福祉問題のみならず、労働や教育、文化、住宅、地域社会にわたる大きな変革が必要とされていることを明らかにした。また、養護施設入所児がますます多様な問題をもってくるなかで、職員の資質を高め、確信をもって養育できる発達と処遇理論の確立を、具体的に検討するよう提起した。また、子どもの人権の視点からも、親権の論議が必要とされた。

　櫛田ふき氏（婦団連会長）は記念講演「国際児童年と世界の子どもたち」のなかで、「平和勢力が戦争勢力に打ち勝つことが何より大切である。美しい社会は努力なしには来ない。世の中を変える闘いは戦争と平和の闘いである」ことを何度も強調された。

　第9回大会（1980年）でも、高橋磌一氏（歴史教育者協議会委員長）が記念講演「危機の中の人権」で、戦争は児童福祉の最大の敵であることを訴え、「子どもの小さな心のざわめきから世

界の大きな子どもの人権を頭からまるごと流しつぶしてしまうようなものに抗していかねばならない」ことを強く主張された。

また、基調報告では日本の子どもたちの平和と幸福が世界の子どもたちと結ばれることの重要性、また崩壊家庭や非行の子どもたちを置き去りにしたままでは、その他の子どもたちの人権も幸福もありえないことが強調された。

第8回、第9回大会ともに参加回数を重ねた人が多くなり、実践の積み重ねと養問研の定着を証明していた。また具体的検討として、施設での養護にあたっては、

①乳幼児の集団養護に確信をもつために
②高校進学、進路指導の保障をするために
③職員集団の形成で、資質の向上を図るために
④民主的職場、運営への参加をするために
⑤教育と社会的矛盾が最も端的に現れる思春期の子どもの発達を理解し、非行の克服と生き抜く力を育てるための道筋を明らかにするために
⑥子どもが施設で生活することが、子どもにとっても、親にとっても、また職員を含めて、みんなが育ちあい頑張れるようになるために

の6点に整理し、これらを日常の実践と研究のなかで明らかにしようと提起した。

第9回大会報告集『日本の養護』(1981年) からは、読者層を広げるためとして、従来の研究組織の報告書に多い大型装丁のものから、書籍出版社との提携の下に、一般書籍と同様なスタイルに装丁を変えることになった。この改訂には、「本棚に並べても倒れなくて、そして見栄えのいい本にしてほしい」との会員の要望が多かったことにも影響されたものだった。

この10年間の取り組みを結集した1981年の第10回大会は（国際女性年）国際婦人年を背景に、国立婦人教育会館でもたれた。大会案内のパンフレットの冒頭には次のように書かれていた。

「ここ2、3年、爆発的に社会問題化してきた『学校内暴力』『家庭内暴力』あるいは『登校拒否』『ベビーホテル』問題など、いずれも教育の荒廃、家庭の崩壊にかかわる極めて重大な課題であります。しかし、それは私たちの抱えている『養護問題』つまり、教育と福祉にかかわる、まことに緊急な課題であるといえましょう」。

まさに、そのような課題に取り組んだ10年間を振り返り、総括した大会だった。

基調報告で、「子どもを取り巻く状況にこの10年」「行財政政策の10年」が概観され、積会長は挨拶のなかで、養問研が『社会福祉辞典』に紹介され、大学のテキストや関係書のなかに「積極的養護論」として位置を占め、広く根付いてきた事実を述べられたが、それは参加者たちが困難な職場のなかでも、毎年積み上げてきた成果である。その成果は、養問研10年の歩みをまとめてミネルヴァ書房から出版された『日本の児童養護　明日をきずく子どもたち』のなかに確実に見ることができる。

記念講演は映画監督の山田洋次氏だった。山田氏は「世の中にはさまざまな人がいる。寅さんは競争社会にあっては脱落者であるが、自分だけが抜きん出て良い生活をすることはできない。人間は長い歴史のなかで、自分と人間の幸福を一緒になって考えるすばらしいヒューマニズムを

獲得してきた。これを大切に育てていこう」と話した。

4. 養護問題研究長期計画立案と積集団主義養護論の振り返り
(1) 養護問題研究長期計画立案（第11回1982年、第12回1983年）

養問研活動が第2サイクルに入った第11回大会は、臨調（臨時教育調査会）中間答申が出され、福祉に対する一層の抑圧と施策の圧縮が、国に先駆けて地方自治体で実施されるという厳しい状況のなかで開かれた。

養護施設はもともと最低基準が低く、これ以上切り詰めるところはないことから、施設条件が悪くなっており、そのため、子どもを施設に措置しない方針がとられたり、個人の意志を無視した人事異動や人員削減を行う施設が出てくるなど、「劣等処遇」をさらに徹底させるものであることが指摘された。このような状況を跳ね返すには、民主主義を貫いた養護実践や、職場や地域を民主化する力量が私たちに求められていることが、基調報告や基礎講座のなかで強調された。

一方、国の内外では反核・平和運動がかつてなく高まった。世界が、日本が核戦争の渦中に巻き込まれるような危険な状況にある時、漫画家中沢啓治氏の「黒い雨にうたれて」という記念講演は、参加者に衝撃と平和への強い希求を与えた。中沢氏自身被爆者であり、この問題から逃げてはならないとの決意で作品に臨む姿勢は、私たちに「昭和史を正確に学び、子どもに教え、そして歴史の教訓を今日の社会に生かせ」という強いメッセージを与えた。

また、分科会は子どもの発達を縦軸にして、それぞれの問題の理論と実践を確かなものにするという意図で組み直された。乳児期から青年期までをひとつながりのなかで学び、民主的人格の形成をめざす時、私たちの自主的、自覚的な研究活動は一層の充実を発展が期待されていることを、改めて認識する大会となった。

第12回大会（1983年）の基調報告では、臨調・行革は軍拡と反福祉政策であり、この路線が推し進められるならば、養護問題の拡大とその周辺にひしめく低所得層の人々に生活苦が重くのしかかってくるであろうことを指摘した。施設現場にもすでに現れている諸問題を指摘し、この福祉切り捨てに立ち向かうためには、最低生活を跳ね返す意志と民主主義を貫徹した実践が重要な課題であることを強調した。

また養護問題の研究を総合的集団的に進めるために「養護問題研究の長期計画」を確認した。同時にこの計画を推進するための「研究の進め方」を提唱した。

「養護問題研究の長期計画」
1. 養護問題の歴史的検討
   ①戦後の社会問題としての養護問題の推移・・・政策面、運動面、関連諸統計の分析
   ②処遇論の系譜・・・養護観、養護実践の推移
   ③児童の生活、文化、発達、教育の戦後史
2. 養護問題の現状分析と展望
   ①臨調・行革路線下での諸問題・・・財政・制度問題、最低基準問題、児童の状況、労働条

件・労働基準法の問題
② 施設づくりの上での諸問題
　・職場の民主化の問題（各地の非民主主義的な職場の現状をどう把握し克服するか）
　・職員の資質の問題（青年労働者の問題、研究や研修の現状、社会福祉・保育者教育や実習のあり方）
　・養護労働論の現状
③ 養護形態論の分析、考え方の提起（グループホーム、小舎制問題、里親問題等）
④ 処遇論の現段階と今後の方向
　(a) 乳幼児、学童、年長児童等にどのような問題があり、その発達と処遇をめぐってどのように考えたらよいか。
　(b) 処遇論をどうつくっていくか。
　　・集団主義養護論とは何か。どうつくっていくか。
　　・今日の教育理論、発達論から何を学ぶか。
　　・精神医学や臨床心理学から何を学ぶか。
　(c) 施設運営、寮運営（生活づくり）指針をどのようにつくるか。
3. 総括
1980年代後半を見通しながら、養護問題のあり方をどう展望するか
4. 補足・分野別、個別研究課題
　例：①親権をめぐる問題、②非行問題、③登校拒否・ノイローゼの問題、④懲戒・体罰の問題、⑤建物・設備・立地条件、⑥進路・進学の問題、⑦性教育の考え方と方法について、⑧入所児童の意識調査、⑨事例・実践研究（方法論の解明を含む）、⑩日記、作文指導の考え方と方法について

　記念講演では「夕やけ小やけ」と題して、作家の西村滋氏が「母恋い放浪」の歩みを振り返り、「施設は本当に子どもの心を満たし、夢をもってその実現のために頑張る場になっているか。そんな働きかけを職員はしているのか」と問われた。
　分科会ではアフターケアの分科会を設け、青年期の自立・労働の問題を取り上げた。さらにグループホームからのレポートを求め、多様化したニーズにどう応えていくのかを検討した。
　また、初めて施設の実態調査として、参加者を対象にアンケート調査を行った。

(2) 積集団主義養護論の振り返り（第13回1984年〜第15回1986年）
　1984年2月、故積惟勝会長の追悼学習会が開かれた。そこで、浅倉恵一氏（当時副会長）が「積惟勝氏の集団主義養護理論をたどる」、竹中哲夫氏（常任委員）が「集団主義教育の系譜と集団主義養護論」と題して講義を行った。
　第13回大会は、「集団主義養護の新たな発展のために」を大会テーマとし、「養問研のあゆみと主張」を基調報告として発表。「今、養護労働者としてどう生きるか」をとりあげ、シンポジウムを開催した。

この大会では、乳幼児分科会の拡充と子どもの処遇調査を行った。第12回大会から第13回大会までの1年間に「養護問題研究の長期計画」の課題にそって、①懲戒・体罰の検討、②教育論から私たちは何を学ぶかについて、運営委員による報告、検討が行われ、見解が示された。
　この年には、養護施設における高校進学をめぐって『ぼくたちの15歳』をミネルヴァ書房から刊行した。この本は養問研全国大会の分科会「子どもの将来と進路指導」の研究討議のなかで生まれたものである。
　1985年の第14回大会は、「今日の子どもと家族問題―戦後40年の現実」をテーマに、基調報告においては戦後40年の現実をとらえ、日本の児童問題、児童養護の歴史と現状を解明した。
　記念講演は、池上惇氏（京都大学）で「暮らしと子育ての福祉論」と題し、「今日の時代は憲法の空洞化、民主主義の危機、政党や労働運動では統一戦線がつくりにくいが、子ども会や生協活動のような市民レベルの草の根運動が活発である。これを正しく組織化していくことが重要である」と話された。また、この大会で第1回積賞及び特別賞を6人が受けた。積賞の授与は会員の今後の研究・実践をますます意欲的にし、励ますものとして位置づけられた。
　また、第3回実態調査も行われ、施設の「労働条件や健康」について記述を求めた。しかし、回収率は39％であった。計画の練り直しを検討することになった。
　1986年に開催された第15回大会の記念講演は、小川利夫副会長が担当した。「現代の教育問題―かぎりなく学ぶ自由をすべてのものに」と題する講演のなかで「学ぶ自由は人がかぎりなく積極的に生きることの中心である」ことが強調され、「福祉と教育が危機に直面している今日、本物の教育のあり方が一層鮮明に浮かび上がっている。この状況を積極的にとらえ自分たちが作りたいものを積極的に描きたい」と述べ、養問研の課題を大きな視点から提示された。
　大会記念シンポジウム「養問研の15年を語る―積先生の歩みを振り返って」では、積惟勝氏の歩みを振り返りながら養問研の課題を探る意見交流が行われた。このシンポジウムのまとめを竹中哲夫調査研究部長が次の諸点にわたって行った。
　①積氏は多くの同志を育てた。私たちも多くの同志をつくっていかなければならない。
　②集団主義養護論は常に実践と理論の出会いと葛藤のなかで築かれた生きた理論である。
　③積氏は常に子どもたちの生活全体に目を向けてきた。
　④積氏は養護問題に深く関わると同時に、教育と福祉の統一の課題に情熱を注いでできた。
　⑤積氏の足跡を学ぶことは私たちが養護の実践に歴史の視点をもつことである。
　⑥1980年代後半から21世紀を展望した養護論を形成することが今私たちの課題である。
　この大会では、6つの基礎講座を設け、それぞれが会員の幅広い学習要求に応えるものをめざした。
　大会基調報告は、行政改革下の養護問題を分析し、社会的養護形態論の検討、今日のさまざまな養護論の批判的解明などを試み、養問研の今後の課題を明らかにした。分科会は若干の再編成を行った。特に施設運営にも目配りをした新しい分科会がスタートし、施設長の参加を得て施設のあり方をめぐって活発な討論が行われた。
　これまで、大会報告集として毎年『日本の養護』を、会員の機関誌として『そだちあう仲間』

を発行してきたが、編集方針のスタイルと内容を改訂することになった。タイトルを『日本の児童問題』とし、日本中で子どもの問題に日夜取り組んでいるあらゆる人たちとのつながりのなかで、児童問題の原点である養護問題にも関心を示してほしい、養護問題をベースに周辺での子どもたちの状況、情報を提供することにより、現代の日本の子どもの問題にまでせまりたいという願いを込めた。本のスタイルも大会報告集にとどめず、雑誌形式で読みやすいものにしていくことにした。

1986年は石川支部が結成され、大会で紹介された。

5. 施設における体罰事件をふまえた施設養護基準づくりの開始
(1) 施設における体罰事件と施設養護基準づくり（第16回1987年、第17回1988年）

社会福祉制度の大幅な後退という厳しい情勢のもと、第16回大会は約250名の参加を得て湯河原で開催された。大会記念講演は活発な社会的発言で知られる野坂昭如氏に依頼した。氏は「現代を語る」という大きなテーマにふさわしく、歯に衣着せぬ語り口で現代を批評した。

基調報告は、まず今日の養護問題をその制度政策の動向から明らかにし、養護施設をめぐる悲しむべき2つの事件（練馬女子大生殺人事件、大阪小1女児リンチ死亡事件）を取り上げ、施設における体罰否定と職場の民主化の意義を強調した。

これらの問題については、第16回大会に先立って、『そだちあう仲間』第11号に、神田ふみよ氏の「『荒廃のカルテ』を問う」が掲載されている。1984年9月から44回にわたって共同通信社会部が地方紙に連載したルポルタージュ（1983年春、乳児院、養護施設出身の19歳の少年が女子大生を暴行し殺害した事件について、少年の生い立ちと施設生活の状況を追ったもの）を取り上げ、検討を加えたものである。

神田氏は、「カルテ」が個別的、特殊的問題と一般的養護施設問題と混同しているととらえ、母子一体関係を中心とした家庭的養育のなかでしか子どもが育たないとの印象を強く与えること、施設が直面している問題や政策の貧困さをあげながら公的責任を問う姿勢がないことなどを指摘、一方で施設養育に携わる者の課題として「①子どもの人権を守りぬく視点、②行政責任の明確化と最低基準の引き上げ、③積極的な集団養護論の形成と内容の充実、④問題行動をもつ児童の処遇強化」を主張した。

また、『日本の児童問題』創刊号には、「大阪・養護施設『H学園における小1女児リンチ死亡事件』をめぐって」が掲載され、強いものから弱い者へ、大人から子どもへと暴力による支配が伝達されていくことが指摘され、子どもを育てる環境としての職員の養護実践の質が問われた。このような視点に立った子どもに対する暴力への観方・対応は、その後の研究活動や実践に生かされていく。

このような子どもの育ちの疎外状況をふまえ、これからの施設のあり方を探るために、「養問研施設養護基準（第1試案）」が作成され、公表された。1988年『日本の児童問題』第3号には、第1試案に対する各分野（児童福祉・保育・中学校・家庭裁判所調査官・作家・児童相談所等）からの意見や感想が掲載されている。また、全国大会とは別日程で、冬の時季に「養護問題講

座」として、中部日本（岐阜県高山市）、東日本（熱海市）、西日本（大阪市）で研修会が開催された。

1988年の第17回大会では、以下の点を課題とした。
①研究の長期計画に全国レベルと各地方レベルで総合的に取り組む。
②変動著しい制度政策の動向を的確に把握する。
③当面の緊急課題として、年長児問題についてはその制度、処遇体制、処遇内容の面から深く追求する。その成果を「養問研・年長児処遇論（仮称）」としてまとめることを検討する。
④「養問研施設養護指針」は18回大会までには「第1版」としてまとめる努力をし、一応の結論とする。その後さらに検討を重ね充実させる。
⑤自立援助ホーム、就職児童の措置延長などの施策を含む「養護施設等退所児童自立援助総合対策」「特別養子制度」「里親制度の改正（里親等家庭養育の運営について）」「社会福祉士法及び介護福祉士法」「優良施設への措置費の加算制度」など次々に打ち出されてくる諸制度に適切に対処できるように情報を収集し養問研としての見解を明らかにする。
⑥児童相談所、教護院、情緒障害児短期治療施設、保育所、学童保育などに幅広く目配りした研究活動を進める。
⑦全国各地の支部活動を活発化する。そのためにも「養護問題講座」をできるだけ全国各地で開催する。

(2)「施設養護指針」の発表とその意義（第18回1989年）

1989年第18回大会の目玉は、「養問研施設養護指針（第1版）」の発表である。

養護施設に入所する子どもたちにとって、人権の保障・発達の保障・人間らしい生活の保障ということがらが、現実の実践の場ではどのように具体化されているのか。施設の歴史的・地理的・人的・文化的あるいは財政的等の諸条件、子どもたち自身の諸条件からすれば、1987年10月1日現在全国に538カ所ある養護施設の児童処遇の内容や考え方は各施設間で極めて多様である。そのなかで、全国の施設が共通に実践の指針とするような基準を作る必要はあるのか。これに対する回答として、基調報告は6点指摘した。
①成長途上の子どもを児童福祉法に基づいて、公的な責任において育てるという共通の任務を負っている。
②全国の養護施設のなかには、たとえ少数であっても職員による体罰など子どもの人権を軽視・侵害する実態が克服されていない。
③今日、子どもの人権あるいは権利の内実について、国際的にも国内的にも共通の理解が進んでいる。
④戦後40余年の全国の施設養護の実践の蓄積は格段に前進し、統一性こそ不十分であるが、それらのエッセンスを整理統合するならば、児童処遇の望ましい水準を明らかにする素材はほぼ出揃っている。
⑤子どもが全国どこの施設に措置されても、権利の基本は必ず保障されることが必要である。
⑥処遇効果の検討のためには明示的な処遇基準が必要である。

養護指針にあたる全国的な共通基準については、まだ完成されたものは少ない状況だと養問研はとらえた。たとえば全国養護施設長研究協議会編の『養護施設ハンドブック』(1981年) は、分担執筆に基づくものであり、いくつかの立場が併記される編集形態をとっており、指針としてやや複雑だと考えられた。厚生省の『養護施設運営要領』(1954年) も 30 年以上前のものであり、現状にそぐわない面が多い。このような空白を埋める努力として「養問研施設養護指針」作成の取り組みが重視された。この作業は、1986年から進められており、1987年6月に『養問研施設養護基準（第1試案）』として発表され、多くの方々の意見や提言を受け、各方面での議論を積み重ねてきた結果、第18回大会でいよいよ『養問研施設養護指針（第1版）』として発表された。これは、前段で、要養護問題や養護請求権の意味、望ましい施設像などを明らかにし、後段では、子どもの人権を保障する立場から施設養護の原則と具体的指針を詳細に明らかにしている。

(3)「児童養護の実践指針」と国連子どもの権利条約（第19回 1990年）

第19回大会は、以下の3つの柱に基づいて開催された。
① 「国連子どもの権利条約」の理解を深めること。
② 1990年代から21世紀を展望して養問研の研究課題を再整理すること。
③ 「養問研施設養護指針（第1版）」を改定し「児童養護の実践指針（第2版）」として提示すること。

1989年11月20日に国連「子どもの権利条約」が全会一致で採択された。1990年日本政府はまだ批准していない。しかし、子どものしあわせと権利を守る諸団体は、この「条約」の批准と内容の具体化に向けて一斉に取り組みを始めている。養問研もできるだけの取り組みをする一環として独自に「養問研施設養護指針（第1版）」を「条約」の趣旨を大幅に取り入れて改定し、「わたくしたちの施設養護指針（第2版）」として公表することにした。その際、注目したのは、差別の禁止（第2条）、子どもの最善の利益（第3条）、意見表明権（第12条）、表現・情報の自由（第13条）、思想・良心・宗教の自由（第14条）、結社・集会の自由（第15条）、マスメディアへのアクセス（第17条）、親による虐待・放任・搾取からの保護（第19条）、家庭環境を奪われた子どもの養護（第20条）、生活水準への権利（第27条）、教育への権利（第28条）、休暇・余暇、遊び、文化的・芸術的生活への参加（第31条）であり、これらの条文の趣旨を取り入れて第2版を作成した。

その後、1995年10月には「子ども版実践指針」が公表され、1997年には児童福祉法改正をふまえて「あなたの権利はどう守られるか：子どものための手引き（第2版）」(「子ども版実践指針（第2版）」) を作成公表した。

第19回大会には、1983年に公表した「養護問題研究の長期計画」をふまえ、1990年代の研究課題として、次の項目を指摘した。
① 処遇方法論（各用語の概念の研究を含む）と処遇体系の研究
② 養護原理の研究
③ 「自立」「生きがい」「自己実現」等の概念と実践との関係についての検討

④「児童養護の実践指針」への取り組み
⑤施設養護の効果をどのように評価するか。
⑥施設退所児童・者の長期経過の調査・研究（当事者参加方式）
⑦施設利用児童の意見表明権の具体化、児童の組織化（全国組織を含む）、保護者の組織化（親の会等）、施設と親の協力関係の形成についての実践・理論研究
⑧日本の社会的養護の体系をどのように展望するか。
⑨貧困の再生産・養護問題の再生産を招かない養護政策の確立のために何が必要か。
⑩児童福祉施設最低基準の改定案の提案についての研究
⑪措置制度・措置費制度の見直しのための研究
⑫家族はどのように変貌するか、また家族はいかにあるべきか、親権についてどう考えるか。
⑬養護児童の高等教育（大学教育）をどのように実現するか。
⑭若手研究者（養問研の後継者）をどのようにして養成するか。
⑮養護施設職員に必要な短大・大学教育の条件および現任者研修プログラムの条件
⑯社会福祉士専門職制度の研究
⑰養護労働論（施設の仕事とは何か・いかにあるべきか）、養護運動論の研究

(4) 養問研90年代の研究・実践課題（第20回1991年～第23回1994年）

　1991年第20回大会では、基調報告で、養護問題の現状を検討した上で、児童福祉施設・社会福祉施設の人手不足・求人難、「子どもの権利条約」の視点から養護処遇を検討するとして高校生集会に聴く施設の子どもたちの声、養護問題をめぐる法制度の点検、職員への暴力をどう克服するかについて検討した。最後に養問研90年代の研究・実践課題として集団主義養護論の位置づけをめぐって、検討を行うことが報告され、また、「子どもの権利条約」の実体化ための学習の強化などが指摘された。

　養問研は、第20回大会の記念事業として、施設を巣立った卒園生の手記を集めて、『春の歌うたえば―養護施設からの旅立ち』（ミネルヴァ書房、1992年）を出版した。施設養護の内容を考える時、施設関係者の意見を聴くことは大切なことであるが、それ以上に耳を傾けなければならないのは、現在施設で生活している子どもたちの率直な意見と、施設で生活した後巣立った人たちの体験に基づく意見だと考えたからである。手記は50本あまり寄せられ、そのうちの可能な限り『春の歌うたえば』で取り上げ、おさまりきらなかった手記は養問研の機関誌『日本の児童問題』第7号のなかに「いきる　養護施設からの旅立ち」という特集を組み、掲載した。

　1983年『日本の児童問題』第8号は、巻頭言を浦辺史氏の「養護施設からの旅立ちの手記から学んだこと」とし、さらに神田ふみよ氏が「『春の歌うたえば』に学ぶ」を、18名が「『春の歌うたえば』を読んで」とする感想を執筆した。この取り組み以降、養問研としても施設生活経験をもつ人（大学生を含む）たちの意見を聴く機会を増やし、それらを青年期の自立支援の実践課題に結びつけていった。

　第21回大会（1992年）は「これからの施設養護をどう考えるか」というテーマで開催された。

サブテーマは「定員割れが広がる中で」。第20回大会（1991年）において「児童福祉施設・社会福祉施設の人手不足・求人難」いわゆる職員養成問題について検討したことに加えて、1992年は定員割れ問題と労働時間短縮問題について検討した。

1993年と1994年は、大会テーマをそれぞれ「児童養護問題の現状と子どもの人権を守るための課題—国連・国際家族年に向けて」「子どもの権利の視点から児童養護の将来を考える—国際家族年にあたって」とし、国連が「家族」に着目したことをふまえ、児童養護問題の現状をおさえた上で子どもの人権を保障する児童養護の未来を検討する大会とした。養護問題をめぐる子どもの権利の状況を「子どもの権利条約」をふまえて検討し、「児童養護の実践指針」「養護問題に関する法制度の検討」につなげる。また、児童・家庭福祉政策の転換期ともいわれる時期を迎えて、子育て・家庭支援政策などの動向を把握し、そのあるべき方向を探る、「国連・国際家族年」の課題を探るものであった。

1993年には増加する外国人労働者問題にふれ、その人々の子ども、とくに「不法残留者」の子どもたちが日本においてまったく無権利の状態におかれ、予防接種も受けられない、就学もできない問題が起きていることを指摘した。

1994年は「国際家族年」であり、国連決議では「家族が社会の自然かつ基礎的な単位であることにつき、政府、政策決定者及び国民に更に認識を高めてもらうことを目的」とし、「家族からはじまる小さなデモクラシー」（日本政府）が標語として掲げられた。このスローガンには、家族のなかに民主主義を確立すること、家族のなかでの各人の自立と平等を前提とした「連帯（扶け合い）」が表現されている。国連は、国際家族年を準備するにあたって7つの原則と6つの目的を定めたが、養問研はこの内容を、ただ単に家族を大切にするとか、家族の機能を強化するというようなことをめざしているのではなく、家族のなかで子どもを含む家族1人ひとりが「1人の人間」として大切にされなければならないこと、そして家族に対する社会的・公的支援が必要であることを指摘しているととらえた。

さらに、子どもと家族の問題に限定すれば、「国際家族年」の基本的な考え方は、国連「子どもの権利条約」の延長線上にあり、子どもの権利の実現と子どもを養育する責任のある親・家族に対する公的・社会的支援（援助）の重要性を再確認しているといっても間違いはないととらえた。

日本政府は、子どもの権利条約批准を1992年に一度見送ったが、1994年4月22日に批准し、1カ月後から発効した。全国大会は、その具体化が求められる時期に開催された。

1994年、養護施設などの児童福祉施設についても「改革」の動きが浮上しつつあり、「要援護中心から一般児童をも含めた対策の充実が図られるよう、法律改正の検討も進めていく予定」と厚生省児童家庭局長は述べている（1994年2月28日）。

これらの問題について、大会では、日本の児童養護を改善し、子どもや家族から信頼される施設、職員が健康で生きがいをもって働くことのできる施設、を実現することを願い、講座・分科会・シンポジウム（「これからの児童養護を考える」）でも取り上げて検討した。

また、第23回大会基調報告では、当時の時代にふさわしい「養問研の基本姿勢」を示す作業

(5)「施設養護の10の到達目標」提唱と「養問研の基本姿勢」の決定（第24回1995年〜第27回1998年）

　1995年1月「阪神大震災」が発生、火災の広がりもあり、5000人を超える死者、家屋の全半壊（消失）など未曾有の被害が生じた。1995年『日本の児童問題』第10号には、緊急支援活動に出かけた会員からの阪神大震災報告と児童相談所・施設・子どもからの報告を掲載した。また、いじめによる自殺事件が続発し、子どもの世界に深刻な問題があることが露呈した。この状況は、翌年大会でも指摘され、1996年にはいじめ問題と関連して、学校現場における教師による体罰・不適切な指導の存在が指摘された。

　近年の深刻な養護施設の定員割れ問題などと関わって養護施設のあり方が問われた。1991年の弓掛論文「養護施設の将来展望」や福島一雄論文「わが国における養護施設の近未来像」等を養問研としても検討し、大会では1994年から4回連続してシンポジウムを開催し、児童養護の将来について検討した。

- 1994年シンポジウム「これからの児童養護を考える」
  　　＊福島一雄氏・高橋重宏氏・浅倉恵一氏・竹中哲夫氏
- 1995年シンポジウム「21世紀を展望して—児童養護の課題をさぐる」
  　　＊藤野興一氏・青山隆英氏・竹中哲夫氏・神田ふみよ氏
- 1996年シンポジウム「新しい児童福祉を展望して—児童福祉法改正の動きの中で」
  　　＊福島一雄氏・山縣文治氏・竹中哲夫氏・石塚かおる氏・喜多一憲氏・浅倉恵一氏・神田ふみよ氏
- 1997年シンポジウム「児童福祉法『改正』を子どもたちのために　わたしらしくあなたらしく」
  　　＊原山恵子氏・桜谷真理子氏・松岡純代氏

　養問研では、21世紀まで残された5年間で日本の児童養護、特に施設養護の水準をどこまで高められるか、その成果を21世紀に引き継ぎたいとし、「20世紀中の養護内容　10の到達目標（案）」を提唱した。

　翌1996年第25回大会では、「子どもの権利条約」「児童養護の実践指針」をふまえ、ノーマライゼーション、ソーシャルロールバロリゼーションの上にたって「施設養護10の到達目標」を提唱した（以下、10目標を提示する。ただし説明文は省略）。

〈施設養護10の到達目標〉

①子どもの施設選択権を確保すること。
②援助（処遇）内容について子どもの意見を聞き尊重することをすべての養護施設で実現すること。

③施設入所児童に対する体罰や強制的な処遇を一掃すること。
④家族との交流と共同子育ての充実をはかること。また家族支援の充実、家庭復帰援助の充実をはかること。
⑤高校進学の保障—希望するすべての中学生が高校などに進学できるように積極的な援助体制を確保すること。
⑥日常生活のノーマライゼーション
⑦社会生活の支援・高校以上の進学保障の推進・20歳までの継続援助
⑧養護施設における、児童指導員・保母の配置基準を、学童について、現行の子ども6に対して職員1の基準を、5対1以上の基準に改めること。また、家庭支援等を担当するソーシャルワーカー、および児童や家族の心理的援助を担当するセラピスト（臨床心理技術者）の配置の道を開くこと。
⑨養護施設児童指導員の資格を改善しかつ4年制保育者養成課程の新設を推進すること。
⑩養護施設・乳児院の入所措置基準の拡大・弾力化を図ること。

1995年には、養問研の新しい方向を提唱するものとして「養問研の基本姿勢（案）」が提案された。そこには、「養問研の基本的性格」「養問研の基本的目標・立場」「集団主義養護論について」「研究会と特定理論について」「開かれた民主的研究団体としての養問研」「研究活動の具体的取り組み」などが含まれている。

1996年には、前回大会で提案した後に寄せられた意見をふまえ、部分的に修正し「養問研のしせい（案）」が総会に提案された。

議論となった点の1つ、集団主義養護論の位置づけをめぐっては、以下のようにまとめられた。「養問研は、集団主義養護論と深くかかわった組織として生まれ育ちました。集団主義養護論は、子どもの人権を守り、集団の育ち合い（自治集団の形成）と民主的職員集団づくり、民主的職場づくりを重視した養護論です。また、集団が育つことと合わせて個人が育つことを大切にした養護論でもあります。このような集団主義養護論は、その提唱者でもあった積惟勝初代会長と共に養問研の結成・発展の原動力となり、かつ、養問研の理論的支柱の1つともなってきました。

しかし、養問研は、集団主義養護論だけに依拠することなく、幅広く関係諸科学や実践に学んで来ました。上に紹介したように第20回基調報告で、集団主義養護の位置づけを再検討したほか、全国大会の分科会構成も第17回大会以後全般的に改め、大会の分科会表示から『子どもの生活に根ざした集団主義養護を進めるための理論を』という言葉を除きました。大会参加者が自由な立場から養護問題を研究し討論することが必要であると考えたからです」。

このように位置づけた上で、養問研の性格として大きくは2つ示された。

ⅰ 養問研は、①児童養護問題の現実をふまえ、②子どもたちの発達を保障し、人権を擁護するために、③養護を要する児童を社会的・公的に援助・養育する仕組み（制度・財政・施設・援助者など）の体系すなわち「社会的児童養護体系」の現実をふまえて社会的児童養護の制度や保障内容を改善し、④国民から信頼される社会的児童養護（施設養護を含む）を築くた

めに共に実践し研究しよう、と考えるあらゆる人々（施設職員、子ども、家族、研究者、学生、自治体関係者等）に開かれた民主的研究団体です。
ⅱ 養問研は、養護問題・社会的児童養護の現実に根ざして、実践をふまえた研究活動を進めることを前提（中心）にした組織ですが、研究活動の成果を広め実現しようとする姿勢をもっています。その意味で養問研は、運動団体としての性格ももっています。

養問研の諸活動は、次のような目標を追求するために行う。
・児童養護問題とその制度・実践の研究
・子どもの発達と人権保障
・子どもと家族のつながりの重視
・科学的処遇論・養護論の構築
・児童養護職員論・実践者論の重視

　1998年第27大会時には、「養問研のしせい（改訂版）」がまとめられた。改訂版では、「①1997年6月の児童福祉法改正、②養問研が児童養護問題を基礎にしながらも広く児童福祉全体を視野に入れた研究を進める方針を確認したこと」などをふまえた内容となっている。その結果、特に「研究の具体的取組」課題として、「1 児童福祉制度体系・児童福祉援助体系のあり方の研究」「2 『児童養護の実践指針』『子ども版 実践指針』を基礎にした取組」「3 児童養護問題と児童福祉問題を広く展望した研究活動」「4 実践と理論の有機的関係を重視した研究活動の推進」「5 今日の課題としての社会的児童養護体系の将来構想の研究」をあげた。

6. 児童福祉法「改正」と児童福祉の今後

(1) 児童福祉法「改正」へのアクション（第26回1997年～第28回1999年）

　1996年4月、千葉県のある養護施設の子どもたちが児童相談所に駆け込んだ。施設長による虐待に対する助けを求める行動であった。施設職員が子どもを護るために動くことのできない状況があるなかで、関東地方の施設職員や研究者らが子どもの訴えに耳を傾け、改善に動き出した。1996年6月の全国大会では、講座や分科会を終了した後、緊急「報告会」が設けられた。子どもたちと施設職員の支援に取り組む会員によって虐待事件の経過が報告された。この問題の改善への要望は、子どもたちが千葉県知事、厚生大臣宛に訴えの意見表明を行い、社会的な注目を集め、児童福祉施設最低基準のなかに「施設長による懲戒権の濫用禁止」が位置づけられることになった（1998年改正）。

　1996年3月、中央児童福祉審議会基本問題部会は、児童福祉法改正の審議に着手し、同年12月3日「中間報告」がまとめられた。そして1997年3月11日には、政府の「児童福祉法改正法案」が閣議決定され、6月3日に衆議院本会議で可決成立した。児童福祉法制定50年の節目の歴史的な法改正である。これにより、1998年4月1日から新児童福祉法が施行されることになった。この間、各団体は全国レベル、地方レベルの運動を展開、厚生省や関係各方面に要望書を提出した。養問研も3次にわたる要望書を厚生省はじめ各方面に提出した。また、1997年5月10日には養問研と愛知ソーシャルワーク協会の主催で「児童福祉法改正問題を考える交流集会」が名古屋

で開催され、各地から140名を超える参加があり、集会アピールを採択し、厚生省などに送付した。

養問研の「児童福祉法改正に関する要望書（第一次）」（1997年1月16日）は「養護内容10の目標」をふまえた主として養護施設に関する要望を提示し、同年3月24には「第1次要望書の補足説明」として児童福祉施設最低基準改正に関して、「保母・児童指導員の職員配置を全年齢を通して、2対1以上としてください」とする職員配置に関する要望を出した。

先立つ2月27日には「児童福祉法に関する要望書（第二次）」として、厚生省から2月21日に中央児童福祉審議会に諮問された「児童福祉法等の一部を改正する法律案要綱」に関する要望を提示した。さらに3月27日には、3月11日に閣議決定され国会に上程された「児童福祉法等の一部を改正する法律案要綱」並びに「児童福祉法等の一部を改正する法律」に関して「現行児童福祉法の理念を発展的に生かす方向で、また『児童の権利に関する条約』の理念が十分に生かされる方向で、21世紀に引き継ぐにふさわしい新たな児童福祉法体系が構想され実現することを願って」いるとした上で、大きく20点を要望した。

①児童福祉法の総則部分等の充実
②「子ども人権委員会（仮称）」の設置
③保育制度の充実を図ること。
④放課後児童クラブ（学童保育）を児童福祉法で定める児童福祉施設とすること。
⑤里親制度を改善すること。
⑥入所型児童福祉施設における「自立支援」についてさらに検討すること。
⑦乳児院および乳幼児養護のあり方についてさらに検討すること。
⑧虚弱児施設のあり方について慎重に検討すること。
⑨教護院の機能の充実・改善を図ること。
⑩情緒障害児短期治療施設の内容を充実させると共に計画的に増設すること。
⑪養護施設（児童養護施設）に関する要望「第一次要望書」項目の実現
⑫「児童家庭支援センター」のあり方についてさらなる検討をすること。
⑬児童相談所の充実を図ること。
⑭児童福祉相談システムを改善すること。
⑮「児童自立生活援助事業」の運営基盤の確立
⑯政府「法律案要綱」に使用されている用語についてさらに検討すること。
⑰児童福祉職員の任用、資格制度を改善し、一部専門職の名称の改善を検討すること。
⑱児童福祉施設長の任用、資格制度を整備すること。
⑲心身障害児の地域療育や施設福祉について検討すること。
⑳上記のほか、以下の諸点についても積極的に検討すること。　　　　　　　（「諸点」略）

1997年第26回大会は、まさに児童福祉法「改正」への道程のさなかに開催された。大会テーマを「児童福祉法『改正』を子どもたちのために」とし、集団的な検討が加えられた。同年の『日本の児童福祉』第12号には、児童福祉法改正をめぐって、養護施設・母子寮・虚弱児施設・

教護院・児童相談所・CAPNA・法律論研究者からの意見が掲載された。21世紀の児童福祉をめぐって法改正問題と児童福祉関係団体の役割についてそれぞれ意見表明された。

　児童福祉法「改正」は、保育制度が改変され、社会的養護系関連では、虚弱児施設の廃止、養護施設・母子寮・教護院の名称・目的等規定変更が行われたところに大きな特徴があった。翌年1998年には、「改正児童福祉法をどう生かすか——改正法、政令、省令、児童福祉施設最低基準の検討」をテーマに、検討を深めた。

　1999年の第28回大会は、「社会福祉基礎構造改革と児童福祉の今後を考える」というテーマで開催された。4月15日に厚生省が、社会福祉基礎構造改革に関わる一連の検討結果をふまえ、「社会福祉事業法等改正法案大綱骨子」(「骨子」) と「社会福祉事業法等一部改正法案大綱」(「大綱」) を公表した直後の大会であった。調査研究部長の竹中哲夫は、「骨子」と「大綱」を社会福祉基礎構造改革関係報告書 (「主要な論点」「中間まとめ」「追加意見」)、障害者関係三審議会意見具申などとあわせて、①全体としては「措置制度から利用制度」の方向が決定的になったこと、②今回は保育所に限定されたものの「多様な事業主体の参入促進（運用事項）」において「民間企業など社会福祉法人以外の参入を認めること」が明らかにされたこと、③「利用の仕組み」において「利用者と福祉サービス提供者の直接契約」が導入されたこと等に、社会福祉基礎構造改革の基本視点が貫徹されていると言える、とした。また、「利用制度」においては市町村の公的責任の後退は避けられないこと、さらに利用者負担については「負担能力を勘案するものとする」という曖昧な表現になっており費用負担制度が確定するまで予断を許さないとした。

　このような問題性をふまえ、この大会では、第7分科会を「徹底討論！　社会福祉事業法改正と児童福祉」と題し、吉田恒雄氏（駿河台大学）、喜多一憲氏（養問研副会長）、田中島晃子氏「（全国児童相談研究会）をパネリストとして議論した。また、1999年の『日本の児童福祉』第14号で、「市場原理・競争原理で公的責任は果たせるか」をテーマに誌上討論を行った。

　大会の分科会報告を『そだちあう仲間』に掲載したのは、1997年までであった。

　この年、『日本の児童問題』を『日本の児童福祉』に改題した。当時の会長は、創刊の辞として「児童福祉法改正の動きなど日本の児童福祉が大きく変わろうとしている時代を認識し、『子どもの権利条約』の理念や内容を生かした真の児童福祉のあり方を研究し、論じ合う専門誌のないことに問題を感じた。そこで児童福祉に関わるあらゆる分野の方々と共に、『21世紀の児童福祉』のあるべき姿を研究し、かつ互いに論じあい、学びあう場としての『児童福祉の専門誌』の役割を本誌が担いうることを心から願い、『日本の児童福祉』と改題することとした」と説明した。

　さらに、『日本の児童福祉』は1999年の第14号から、正式に児童相談研究会（以下、児相研）と共同編集となった。「両研究会では昨年の養問研の雑誌『日本の児童福祉13』を養問研・児相研で共同発行をすることになり、臨時共同編集号として」発行したとされる。両研究会では社会福祉基礎構造改革・社会福祉事業法改正の方向を探りたいとし、今後も両研究会が中心となりさらに他団体とも共同しながら広げていくような雑誌にしたいと考えていることが編集後記に記されている。

(2) 21世紀の児童福祉を展望して「児童養護のあり方」を問う（第29回2000年～第35回2006年）

2000年の社会福祉事業法等の改正の一環としての児童福祉法改正、同じ2000年の「児童虐待の防止等に関する法律」（以下「児童虐待防止法」）の制定と施行、2001年の主任児童委員の法定化、保育士資格の法定化などを含む児童福祉法改正、2002年10月に行われた里親制度の見直し、2002年の「母子および寡婦福祉法等の一部を改正する法律」の制定、さらに2004年児童福祉法改正などが次々に進む。これらは、大きくいえば、「社会福祉基礎構造改革」「規制緩和」「福祉サービスの市町村移譲へ」「民間でできることは民間へ」という社会保障・社会福祉の動きの連なりのなかにある。

養問研では、2000年から3年間にわたって「21世紀の児童福祉・児童養護の展望を探る」ことを課題としたテーマで子どもの権利保障とこれからの実践援助について検討する大会を開催、その後も「新たな児童福祉改革」（2003年）「児童福祉・児童養護の新しい道」（2004年）を問い、「新しい制度をどうとらえ、どう実践化するか」（2005年）「あるべき社会的養護像を探」（2006年）った。

制度改革論議のみならず、『日本の児童福祉』第15号では、千葉県児童養護施設長による虐待問題、保育園体罰問題の報告並びに「人権侵害問題に対する見解」が、第16号では、「子どもの人権保障をめざして」を巻頭言に、運営適正化委員会と施設における権利擁護について論じられている。また、2002年の第17号では「子どもの権利条約と子ども条例の動向と課題」の掲載と並んで、施設改善の取り組みと職員集団の課題が、第18号では、「児童自立支援施設A学園問題は何をもたらしたか」（入所中の子どもによる職員殺害事件の背景と施設改善）を取り上げる等、施設における子どもの人権保障問題を取り上げ、改善課題を検討した。

(3) 青年期の自立支援（第33回2004年～第39回2010年）

また、第35回大会（2006年）の記念事業として、児童養護施設で生活する青年期の子どもたちの自立支援に視点を当てた書籍を出版する企画を立てた。この企画の1つの取り組みとして、第33回大会（2004年）から「児童養護施設における青年期の自立支援」分科会を設定し、具体的に自立支援のあり方等を検討するとともに、大会以外ではそのテーマに即した学習会を開催してその内容を深めてきた。また、編集部では、養問研の機関誌『日本の児童福祉』の第21号（2006年）、第22号（2007年）には、「青年期の自立支援とファミリーソーシャルワーク」「乳幼児の発達から見た青年期の自立」論稿が掲載されるとともに、特集Ⅰで「青年期の自立支援」を組んで、施設生活経験者としての対処前後の課題考察、自立援助ホーム・知的障がい児の通う特別支援学校高等部における進路指導などの実践報告を掲載し、会員相互の学習の場としてきた。こうして出版された『児童養護と青年期の自立支援—進路・進学保障問題を展望する』は、『ぼくたちの15歳』『児童養護の実践指針』『日本の児童問題』第4号、第5号、第6号（特集：いま養護施設における年長児処遇を考える）、『春の歌うたえば』と連なる「青年期の人格形成と生活、進路指導」分科会の蓄積に基づく成果である。

2007年2月から5月にかけて厚生労働省に、「今後目指すべき児童の社会的養護体制に関する構想検討会」がもたれ、続く9月からは「社会福祉審議会児童部会」に「社会的養護専門委員会」が置かれ、議論が進められている。2011年1月から6月にかけての半年間には「児童養護施設等の社会的養護の課題に関する検討委員会」がもたれている。「子ども・青年の人権と発達保障を目指して―格差社会を克服するための福祉・教育の拡充を」をテーマとして開催した2007年第36回大会では、この間の社会福祉審議会児童部会の社会的養護のあり方に関する専門委員会の動きも視野に入れ、竹中哲夫氏（調査研究部長）は、「児童養護施設などの社会的児童養護の体制は、戦後60数年の改善の蓄積があるが、現在なお施設内虐待事件の発生、働き続けることが困難な労働条件の残存、非民主的施設運営の残存、新しい時代と子どもたち（および家族）を前提とした援助論の未確立など課題が多い」と指摘している。改善課題として、次の10点をあげた。
　①児童福祉施設最低基準改善の課題
　②児童養護における発達保障の課題―個と集団の育ち合いの課題―
　③小規模ケアと職員の配置・労働条件の改善課題
　④体罰など管理的養護の問題と克服の課題
　⑤心理療法担当者、ファミリーソーシャルワーカーなどの意義と課題
　⑥児童虐待と家族関係修復・家族再統合の課題
　⑦非民主的な施設経営、同族経営などの問題
　⑧施設職員の専門性の課題
　⑨施設職員の労働条件の課題
　⑩権利保障・苦情処理などの課題
　2007年には全国大会で、複数の調査研究部員が報告を行う形が取り入れられた。この報告は、「養問研としての統一見解を示すことではなく、問題提起・議論の呼び水の役割をねらったもので」ある。
　2007年9月7日、全国児童養護問題研究会全国運営委員会名で「社会的養護制度の抜本的改善により子どもたちの発達と人権保障、豊かな社会的自立の保障を求めるアピール」が公表された。これは、同年6月の全国大会で議論した「格差社会を克服するため」の課題をまとめたものであり、3点の研究と実践を進めることをうたったものである（以下、項目）。
　①子どもたちの人権、特に福祉と教育の権利保障を求める。
　②国が制度化してきた生活単位の小規模化・地域化・多機能化などの施策を推進するためには、児童福祉施設最低基準の抜本的改善・向上、職員配置基準の改善・労働条件の向上、コアとなる人材確保のために民間給与等改善費の改善を求める。
　③児童相談所（一時保護を含む）の拡充、児童養護施設の拡充など社会的養護の供給体制の整備を求める。
　2008年第37回大会では、「あらためて、ひとりが育ち集団が育つ児童養護実践を―新しい制度の動向をふまえつつ」を大会テーマとして開催した。記念講演には、自立生活サポートセンター・もやいの湯浅誠氏を招き、「若者と貧困―児童養護施設の子どもが幸せになるために」と

題して、講演を受けた。調査研究部報告では、格差・貧困問題が児童養護分野において親・家族の問題であると同時に、本人の近い将来の問題でもあり、解決が求められる課題として提起された。また、2008年児童福祉法改正への胎動、児童虐待防止法・少年法改正の論点、2008年度予算について分析されたほか、心理療法担当職員の役割と課題について、そのガイドラインの枠組みの一試案が提案された。

2008年には『日本の児童福祉』を『子どもと福祉』に改題し、出版社も明石書店とした。また、養問研の活動をより広く周知するために、『養問研への招待』を編集、発行した。「養問研へのおさそい」や1998年に確定した「養問研のしせい」を掲載したほか、1997年9月策定の「児童養護の実践指針（第4版）」と「子ども版実践指針（第2版）」などを掲載している。

2009年全国大会は「子ども・青年の未来を拓く制度改善と発達保障」をテーマに開催された。はじめの全体会では、調査研究部報告として、「子どもの貧困を中心とする子ども・青年の今、子どもを取り巻く現状」、「自立支援計画の策定と活用を提案する社会的自立に向けた支援と標準化に向けた課題」「共同子育ての視点をもつ社会的養護形態の検討と人権保障の施設運営」等について報告された。高垣忠一郎氏（立命館大学・スクールカウンセラー）による「若者の生きづらさと自己肯定感」を記念講演とした。

2010年「子どもも大人も安心できる生活づくり―実践力をどう高めるか」をテーマに開催された大会では、調査研究部から、「児童福祉施設最低基準・次世代育成支援後期行動計画の検討を中心に」「共育て論の現状と意義」「高年齢児童への自立支援の標準化―リービングケア・アフターケアの課題―」について報告した。記念講演には、ホームレス問題の授業づくり全国ネット共同代表の生田武志氏を招き、「貧困とこども（へ）の暴力」について、問題の深刻さだけでなく、つながることによる子どもの成長・大人の変化が現れていることが報告され、学びが深まった。

ここ数年の大会では、参加者の強い関心を反映し、「青年期の養護・養育（性など）」「発達障害の理解と援助」「子どもの暴力問題への対応」等の児童福祉講座を開設し、基本理解を深めると共に、分科会に連動させ、実践としてどのように取り組んでいけるのか、その可能性と課題を探る手法がとられるようになった。

7.「生活単位の小規模化」の流れのなかで子どもと親・職員（支援者）の権利の保障を（第40回2011年～第45回2016年）

2011年3月11日、東日本大震災が発生、その後押し寄せてきた津波は大人と子どもの生命・生活を奪い、連動して起きた原発事故は、子どもの生存権を保障する国の責任の重要性を浮き彫りにした。2011年の第40回大会には、緊急報告として、震災直後に現地を取材したルポライターに大震災・津波と子どもたちの報告を受け、その現実の一部を共有し、翌年には、児童福祉講座と分科会それぞれにおいて東北からの報告を受けた。

社会的養護のあり方について国レベルの議論が活発に行われており、「児童養護施設等の社会的養護の課題に関する検討委員会」においては、施設の小規模化と家庭的養護の推進、職員配置

の改訂、児童虐待問題に関わる親権制度や児童福祉施設最低基準の見直しなど、「社会的養護の課題と将来像」について、急ピッチで議論が展開された。施設現場では、子どもの発達や自立の課題の深刻さ、それに伴う施設運営の困難など、制度の不備とその狭間で子どもも職員も翻弄されている現実が指摘された。

調査研究部報告では、東日本大震災を被災地域から遠く離れた施設の子どもたちがどのようにとらえたかに関する報告、「東日本大震災と社会的養護」と題して被災地域の主体的復興とそこへの関わり方を報告するとともに、国が進めようとしている「施設の小規模化」と児童福祉施設最低基準改訂について、分析した。

この年、大会テーマを「時代が求める社会的養護の変革と新しい養護の創造を」とし、全体会ではシンポジウム「社会的養護―激動期の総括と将来展望」と題し、村井美紀氏（東京国際大学）、渡井さゆり氏（日向ぼっこ理事長）、武藤素明氏（養問研副会長／二葉学園施設長）をシンポジストに議論した。また、児童福祉講座の1つとして、「施設に育つ子どもたち」を設定し、社会的養護のあり方を国際比較から検討したことは特徴的である。

大会での討議をふまえ、「施設現場の声を聴き、子どもを真ん中にして、そして今何よりも東日本大震災で明らかになりつつある子どもの生存・発達と生活保障に関わる諸課題をふまえ、子どもの人権を護りきる社会的養護を創造することがもとめられてい」ると認識し、社会的養護の将来に向けて、以下の7点を確認し、大会アピールを採択した。

①施設の小規模化や高機能化のために職員配置の抜本的強化は不可欠です。
②家庭的養護の推進のために里親の研修とバックアップ体制の強化が不可欠です。
③これまでの児童福祉施設最低基準で示されていた職員配置基準と設備等に関する予算措置等の抜本的改善が必要です。
④大学進学等自立生活支度費、自立援助ホームの制度改善等、要保護児童の社会的自立に向けた体制整備が必要です。
⑤親権にかかわる法制度とその運用において、子どもの最善の利益が優先されるようさらなる改善が必要です。
⑥施設の第三者評価実施の保障、施設長の資格要件の厳格化とともに「児童養護施設のケア標準（養育水準)」策定にあたり現場の意見の反映が必要です。
⑦「子ども・子育て新システム」は、社会的養護を「固有の分野の施策」としていますが、むしろ子どもの貧困と格差を助長するものであり、児童虐待等要保護児童問題の拡大をもたらしかねないことから、これを撤回することが必要です。

2012年第41回大会では、養問研としても「施設の小規模化と家庭的養護の推進」問題について実践的に検討を加えるべきだと考え、児童福祉講座および分科会に「生活単位の小規模化と施設づくり」を設け、「施設の小規模化」と「生活単位の小規模化」「家庭的養護の推進」と「施設づくり」を区別しながら検討する作業を開始した。

同年11月30日に厚生労働省児童家庭局長通知「児童養護施設等の小規模化および家庭的養護

の推進について」等が出されたことにより、今後10数年の間に、施設の本体施設、グループホーム、里親等の割合を3分の1ずつにしていく目標を実現するために、「都道府県推進計画」ならびに各施設ごとの「家庭的養護推進計画」の策定が求められた。

全国大会の内容構成としては、児童福祉講座・分科会に「発達障がい」「暴力問題」「施設退所後の生活」等とともに、「生い立ちの整理」「生活単位の小規模化」を加えた。

養問研では2013年の第42回大会以降、「生活単位の小規模化の流れ」「家庭的養護推進計画の流れの中で」「子どもと職員の権利の統一的保障を」検討してきている。このテーマは、「子どもの権利条約を尊重し、子どもの福祉と教育を統一する立場から『施設の小規模化と家庭的養護の推進』施策をどうとらえ、具体化するかを課題として」いる。この課題に取り組むための前提として「子どもの最善の利益が最大限に考慮されること、養育者（職員）との親密かつ適切な関係が確保されるなかで、1人ひとりのニーズに応じた養護を保障すること、また、その実現のためには十分な職員配置と適切な労働条件の確保が必要であること」を確認した。「1人ひとりのニーズに応じた養護が施設の本来的な課題であることを認識するとともに、養問研が子どもも職員も仲間の中で育ち合う実践を追求してきたことの重要性を確認する。『施設の小規模化と家庭的養護の推進』施策は、その方向性と矛盾するものではない。しかし、この施策を現在の職員配置基準や施設整備費のもとで推進することは、子どもの最善の利益と職員の労働条件の確保との矛盾を深めるものであることは明らかである」「家庭環境を奪われた子どもたちは、施設職員や里親をはじめ社会的養護に携わる人々との親密かつ適切な関係を長期的に確保される権利がある。この権利の保障はこれまでにもまして必要性が高まっており、かつ、緊急の課題となっている」。

養問研は、「社会的養護のもとで生活している子どもの最善の利益を確保するためには、子どもの権利と職員の権利を統一的に保障することが不可欠であることを確認する」。これらを前提とし、第42回大会は、以下の点について実践・運動・研究を通して追求するとした。

ⅰ 子どもたちが生活の主人公になれる社会的養護を創造する。
　①施設や里親のもとで生活している子どもの権利擁護をはかる。
　②さまざまな子ども（被虐待児、障害のある子ども、その他困難を抱える子ども、小集団環境に適する子ども、適さない子ども等）にとって適切な社会的養護を検討する。
　③施設内虐待を防ぐため、暴力を否定する施設の文化をつくるとともに、万一発生した場合には、迅速かつ真摯に対応し、子どもの人権を守る。
　④それぞれの子どもにとって最適な施設環境をつくり、毎日の十分な食生活、睡眠、遊び、学習などの生活を子どもの育ちにつなぐ。
　⑤里親、ファミリーホームと連携し、社会的養護の仕組みを整える。
ⅱ 充分な施設職員の配置と適切な労働条件の確保を求める。
　①労働基準法を遵守する勤務条件の確保と、複数勤務による子どもへの適切な養護実践と学びあいによる専門的力量の形成をはかる。
　②多様な働き方を可能にする条件をつくる。

③施設運営・養護実践の検証のための自己評価と第三者評価を進める。
ⅲ子どもと職員の権利を尊重する「都道府県推進計画」「家庭的養護推進計画」策定を求める。
　①計画策定にあたって、都道府県や施設ごとの子どもおよび養護実践の現状と課題を十分にふまえる。
　②子どもと施設・地域の実情にあった計画を策定するために、社会的養護に携わる者は、可能な限り意見表明し、ソーシャルアクションを起こす。

　2014年第43回大会は、「生活単位の小規模化の流れのなかで、子どもと職員の権利の統一的保障を」をテーマに開催した。児童福祉講座や分科会構成に大きな変更を加えなかったが、数年にわたって、調査研究部報告としていた「はじめの全体会」における情勢報告を、全国常任委員会名の「基調報告」として提案した。「施設の小規模化と家庭的養護の推進」を進めるために都道府県計画や各施設による家庭的養護推進計画策定が求められるにあたっての課題、とりわけそこで用いられる「家庭的養護」の意味内容について分析し、それが曖昧なものであることを指摘した上で、施設の立場としては、子どもの権利保障を進めるために、今ある制度を活用することが求められ、活用するかしないかで大きな格差が生じること、さらに職員確保（養成と労働継続）を進めることの緊急性を主張した。
　児童福祉講座・分科会では、従来の枠組みに加えて、「親への支援」「里親・ファミリーホームの実践」「生活単位の小規模化」などを組み入れてきた。
　2015年第44回大会は、テーマを「子どもと職員（支援者）の権利をともに護る—『家庭的養護推進計画』の流れのなかで」とした。従来、養護実践にあたる人を「職員」と表記してきたが、この年から「職員（支援者）」とした。これは、児童養護実践の担い手として、施設職員だけではなく、里親・ファミリーホームの担い手など、さまざまな領域の担い手の存在を文言として位置づけることにしたためである。基調報告では、子どもへの虐待・虐待死、子どもの貧困、居所不明・無戸籍の子どもの存在など日本の子どもの現実をふまえ、日本政府はどのように対応しようとしているか、予算配分や「都道府県推進計画」への呼びかけなどを分析、求められる「社会的養護」のあり方として、近代家族イメージの「家庭」ではなく、子どもたちが「安心できる親和的環境」をつくることの必要性を主張、子どもとおとな、子ども同士・大人同士が育ちあうことのできる関係をつくる養護労働として、以下の5点が求められるとした。
　①養護労働は、社会的矛盾から発生する養護問題を抱える子どもたちに対して、福祉と教育の権利の統一的保障を中心に、子どもの権利を保障する労働である。
　②養護労働は、そのために、国際的に認められ、日本も承認している公務労働である。国の責務として行う。公的私的いずれの社会福祉施設でも行う。
　③養護労働は、仕事か家庭かの二者択一ではなく、希望する者が気持ちよく働き続けることによって、養護実践と施設の集団的力量が、より豊かになる労働である。
　④養護労働は、社会への発信をし、制度的改善を目指すものである。
　⑤養護労働は、最も虐げられた子どもたちを救う最後の砦に、子どもたちの笑顔をさかせるも

のであり、子どもを育てる条件の底上げに資する労働である。

児童福祉講座として、新たに「ライフストーリーワークの理念と実践」を位置づけた。

「戦後70年」の2015年夏、「日本を戦争のできる国としてはならない」「国と国民の未来に関わる立法は十分な説明と議論が必要だ」との声があるにもかかわらず、「安全保障法」が強行採決された。養問研常任委員会では、戦後の養護問題の歴史と養問研45年の歴史をふまえ、「戦後70年にあたりわたしたちは訴えます！！『戦争しない国』『子どもの未来に平和を』をめざして」アピールを採択した。

2016年第45回大会は、「子ども・親・職員（支援者）の人権保障と豊かな関係をめざして──『家庭的養護推進計画』の流れのなかで」をテーマとして開催された。日雇い労働者の街「釜ヶ崎」を擁する大阪を開催地として、貧困と虐待のなかで生きづらさを抱える子どもたちの現実からテーマを掘り下げることとし、記念講演には、「子どもの貧困」研究に精力的に取り組む松本伊智朗氏（北海道大学大学院）を招き、プレイベントとして、「釜ヶ崎ツアー」、ならびに「子どものさと」の荘保共子氏の講演を聴く機会を設けた。

大会に先立つ5月27日、「改正」児童福祉法などが、参議院本会議全会一致で可決成立した。深刻化する子どもへの虐待防止対策の強化をはかるため、児童相談所の体制整備を柱としたものである。この改正法には、子どもの権利条約に則ることを謳うなど、子どもの権利条約の実効化がめざされるとともに、「社会的養護」分野においても変更が加えられ、2016年度以降、法律の運用、養護現場での具体化のあり方が問われている。

おわりに

養問研の活動について、全国大会開催記録や研究会誌などを中心に、その歴史と主張をたどってきた。45年という長い期間にわたる活動の歴史と、そのときどきの養護問題をめぐる社会状況に対して行ってきた主張を振り返ることによって、研究会が成し遂げてきた、あるいは蓄積してきた成果の大きさを知ることができる。

ただ、これまでの項目に十分に含みこむことができなかったが、研究会活動の基礎・基盤を支えてきた重要なものがある。それは、会員1人ひとりの日々の実践であり、研究活動である。そしてそれらが集積される支部活動である。各地で展開される個人の活動、支部活動の蓄積が全国大会で報告され、検討されることによって、参加者の問題関心が高まり、大会の翌日から次年度に向けての実践や研究活動に取り組むことができる。

養問研では、支部活動報告書を全国事務局に集積してきた。それをみると、会員1人あるいは数人で養問研の視点を持ち、全国大会に参加したり、他の研究会に参加したりすることによって学び、実践や研究を深めている支部がある。複数支部で合同学習会を開催している支部では、たとえば岐阜支部と愛知支部が合同で「当事者の視点を施設の暮らしに生かすには」（70名参加）、「大人も子どもも安心できる生活づくり」（50名参加）などの学習会を開催しているほか、関西グループ（大阪支部・兵庫支部・京都支部）が月1回の定例会（ミニ学習会）開催を目標に活動している。神奈川支部では、2009年には「児童福祉施設職員のための『職場のコミュニケーショ

ン』の要点―企業人の視点から日常業務を見直し、改善につなげるために」「暴力によらない具体的でわかりやすい養育スキルを学ぶ―コモンセンス・ペアレンティング」「生い立ちの整理について―社会的養護の下でくらす子どもの自己肯定感を育むために」、2011年には「社会的養護の情勢と東京の実践に関する最新情報報告」「社会的養護を要する子どもとその家族に長く寄り添い支援できる大人を増やすために―主に仕事と家庭の調和（ワーク・ライフ・バランス）の視点から、児童養護施設職員が長く働き続けることのできる職場環境の構築に関する考察と提言」が行われている。

　さらに、東京支部では、年4回の学習会活動、事務局運営会議（年6回）、広報活動（フェイスブックなどを活用）を行っている。年4回の学習活動（たとえば　2009年には「情勢・制度」33名参加、「やめたい気持ちを超えたとき」48名、「暴力への対応」31名、「女の子の自立を考える」不明の学習会のほか、事務局会議で2回（「これまでの取り組みと今後の課題」「機能強化と職員配置」）、運営委員会で4回（「若草寮と私の15年」「神児研報告より」「児童養護施設における大学等への進学」「施設職員のひとりひとりの力と、組織力向上について―施設職員の求められる専門性とは？　必要な力ってなんだろう？」）の学習会が行われている。

　現場職員だからこそ見つけられるテーマについて、現場職員ならではの観点で学習し、蓄積することには、養護実践の明日を切り拓く力がある。

　もう1つの原動力、それは、文化活動だろう。大会では、講義を聞いたり討論するだけでなく、歌ごえを響かせたり、人形劇や和太鼓・ダンスを楽しんだりという活動を通して、からだで思いを表現する活動、共有する活動に取り組んできた。

　会員による大きな取り組みとしては、関西で作られた組曲「さむい夜空の星たちよ―父・母と別れて暮らす養護施設の子どもと職員の願い」は、6楽章から成る（第1楽章：思い出してほしい、第2楽章：ぬくもりを知らないままに、第3楽章：お母さん、第4楽章：明日から中学生、第5楽章：わたしたちの仕事は、第6楽章：さむい夜空の星たちよ）。初演は、1990年神戸舞子ビラで開催された第19回大会の「文化の夕べ」である。その後も関西で大会が開かれるときには、実行委員によって披露されている。

　参加者の一体感がつくり出されるこれらの活動は、別の意味で、ともに子どもたちと働く者の育ちを実感できる活動として、明日への力を与えてくれる。

　このような蓄積を大切にし、今後も継続することがより一層の力になる。

●第1楽章　思い出してほしい

ここに一人の子どもがいる
人なつっこいひとみでやさしさもとめ
母親に別れたことも
父親に別れたことも
めったに自分の口からは語りはしない
この子をかわいそうだとは
あなたに思ってほしくない
いっしょに泣いたり　笑ったり
ときには抱きしめて
まなざしをかわしてくれるだけでいい
あなたが安らぐとき
この子の人なつっこい笑顔を
思い出してほしい
やさしい風の吹く木陰で
思い出してほしい
ことばにならない
子どもたちのまなざしを

●第5楽章　わたしたちの仕事は

わたしたちの仕事は
未来をひらく仕事
子どもを思ういとおしさが
わたしをささえてくれる
目の前の子ども　ひとりの子どもに
ひとつの命
目の前の子ども　ひとりの子どもに
いくつもの未来
子どもたちに手渡したい
たしかな未来を
子どもたちに手渡したい
ゆたかな心の花束を
ああ　胸をはって働きつづけよう

※「さむい夜空の星たちよ―父・母と別れて暮らす養護施設の子どもと職員の願い」より

戦後日本の児童養護の主な事柄と養問研

喜多一憲

(養問研会長)

　ここでは戦後の児童養護に絞って、しかも養問研に絡めてのかなり限定された事柄について、養問研の機関誌や研究誌などを参考にしながら養問研の活動を紹介したい。については前節（遠藤論文）と児童養護問題を捉えるための年表（P138～）を参照しながら読んでいただきたい。

1. 戦後から1970年代～　養問研の揺籃期

(1) 戦後混乱期の児童保護

　子どもはいつの時代も、戦争の犠牲者として悲惨な影響をまともに受けている。戦後の混乱期には戦災孤児、浮浪児が巷にあふれ、「狩り込み」と称した治安対策で、強制的に児童施設などに送られた。1947年児童福祉法が制定公布されて、児童収容施設は多くは養護施設として新しく発足した。しかし急場しのぎの建物や食糧難など困難が付きまとい、十分対応できる状況ではなかった。

(2) ホスピタリズム論争

　1950年代、施設病ともいわれたホスピタリズムが養護施設界に大きな波紋を投げかけた。J.ボウルビィの調査研究「母性的養育と精神衛生」の結果から、母性剥奪、施設などの集団保護等によって、①身体的にずんぐりむっくり、②知的・情緒的発達遅滞、③対人関係の障害、④神経症的障害、が表われると報告した。ここに当時都立の養護施設長であった堀文治が、わが国の戦前の孤児院も現在の養護施設や乳児院の子どもにもこれらの症状があると発表してホスピタリズム論争が展開された（＊1）。

　　＊1【参考文献】竹中哲夫（1981）「乳幼児の施設養護施設とホスピタリズム論」『日本の養護 '81』養問研

　これらが引き金になって1960年代、厚生省は施設斜陽論、転換論を強調し始め、それは施設否定論につながるものであり、児童福祉施設最低基準の放置とともに施設養護の劣等処遇をさらにすすめるものとなった。これに対し「施設は家庭に勝るとも劣るものではない」「養護理論を積極化し、施設を集団主義的教育の場とせよ」論陣を張ったのが積惟勝であった。

(3) 養問研の萌芽

　積惟勝が施設職員、学生らに呼びかけ、1968年、「養護教育を高めるために、互いの手を結ぼ

う」と呼びかけ、「全国養護施設問題研究会」として出発。愛知、神奈川、静岡、大阪で支部作りが始まり1970年には会員数は161名となっている。全国運営委員会を開催して、活動の4本柱（記録運動・研究運動・施設史の発掘・現場従事者の生き方を追及する）を確認する。全国集会開催をめざして準備し、1972年9月、第1回全国大会を名古屋市の日本福祉大学で開催した。のべ500名の参加者、施設労働者は約半数、新規会員は210名であった。その年の第1回代表者会議で名称を、養護施設と限定することなく、もう少し広げて「全国養護問題研究会」（略称「養問研」）と改称した。現場で働く若手職員が中心になり学生や研究者も巻き込んで、仲間づくりが始まった。養問研の萌芽である。これ以降全国大会や施設実践活動が展開されていった。

積惟勝は「私たちの会は、その名の示すとおり、児童養護に関する研究を基本とする、自主的な民主的な団体であり、その研究のための理論と実践の統一をめざすものであります。したがって、あらゆる現場の実態のなかから、真の展望を切り開き、国民の要求に正しくこたえられるような、そんな施設づくりを願っているのです」（＊2）。

＊2「子どもの集団主義教育をより豊かに私たちの見通しある実践を目指して―養問研に加入しませんか」

(4) 養問研の活動展開――全国大会開催

1972年、第1回全国大会を開催したが、ここでは当時の課題意識を確認する意味で、第2回大会の概要を列記する。ここからは、子どもの発達と援助、里親制度、学校、地域、最低基準などの制度問題、施設運営の民主化など、かなり幅広く議論し、問題提起していることが伺われる。

〈第2回養問研全国大会　愛知県知多郡全忠寺　1973年　概要〉

記念講演：「これからの児童福祉施設」日本女子大学　一番ヶ瀬康子

講座：1「児童福祉における行財政のしくみ」―最低基準・措置費　二葉学園園長　村岡末広、2「保母の仕事」―福祉労働を考える中で　日本福祉大学教授　浦辺史、3「集団主義養護の実践と課題」大野慈童園　中村國之、4「発達保障の理論」―発達をどう保障していくか　日本福祉大学　金田利夫、5「養護における実践記録のとり方」第二恵光学園園長　浅倉恵一

分科会Ⅰ　「子どものおかれている現状をつかみ、子どもの生活に根ざした集団主義養護を進めるための理論を」：Ⅰ－1　子どもの自治について、Ⅰ－2　子どもの学習・遊び・労働について、Ⅰ－3　子どもの健康と食生活、Ⅰ－4　乳幼児養護、Ⅰ－5　問題のある子の指導をどうするか、思春期の児童についての性教育

分科会Ⅱ　「国民の期待と子どもの発達を保障する施設の展望を」：Ⅱ－1　要養護児童と家庭崩壊、Ⅱ－2　里親・家庭教育（養育家庭制度）、Ⅱ－3　施設と学校教育、Ⅱ－4　地域と養護施設、Ⅱ－5　子どものアフターケアのあり方

分科会Ⅲ　「福祉労働者・研究者・学生等、養護施設にかかわるすべての人々が固く手を結び養護運動の前進を」：Ⅲ－1　私たちの要求する最低基準と運動、Ⅲ－2　公私格差是正の運動、Ⅲ－3　施設運営の民主化、Ⅲ－4　施設労働者とボランティア、Ⅲ－5　福祉労働とは何か

大会宣言　　　　　　　　　　　　　　　＊『そだちあう仲間』特集号（1974.9)』より

(5) 児童福祉施設最低基準——社会的養護の発想

　児童福祉法施行に伴い、児童福祉施設最低基準（現児童福祉施設の設備及び運営に関する基準）が厚生省令として1948年に公布施行された。ここには設備の基準、職員の配置基準などが示されている。これは生活保護基準と同様、ナショナルミニマムの意味をもつもので、これらの運営に要する費用を措置費という。これは大きく子どもの生活費の事業費、職員の給料や施設管理等の事務費等に分けられており、これらの基幹部分はこの最低基準で拘束されている。

　養護施設については、当初は、職員の配置基準は、少年（3歳未満児、幼児含む）10：保母（現保育士）・児童指導員1、居室面積は1人当たり2.47㎡（たたみ1畳半）以上、居室定員は1室15人以下であった。

　職員の勤務状況は、ほとんどが住み込み、中抜き断続勤務のシフトで、勤務時間も労基法上1日9時間、週6日で54時間勤務とされていた。1954年九州の民間養護施設が労基法違反で摘発されて職員の勤務に関心が高まったが、にもかかわらず、その後の実態調査では1日14時間以上という結果も報告されている（1957年全養協調査）。当時は最低基準が最高基準であり、子どもの生活にしても職員配置や設備しても、これに達しえない施設がほとんどだった。過酷な労働を強いられていた職員は聖職意識を強要され、自己犠牲なくして成り立ちえない状況であった。

　全国大会では公私格差問題と最低基準は当初から講座や分科会で取り上げており二葉学園の村岡末広や調布学園の渡辺茂雄らが措置費と関連づけ、その仕組みの把握と学習を促している（＊3）。

　　＊3 村岡末広「児童福祉における行財政の仕組みー最低基準・措置費」『そだちあう仲間』特集号1974年、渡辺茂雄「措置費の運用と公私格差」『日本の養護』1976年　第5回大会報告、村岡末広「施設における最低基準」『日本の養護』1977年　第6回大会報告など。

(6) 高校進学にみる——教育と福祉の問題

　1960年台の経済的高度成長期は資本の論理を強力に推進して社会は大きく変貌した。それに伴い高校の進学率も高まってきた。最低基準でも見られたように、児童福祉行政は劣等処遇が基盤で、養護施設児童の高校進学についてもその必要性を認めず、15歳をもって退所させるのが行政指導としてなされていた。15歳の春は養護施設児童にとって人生を左右する大きな岐路に直面していた。しかし意のある施設長はポケットマネーで、品行方正で学力優秀な子どもには何とか工面をしていた。全養協の調査によれば、1971年の高校進学率の全国平均は85.0％、うち全日制高校は81.7％で、養護施設児童は23.4％、うち全日制は10.6％、定時制は12.8％であった。やっと国は1973年、養護施設施設入所児童などの高等学校への進学実施がなされ、「特別育成費」として予算化された。翌年の1974年には41.3％、うち全日制は19.5％、定時制は21.8％で、倍増近くにまであがったが、全国平均は90.8％となっている。

　小川利夫は、「児童福祉事業の中には明らかに教育が重要な地位を占めている筈であるが、そこでは概して福祉の名の下に、子どもの権利とりわけ教育の権利の保障問題が軽視され無視されがちなのではないかと考えるようになった。そこであらためてそのような問題状況を『教育福

祉』問題として積極的にとらえなおし、施設児童の教育と福祉の権利を同時に保障するような実践的筋道を私なりに討究してみたい」と、述べている（*）。

* 『そだちあう仲間』創刊号 1973年
　参考文献：小川利夫　記念講演「教育と福祉の統一について」『育ちあう仲間』第4回全国大会報告1976

　これらの問題・課題は施設の日常的援助での悩みでもあり、全国大会でも当初から分科会などで取り組んでいた。その1つに、学習指導の困難さがあり、これを支える指導体制の不十分さであり、さらにこれを支える最低基準の改善の必要性である。これら実践と理論の集大成が1983年発行の『ぼくたちの15歳──養護施設児童の高校進学問題』であり、さらにこれが発展して2009年発行の『児童養護と青年期の自立支援──進路・進学問題を展望する』につながっていく。

(7) 養護労働と施設の改善運動

　養護労働とは何か、施設で働くということはどういうことか、子どものためと思って自分が犠牲になるのは仕方のないことなのか、でもやっぱり働き続けたい……。設立当初から福祉労働と施設の改善、養護労働と職場づくりは、分科会や講座等でのテーマになっている。これらから養問研への厳しい評価は、労働組合の研修部と誤解され揶揄されたこともあった。先に述べた1957年の全養協の調査は、その前の1954年と55年に九州と北海道の民間養護施設が労基法違反で摘発されての調査である。

　そもそも子どもの権利か、労働者の権利かと二者択一でどちらかが優先するというものではなく、統一的に同時並行的に考えることが必要であろう。子どもの幸せが職員の一方的犠牲のうえによるものだとしたら、子どもは本当に幸せと感じられるだろうか。子どもの置かれている現状を把握して、いのちや生活を護っていくことが養護労働者の使命だとしても、いろんな困難にぶつかって、自らの健康を阻害してまでの労働とは何なのか、極限まで追い詰められてしまったケースを何例か知っている。確かに労基法や職員配置基準が多少改善はされてきたが、課題の大きさは変わることはない。いずれにしても、このテーマは古くて新しいテーマであり、小規模化・家庭的養護が推進されている現代においても、まさに今日的テーマであることは論を待たない（*4）。

*4 各全国大会の分科会や講座では、神田ふみよ講座「保母のしごと──福祉労働を考える中で」、関上暁講座「施設における職員の集団づくりをどう進めるか」『そだちあう仲間』第4回全国大会報告1976年、真田是講座「福祉労働論」『日本の養護2』1977年、第6回大会　鷲谷善教講座「養護労働と職場づくり」『日本の養護'82』1982年、などがある。

2．児童福祉改革と養問研の展開期── 1980年代～1990年代
(1) 第10回、第11回大会

　第二次オイルショックを受けて、第二次臨調行革に突入した。第10回の大会で積惟勝は「子どもらを二度と戦争に送るな」と、挨拶している。「養護施設というのは戦後、戦争で犠牲を受けた子どもたちを預かって、もう二度と戦争は起こさないし、戦争にはこの子どもたちをやってはいけないという誓いのもとに仕事をすすめてきたわけであります。この大会において、みんな

ではっきりと確認しておかなければいけないのではないかという気がするわけであります」（＊5）
　＊5第10回全国大会 積惟勝大会挨拶　『日本の養護 '82』

　その後、積惟勝は第11回大会には体調を崩して参加できず、1983年8月、逝去された。『そだちあう仲間』（1983年）VOL.10は《積惟勝先生追悼特集号》を組んだ。その詳細については、長谷川論文（p125～）を参照されたい。なお、その後第2代会長となった浅倉恵一は「積惟勝の生涯と思想」を『日本の児童問題』創刊号（1986年）から9号にわたって連載しまとめている。

（2）「国際児童年」から「子どもの権利条約へ」

　1979年は国際児童年であった。わが国では記念行事が各地で行われたが、1959年の「国連児童の権利宣言」がどのように実践されたのか、検証するはずであったが、あまり盛り上りは見られなかった。しかし国連では国際児童年を契機に、この宣言を条約化しようとポーランドから提起された案を検討し、結果10年をかけて1989年に、「国連児童の権利に関する条約」の採択に結実した。この条約草案の国際教育法学会訳を手に入れて、養問研の仲間や施設の子どもたちと勉強会を開いたことを思い出す（＊6）。
　＊6「子どもの権利条約　第2読み会草案全文1988年12月9日」『日本の児童問題』4 1989年

　この間、養護施設に関連した悲しい事件がおきた。1つは1983年におきた19歳少年による「練馬女子大生殺人事件」である。これが後に共同通信社配信の「荒廃のカルテ」が1984年9月から44回にわたって連載され、この少年が乳児院・養護施設出身であったことから施設へのバッシング、施設否定論の風潮が沸き上がった。これに対して神田ふみよが施設の現状を訴え、行政責任の明確化と子どもの人権を守りぬく視点の強化などを強調している（＊7）。
　＊7神田ふみよ「荒廃のカルテを問う」『そだちあう仲間』11　1985年、浅井春夫「『荒廃のカルテ』と性教育の課題」『日本の児童問題』2 1987年

　もう1つは、大阪の施設で1986年に起こった「小1女児リンチで死亡事件」である。小1の女児が大阪市にある養護施設で、中学3年生を含む少年6人から「生意気だ」と暴行を受け、翌日死亡したものである。竹中哲夫は養問研の調査部として報告している。ここでは当該施設の民主化と処遇水準の向上が必要としつつも、職員配置や設備の条件の問題など、養護施設全体の問題性をも浮かび上がらせるものと指摘している（＊8）。
　＊8竹中哲夫（1986）「大阪・養護施設『H学園』における『小1女児リンチ死亡事件』をめぐって」『日本の児童問題』1、シンポジウム「子どもの人権と養護施設－練馬女子大生殺人事件と大阪博愛社事件から何を学ぶか」『日本の児童問題』2 1987年

（3）「児童養護の実践指針」──施設養護における子どもの権利のための指針

　上記の事件は、施設とりわけ施設養護のあり方に重い課題を投げかけた。そこで1987年の第16回全国大会基調報告で、「施設養護の前進のために今何が必要か」として、「養問研施設養護基準（第1試案）」を提案した。これは施設に対して内外からの評価が厳しくなっていることを感じ、現状の問題を見つめ、今後どのような養護を進めていくか、〈子どもの施設養護における人権宣言〉をめざしたいとしている。A施設養護の原理、B施設養護の原則的基準、C養護処遇

と施設運営の具体的基準①、②を提案している。これは養問研の内部にとどまらず、一般に提示して意見や提言を募っている（＊9）。

　　＊9「養問研施設養護基準（第1試案）をめぐって」『日本の児童養護』3 1988年

　以降、第2試案は1988年の第17回全国大会、第1版は1989年、第2版は「〈施設における子どもの権利〉児童養護の実践指針」として1990年に発表している。続いて「第2版（修正版）を1991年に、第3版を1994年に、第4版（最終版）を1997年に発表している（それぞれの版は機関誌『そだちあう仲間』にそのつど掲載。最終版は『児童養護への招待　改訂版』（1999年）と『養問研への招待』（2008年）に所収。これとて長年固定するものでなく、今後時代状況に応じて、発展的に改正することも必要である。

　また、子ども向けの手引きとして、1993年に『あなたの権利はどう守られるか：子どものための手引き』を作成したもので、その後第1試案（1994年）、1995年の第1版を経て、1997年に第2版（最終版）を発表している（＊10）。

　　＊10 それぞれの版は機関誌『そだちあう仲間』にそのつど掲載。最終版は『児童養護への招待　改訂版』（1999年）と『養問研への招待』（2008年）に所収。

（4）子どもの権利条約から児童福祉法50次改正

　1989年国連で採択された「児童の権利に関する条約」（略称「子どもの権利条約」）は、「子どもの最善の利益」を基本理念として、子どもを、意見表明権をはじめとした市民的自由の権利行使の主体として位置づけたことは、画期的なことだった。先の「児童養護の実践指針」は、この条約を基盤として検討し、作り上げている。日本政府は4年半かけてやっと批准している。

　小川利夫は、「子どもの権利条約発効と国際家族年に当たって」（『日本の児童養護9』1994年）で、構造的特質や当面する課題について言及している。また第23回大会の基調報告では「子どもの権利の視点から児童養護の将来を考える」として「国際家族年をめぐって」「養護施設の将来構想と児童福祉施設の見直し・再編成・統合化問題」等、踏み込んで言及している（『そだちあう仲間』No.20　1994年）。その後、児童福祉改革について、『日本の児童福祉』の9号（1994年）から13号（1998年）まで特集を組んでいる。

　児童福祉法改正については、1996に年中央児童福祉審議会基本問題部会が審議に着手して、1997年3月に法案が閣議決定、6月に可決成立した。その間の養問研の取り組みを以下にあげる。養問研会長浅倉恵一から厚生労働省児童家庭局長横田吉男殿宛て、「児童福祉法改正に関する要望書（第1次）」（1997年1月16日）、第2次要望書（同年2月27日）、第1次要望書の補足説明（同年3月24日）、第3次要望書（同年3月27日）を提出している（＊11）。

　　＊11『日本の児童福祉』12　1997年所収。

（5）社会福祉の基礎構造改革

　また、2000年は、社会福祉事業法改正で「社会福祉法」に改題して、日本の社会福祉の大きな転換点となった。政府は措置制度解体と市場原理導入で社会福祉の基礎構造改革を断行した。『日本の児童福祉』14（1999年）では特集Ⅰで、「社会福祉の基礎構造改革と社会福祉事業法『改

正」」で垣内国光、竹中哲夫、笛木俊一、福島一雄、峰島厚が論評している。そこで養問研メンバーを中心に他団体にも呼びかけて組織した学習交流会で「社会福祉事業法を改悪し、社会福祉を後退させる『社会福祉の基礎構造改革』に反対するアピール」を1998年11月に、続いて「社会福祉の基礎構造改革に基づく社会福祉事業法『改正』に反対するアピール」を1999年3月に発表している（『日本の児童福祉』14所収）。

　以下、『日本の児童福祉』21から「子どもと福祉」の特集などを記しておく。

・『日本の児童福祉』21　2006年
　　特集Ⅰ〈青年期の自立に向けて〉、特集Ⅱ〈知的、発達障害の子どもへの支援〉、特集Ⅲ〈児童福祉施設の現場から〉

・『日本の児童福祉』22　2007年
　　特集Ⅰ〈青年期の自立支援〉、特集Ⅱ〈市町村と児童相談〉、特集Ⅲ〈児童養護の現場から〉、特集Ⅳ〈近接領域からの報告〉

・『子どもと福祉』Vol.1　2008年
　　特集〈児童養護施設における心理職の役割〉、◎当事者の語り、◎研究報告、◎現場実践レポート、◎エッセイ

・『子どもと福祉』Vol.2　2009年
　　特集〈児童福祉法と虐待対応〉、◎当事者の語り、◎研究報告、◎現場実践レポート、◎エッセイ

・『子どもと福祉』Vol.3　2010年
　　特集1〈児童養護施設の小規模化〉、特集2〈児童虐待防止法制定10年で見えてきたもの〉、特集3〈発達障害を再考する〉、◎当事者の語り、◎研究報告、◎現場実践レポート、◎エッセイ、◎海外の社会福祉事情

・『子どもと福祉』Vol.4　2011年
　　特集1〈施設内暴力問題〉、特集2〈東日本大震災と子どもの心のケア〉、◎クローズアップ、◎当事者の語り、◎研究報告、◎現場実践レポート、◎エッセイ、海外の社会福祉事情

・『子どもと福祉』Vol.5　2012年
　　特集1〈職員が育つ、働きがいのある職場づくり〉、特集2〈里親委託ガイドラインを考える〉、特集3〈東日本大震災と子ども1年〉、◎クローズアップ、◎当事者の語り、◎研究報告、◎現場実践レポート、◎エッセイ

・『子どもと福祉』Vol.6　2013年
　　特集1〈社会的養護の子どもの自立支援とアフターケア〉、特集2〈児童相談所VS市町村児童家庭相談窓口〉、◎クローズアップ、◎当事者の語り、◎研究報告、◎現場実践レポート、◎エッセイ、

・『子どもと福祉』Vol.7　2014年
　　特集1〈児童相談所と児童養護施設との連携〉、特集2〈児童記録の読み方・書き方・使い方〉、◎クローズアップ、◎当事者の語り、◎研究報告、◎現場実践レポート、◎エッセイ、

・『子どもと福祉』Vol.8　2015年

特集1〈いま、福祉現場が危ない！〉、特集2〈子どもに「伝える」ための一工夫〉◎クローズアップ、◎当事者の語り、◎研究報告、現場実践レポート、◎エッセイ

・『子どもと福祉』Vol.9　2016年

特集1〈児童養護施設の小規模化で見えてきたこと〉、特集2〈「里親支援」に必要なもの〉、特集3〈一時保護所の現状と課題〉、◎クローズアップ、◎当事者の語り、◎研究報告、◎現場実践レポート、◎エッセイ

　以上、研究誌の特集などを列挙したが、『日本の児童福祉』13（1998年）から『子どもと福祉』の現在まで、養問研と児相研（全国児童相談研究会）との共同編集で続いている。

　養問研の45年はとてつもなく大きく、ここではとうてい語り尽くせない。児童養護の現場実践と研究、運動の記録化・書籍化されたものは、貴重である。今後、先達の足跡を引き継いでいかなければとの思いに駆られる。

〈参考文献〉
・全国児童養護問題研究会（編）『そだちあう仲間』　1973年～2016年
・全国児童養護問題研究会（編）『日本の養護』　1号（1977年）～'85（1985年）
・全国児童養護問題研究会（編）『日本の児童問題』　日本高速印刷発行　編集考房　1986年～1996年
・全国児童養護問題研究会（編）『日本の児童福祉』（「日本の児童問題」改題）13号（1997）年～22号（2007年）
・『子どもと福祉』明石書店　創刊号（2008年）～Vol.9（2016年）
・全国養護問題研究会（編）『明日をきづく子どもたち―日本の児童養護』　ミネルヴァ書房　1981年
・神田ふみよ（編集代表）養問研（1992）『春の歌うたえば―養護施設からの旅立ち』　ミネルヴァ書房
・浅倉恵一・神田ふみよ・喜多一憲・竹中哲夫（編集代表）全国児童養護問題研究会（1996）『児童養護への招待―若い実践者への手引き』ミネルヴァ書房
・竹中哲夫・長谷川眞人・浅倉恵一・喜多一憲（編集代表）全国児童養護問題研究会（2002）『子ども虐待と援助―児童福祉施設・児童相談所のとりくみ』ミネルヴァ書房
・全国児童養護問題研究会（2008）『養問研への招待―養問研を知っていただくために』
・喜多一憲・長谷川眞人・神戸賢次・堀場純矢（編集代表）全国児童養護問題研究会編集委員会（2009）『児童養護と青年期の自立支援―進路・進学問題を展望する』ミネルヴァ書房
・編集委員会（2012）『施設で育った子どもたちの語り』明石書店
・全国児童養護施設協議会（1985）『季刊　児童養護―創刊15周年記念特集号』
・全国児童養護施設協議会（1995）『季刊　児童養護―創刊100号記念特集号』
・全国児童養護施設協議会（1996）『全養協20年の歩み』
・全国児童養護施設協議会（1976）『養護施設30年―第30回全養協記念出版』
・全国児童養護施設協議会（1986）『養護施設の40年―原点と方向を探る』
・全国児童養護施設協議会（1996）『養護施設の半世紀と新たな飛翔―第50回全国養護施設長研究協議会記念誌』
・全国児童養護施設協議会（2006）『子ども・家庭福祉明日に向けて―第60回全国児童養護施設長研究協議会記念誌』
・堀場純矢（2013）「子どもの社会的養護内容」福村出版
・神戸賢次・喜多一憲（2011）『新選　児童の社会的養護原理』㈱みらい
・吉田幸恵（2008）「社会的養護の動向と課題に関する研究―2000年から2007までを中心に」『人間文化研究』第10号　名古屋市立大学大学院
・吉田幸恵（2015）「1960年代・1970年代の社会的養護制度・政策の展開～集団主義養護論および全国養護問題研究会の動向を手掛かりに」名古屋経営短期大学『子ども学研究論集』第7号

第2節　私にとっての養問研

日々の実践を見つめ直す機会

岩田正人
（愛知支部長）

書籍の中での出会い

　私と養問研との出会いは、私がまだ学生だった頃、卒論の関係で児童福祉関連の書籍を図書館や本屋で探し、手あたり次第読みあさっていた時だった。そのなかで興味をもった書籍を読み進めていくうちに、時折、目に留まる気になるワードがあった。それが「養問研」であった。さまざまな児童福祉関連の書籍を読み現場経験もない学生という立場ながらも、「子どもにこんなことを伝えたい」「こんな考え方が良いのでは」など、漠然としたイメージをもっていた。著者には失礼にあたるだろうが、評論家気分で「間違ってはいないけれど、一般的だなあ」「これはちょっと管理的だよな」と、子どもの捉え方や養育に対する考え方の違いを感じることが続く一方で、この「養問研」というワードのある著者やその内容には共感を覚えることが多かった。特に、何かの書籍の巻末に掲載されていた『児童養護の実践指針』と『子どものための手引き』を読んだ時、強い衝撃を受けたのを、今でも鮮明に覚えている。

全国大会への参加

　その後、私は児童養護施設でボランティアを始めることとなった。実際に子どもたちと関わることが楽しくて、また施設の先生方の子どもたちへの関わり方をいつも食い入るように見ていた。そんな時、養問研全国大会を案内され、学生が施設の研修会に行ってよいものなのかと悩みながらも参加することとなった。

　その全国大会では、今でいう"尾木ママ"こと、尾木直樹先生の講演を聞くことができた。なかでも感銘を受けたのは、具体的な実践事例のお話をされていたつばさ園の石塚かおる先生の講話で、実践家になりたいと決定づける機会となった。それは、直接子どもと関わり、向き合わなければわからないような生々しい内容だった。書籍のなかで共感を覚えた内容でも、実際のところはどうなんだろうかと若干の疑問ももっていたが、実際に支援の難しい子どもに対しての具体的かつリアルなその実践内容は、興味深く惹きつけられ、若干抱いていた疑問も払拭された。子どもとの信頼関係や寄り添うということの意味の深さ、奥行きを知ることとなった。それと夕食交流会の場では、全国から集まった実践家の養育論や施設の実情を聞くことができたり、大学などの研究者との交流があったり、また共感を覚えた書籍のなかで見たことのある著者とも対話する機会もあり、子どもや養護問題について、新たな価値観や視点が増えるばかりで、気が付くと

毎晩"深夜ゼミ"ともいえる時間を過ごしたほどの全国大会であった。

現場職員としての葛藤

　現場職員として数年経ち、さまざまな子どもたちと向き合い実践を重ねていく日々が続いていた。不登校の子どもや非行系の子ども、発達障がいの子どもなど、その理解や対応はまさに一筋縄ではいかないことばかりで、常に悩みながら試行錯誤、悪戦苦闘を続けていた。そんな時は県内の施設職員と集まっては互いに子どもについて相談していたのだが、そこに子どもの問題ではなく、施設の管理的な運営方法や民主的でない組織、または体罰を黙認しているような養育方針などの施設の問題に頭を抱えている仲間の姿があった。

　当時、恩寵園問題をはじめとするいわゆる施設内虐待がクローズアップされていた時だった。少なからず現場経験を積み、毎日、子どもたちと真剣に向き合っているなかで、「自分はこの施設で良かった」などと考えられず、ややもすると施設内虐待は他人事ではない、ある意味、紙一重のようなものではないかと思えてならなかった。「職員が少ないから……」「これが現実だからしょうがない……」「施設の伝統だから……」「集団生活なのだから……」と、実際に県の仲間の声などを頻繁に見聞きするようになり、私のなかで何か権利意識が遠のいていくような感覚で、同感した方が楽なのではとの葛藤に苛まれるようになっていた。

　それは体罰のような明らかな権利侵害だけではなく、"子ども"や"福祉"をどのように捉えるのかという自分自身の心のなかに潜む意識、「子どもという存在を低く見積もっているのではないだろうか」「恩給的な発想に立脚した福祉観・施設観なのではないか」というような考え方が、自分自身や実践のなかにあるのではないかと、常に問われているような気がした。施設における子どもの権利侵害は、心のどこかに残っている考え方が引き起こすのではないかと思えてならなかった。

日常の中で子どもとともに育つこと

　同じ志をもつ仲間たちが次々に辞めていくのを目の当たりにするなかで、私は葛藤を抱えながらも「大人に失礼なことは、子どもにもしない」と心に決め、支援困難な子どもに対して万策尽きたと思っても、子どもの次なる一歩のために支部学習会や全国大会に積極的に足を運び続けた。それは養問研での学びはもちろんのこと、同じ志をもち、同じ悩みを抱え、同じ想いをもつ仲間との交流を通して、日々の実践を見つめなおす機会となった。「やれることはまだある！」と、全国の仲間たちからみなぎるエネルギーをもらい、再び現場に戻り実践を重ねる。けれど現場は、やはり一筋縄ではいかず、再び試行錯誤、悪戦苦闘の日々を続ける。しかし、そうしながらも、その子どもや家族に世代をまたいで寄り添っていくということの意味を少しは見出せてきたのではないかと思っている。

　養問研は、現場実践する職員にとって、この先も"情熱が湧き出る泉"であってほしいと思う。そして、今もなお被措置児童への虐待という問題が起きているのが現実だからこそ、これからも養問研は、未来を担う子どもたちのための、そして豊かな実践を創り上げていく全国の同志のための研究会であってほしいと、切に願っている。

ダンスを通した集団づくりをめざして

加藤　潤
（愛知副支部長）

児童養護に関わったきっかけ

「この施設で働くことになったら、子どもたちにダンスを教えたいです！」

これは、私が勤めている和進館児童ホームの就職面接で語った志望動機である。面接をした施設長や統括主任は、この突拍子もない志望動機を聞いて驚いたようだ。

私は、学生時代に長谷川眞人先生のゼミに所属していた。ゼミでの活動は幅広く、子どもたちとのキャンプの計画やNPOの業務、ゼミ論や海外交流など盛りだくさんであった。そのなかに養問研への参加も含まれており、3年生で参加した第37回大会が私にとって初めての養問研との出会いだった。

学生スタッフとして参加をしたその大会で、現場の方々の話を聞けたことは、児童養護の現場を知らなかった私にとってとても大きな刺激となった。しかしその時の私は、「施設の職員として働きたい」という気持ちは強くもてない状態であった。なぜなら、施設実習では、さまざまな問題に直面して疲弊している職員の姿を見て、施設で働くことへのハードルを感じていたからである。

ダンスが私の背中を押してくれた

このような状態から、施設職員になろうという決断に至るまでには1つの大きなきっかけがあった。それは、長谷川先生から「施設に就職をしてダンスをやってみたらどうだ？　生きづらさを抱えた子どもに自己表現を教えることは意味があるんじゃないか」という助言をもらったことである。

私は高校生の頃からストリートダンスが好きで、それは大学生活において熱を増すばかりであった。特にこの頃は「ダンスを通して誰かの役に立つことをしたい」といった思いが強くなっている時期でもあった。そうした思いから、NPOでは親子ダンスレッスン、地元では在日外国人児童への居場所作りを目的としたダンスレッスンを行っていた。

ダンスを通して活き活きと変わっていく子どもたちを見て喜んでは、仲間とダンスのもつ可能性を探求していた。これほどまでにダンスに夢中になったのは、ダンスを通して大きく変化した自分自身の経験があったからである。こういった経験を礎に、児童養護の世界に飛び込んだ私の周りには、現在24人の大切なダンス仲間（子どもたち）がいる。

心に残る子どもとの関わり・エピソード

　和進館児童ホームでのダンスは、3人の女の子からのリクエストから始まった。そのなかでも一番積極的なIちゃんは普段から活発で、部活も勉強もできる頑張り屋さんであった。しかし、そんなIちゃんの悩み事は、自分の「名前」であった。今ではキラキラネームと呼ばれるような名前も、その頃はまだ浸透しておらず、Iちゃんの口癖は「何で私は、こんな名前なんだろう」「親は何を考えてこんな名前にしたんだろう」という、自分の名前を嫌うものであった。

　Iちゃんは、生まれて程なくして乳児院に預けられ、その後すぐに両親は音信不通になり、行方不明になった。Iちゃんの口癖には、そうした両親に対する否定的な感情も含まれていた。しかし、ダンスを始めて2年目に出演した初めての大きなステージが、Iちゃんに大きな変化をもたらした。

　日本福祉大学の大学祭にダンスチームとして出演させてもらった時のことである。初めて300人以上のお客さんの前で踊った後、メンバー紹介で名前を呼ばれた時、一番堂々と踊っていたIちゃんにひときわ大きな歓声と拍手が起こった。ビックリしたIちゃんであったが、満面の笑みで観客に向かってお辞儀をしていた。帰途、Iちゃんは私にこう話した。「私ね、自分の名前が好きになったよ。今日気付いた。私の名前は変わっているけど、漢字で読むとダンスに関係がある字なんだよね。親からもらった名前、今日から好きになった」と。

　ダンスを通して自身の生い立ちとコンプレックスに向き合い、克服した瞬間だった。Iちゃんはその後もダンスの腕を磨き、今ではみんなの目標的な存在である。

養問研での活動・今後の展望や期待と社会に向けたメッセージ

　現在、家庭的養護推進計画のもとで、施設は小規模化しながら、地域分散化され、個別ケアが重要視されている。家庭的な環境における養護の有用性のなかで浮かび上がってきていることは、「個別」という名の延長線上にある、子どもと職員の「孤立」ではないだろうか。それはハード面の建て替え、職員の待遇や人員配置基準を上げることだけでは賄えない課題であるといえる。私は、これらの課題に対して必要なことこそ、養問研で培われてきた「育ちあい」であり「集団づくり」であると考える。

　しかし、そうした考えは、表面的に「集団」ばかりに視点が置かれ、現行の流れと相反する考え方であるという認識をされてしまう場合もある。そうした認識に対して、「個別」と「集団」の醸成について説いていくことが、今後の養問研の1つの役割ではないだろうか。幅広くさまざまな分野から学びを得るとともに、基軸に「育ちあい」の視点を揺るぎなくもつことが、これまでとこれからの養問研の発展につながっていくと、私は考える。

養問研に支えられて

児玉あい
（岐阜副支部長）

　私の養問研との出会いは、大学3年生の時に大学の先輩に連れて行ってもらった全国大会（東京大会）だ。まだよく分からないことが多いまま、その会場の雰囲気に緊張しながら、現場の人たちの話を聞いていたのを覚えている。
　あれから12年が経つ。大学を卒業し、児童養護施設の職員を経て、現在は児童心理療育施設で児童指導員をしている。

きっかけになったボランティア

　まず、なぜ児童養護施設で働こうと思ったのかであるが、それは高校生の時に行ったボランティアがきっかけであった。もともと私は保育士になりたいと思っていたので、高校の夏休みにボランティアで児童養護施設に行った。児童養護施設で働く人たちのなかに保育士もいるということも、どのような子どもたちが生活しているのかも、そこで初めて知った。「おうちのお父さんやお母さんのような役割で年齢が幅広い子どもたちと生活していける仕事なんだ」と高校生ながらに考え、ボランティアに行く度に児童養護施設の仕事に魅力を感じていった。先生ではない保育士に、そして「行ってらっしゃい」「お帰り」「おやすみ」「おはよう」のやりとりができる児童養護施設の職員に、目標は変わっていった。

苦しく辛い時に力をもらった養問研

　この仕事に就いて、子どもたちの可愛いさに救われながらも、未熟な私はいっぱい失敗をしてきた。どうすればいいのか分からず、苦しく辛いことも多くあった。しかし、そのような時にほっとでき、向き合う力を養問研から多くもらった。喜多さんや山口さんたちの姿を見るだけで、肩の力が抜けていくこともあった。愛知・岐阜支部の学習会に話を聴きに行く。全国大会に行って学ぶ。いろいろな悩みをもっていても笑いながら話ができる養問研の先輩たちをみて、明日からまた頑張ろうと励まされた。
　児童心理療育施設で働き5年が過ぎたころに、「児童心理療育施設（現児童心理治療施設）の役割は何か？」「治療とは何か？」という投げかけをされ、もう一度振り返りながら考える時期があった。それに加えて、大学の授業に出させてもらい学生の前で話をしたり、養問研の全国大会で発表させてもらったりするなど、いろいろな経験をさせてもらった。今まで積み重ねてきた

ものをもう一度整理し発信していく。そしてその反応からこれからの支援に繋げていくという作業をすることで、少しずつ見えてきたものがある。

・子どもと家族を大事にしていく。
・お互い（子どもと家族）のキラっとを喜ぶ。
・思いっきり遊ぶ。失敗しても大丈夫。

これは、私が子どもや家族に対して大事にしていきたいと考えていることである。児童養護施設と児童心理療育施設、これらの施設には違いがある。「養護だから」「情短だから」と話しているのを、いろいろな場面で聞く。しかし、9年間で私が考えた子どもと家族に対して守っていきたい大切なことは同じであった。

今の考えに辿り着くまでに投げかけ、考え学ぶ機会を作り、支え、見守ってくださった養問研のみなさんに感謝している。

家族支援

働き始めて9年目。ようやく子どもだけでなく、職場の先輩に支えられながらだが、家族支援もできるようになってきた。子どもと家族の思いを大切にしながら、地域と一緒に見守っていく家族応援会議も、始めてから2年になる。新しいことを始めるには、エネルギーと勇気がいる。2年前はプレッシャーと不安でいっぱいだった。子どもや家族が入所前と同じような悲しい思いを繰り返さないよう、子どもと家族の心地よい関わりを見つけていくことが必要である。

しかし、分かってはいても本当に家族応援会議でうまくやっていけるのか、いろいろな思いがあった。どの方法もそうだが、家族応援会議だけでは万能ではないが、「やってみる」「続けてみる」が、不安や疑問を減らしていった。今では、温かく和やかな雰囲気で会議が進み、支えられているのは家族だけではなく施設も支えられていることに気付かされる。

子どもと家族に寄り添いながら地域が見守っていけるようお互いの関係をもう一度作っていくことは、容易ではない。しかし、私たちが子ども・家族・地域と向き合い続けていけば、それぞれがつながっていけることを経験してきた。そして、つながる瞬間の喜びを知った。この仕事を続けてこられてよかった。この仕事が大好きだと感じる。子どもや家族、地域の人たちに感謝の気持ちでいっぱいになる。

失敗しても大丈夫

現在、担当するケースすべてが家族応援会議につなげていけるよう動き出している。道のりは長い。しかし、子どもと家族と一緒に進んでいけることを楽しんでいきたいと思う。そして、「子どもと家族を大事にしていく。お互い（子どもと家族）のキラっとを喜ぶ。思いっきり遊ぶ。失敗しても大丈夫」を自分のなかで刻みながら、今後も子どもや家族と向き合っていきたい。

児童養護施設におけるそだちあう仲間づくり

宮﨑正宇
（高知支部長）

　子供の家は、高知県内に8つある児童養護施設の1つである。定員70名の小舎制ユニットの体制で、高知市内、高知駅のすぐ南側に位置し、周囲はホテル街となっている。

私にとっての養問研
　まず、私の児童養護実践の土台にもなった養問研との出会いについて、簡単に触れておきたい。
　養問研に関わることになったきっかけは、前会長浅倉恵一先生との出会いが大きい。先生の大学院での講義「児童福祉特講」は学ぶべきところが多く、児童養護施設に就職希望ならと、養問研の存在を教えてくれた。大学院（修士課程）修了後、地元の高知県に戻り、2007（平成19）年4月に子供の家に就職した。
　全国大会には、2008（平成20）年の第37回大会（＊大会テーマ：「あらためて、ひとりが育ち集団が育つ児童養護実践を―新しい制度の動向をふまえつつ」）から現在に至るまで、毎年参加している。
　養問研に集う信頼できる仲間がいることで、私自身の心が救われて元気をもらっている。実践には「ゆらぎ」や「葛藤」がつきものだが、苦楽をともにできる仲間と解決に向けて取り組んでいけるのはとても心強い。たとえ年1回の再会でも、実に濃密な時間と情報を共有することができ、明日からまた頑張ろうという前向きな気持ちにさせてくれる。今後も全国大会に参加し、仲間とともに切磋琢磨しながら、豊かな児童養護実践を探究していきたい。

私の児童養護実践（そだちあう仲間づくり）
　児童指導員（社会福祉士）として就職して、早10年が経った。私は若手の職員と組んで高校生4人のユニットを担当している。また、2015（平成27）年度から児童指導員との兼任で家庭支援専門相談員を担当している。ユニットはリービングケアを強く意識しており、背景として高年齢児の自立支援や家庭的養護推進計画（施設の小規模化と地域分散化）の流れなどがある。ユニットにおける実践の柱は以下の点である。
　・暴言や暴力の文化の否定
　・そだちあう仲間づくり

・自主性や主体性の尊重

　これらの柱は互いに密に関係しており、養問研に参加するなかでおのずと身に付いたものである。子どもを生活の主人公とし、子どもと職員がよりよい生活をともに創造するといった考え方が基本である。柱を具現化する方法の中心は、「話し合い」と「ソーシャルワーク」である。生活のルールづくり（食事、掃除、洗濯などの家事）も職員の押し付けにならないよう配慮し、子どもたちとの話し合いで決めている。話し合いは、形式的なユニット会のみでなく、常日頃から日常生活のなかで意識的に心がけ、子ども1人ひとりの意見を汲みとっている。ソーシャルワークの技法である生活場面面接も取り入れ、いわゆる心理療法室や相談室のみでなく、日常生活場面（居室、リビング、廊下、園庭など）を意図的かつ積極的に活用し、子どものニーズ把握やその解決や緩和、軽減を図っている。多忙な日常生活に流されないよう気をつけながら、子どもに注意・関心を向け、身体的・心理的・社会的状況の把握に努めている。

　職員の役割は、教育者、伴走者、支援者、観察者などさまざまであり、子どもの性格や状況によって異なってくるが、子どもの個性を認め、長所や強みを伸ばしていくことはとりわけ大切にしている。実践を行うなかで良かった点は、「ありがとう」と感謝のことばが子どもと職員間に増えたことである。そのことばを聞く時は素直に嬉しくなり、日々の疲れも自然と吹き飛んでいく。反面、こうしたい、ああしたいといった子どもの欲求も増える。できる限りそれに応じていきたいものの、一般家庭にはなりきれない限界を感じながら、忸怩たる思いや葛藤も増えていく。それでも職員仲間とともに5年後、10年後の子どもたちの幸せな生活を思い描いて、ハード面（設備）とソフト面（運営管理・人材育成）の充実・改善に向けて着実に取り組んでいく必要がある。なお、現場職員が中心となり検討を重ねた結果、2017（平成29）年1月に新しい「理念」が作成されたことを付記しておく。

おわりに

　「愛の反対は憎しみではなく無関心である」と述べたのは、ノーベル平和賞を受賞したマザー・テレサだが、子どもたちには人権意識を高くもち、「感謝し感謝される大人」になってもらいたいと、切に願っている。今後も子どもたちが自信や達成感を得ながら、将来にわたって充実した生活が送れるよう、使命感と情熱をもって、子どもの心に寄り添いながら実践をしていきたい。

　※〈参考文献〉宮﨑正宇（2010）「児童養護施設職員の専門性とは」『子どもと福祉』3　73-76

養問研での学びを実践に活かす

原田裕貴子
（大阪支部事務局長）

養問研との出逢い

　学生時代、「児童養護分野で働きたい」と強く望む一方で、「自分に務まるだろうか？」と、期待と同じぐらい大きな不安を抱いていた。

　そんな気持ちのまま、たまたま参加した全国大会では、児童虐待などで心身ともに深い傷を負った子どもたちと向き合うことの難しさを取り上げた報告など、厳しい現実を目の当たりにすることとなった。けれども、「心身ともに傷付いた子どもや生き辛さをかかえた保護者の伴走者になるためには、どうすればよいか？」と熱く語り合っている職員さんたちが、輝いてみえた。

　全国大会参加後も、自分に務まるのか自信はないままだったが、労働者として、大人として、この人たちの仲間に入りたいという気持ちが湧いたことを、今でも覚えている。

乳児院に就職して

　乳児院で働きはじめてから、支部会に参加していた。そこでは、子どもとの関わりのなかでの悩みを打ち明けて、相談に乗ってもらうばかりだった。養育の場面でも、目の前のことに精いっぱいで、子どもの将来を想像した関わりを意識したり、もう一歩広い視野で全体をみてみようということはできていなかったように思う。そのため学習と日々の実践が結びつかず、別々のものになってしまっていた。

はるちゃんの誕生日

　日頃は面会に来られていなくても、誕生日には家族が来られることがクラスで続いていた。そんななか、3歳の誕生日を迎えたはるちゃん（仮名）は、「今日は自分もママが来てくれる」と確信しており、誰も来なかったら傷つくことが容易に想像できる様子であった。

　そのため、今自分にできることは何か？　と考えていると、児童養護施設で生い立ち整理を行う際に子どもたちが知りたがるのは「おとなの気持ち」なのだという話を思い出した。どういう反応が返ってくるのか不安を抱きながら、精一杯気持ちを込めて「お誕生日おめでとう。私ははるちゃんに出会えて嬉しいよ。はるちゃん、生まれてきてくれてありがとう」と、自分の気持ちを伝えた。するとはるちゃんは、ぱっと明るい表情になり、ハグをしてくれた。そして何度も「もう1回！」と求めてきた。

「誕生日に面会に来てくれる人」イコール「大切な人・特別な人」という想いを抱いていたと思われる。もちろん誰も面会に来てくれなかった寂しさは減らしてあげられないが、自分のことを大切に想っている人が周りにいるのだと気付いてもらえた。そのことは素直にうれしく思ってもらえたようだった。

　今まで私は、「生まれてきてくれて、ありがとう」といった言葉は親から言われるから意味があるのであって、職員は想っていても伝えるべきではないと、勝手に思い込んでいた。けれどもはるちゃんの様子をみて、「誰に言ってもらうか」も大切だが、周囲の人から愛情を表す言葉を心と身体に伝えられることが大切だと気付くことができた瞬間だった。

　この経験を通して、学習が実践につながった実感を得ることができた。

乳児院職員の役割

　乳児院で働く職員にとって、子どもとともに向き合わなければならない大きな課題がある。それは2歳という物心がつくか、つかないかという年齢で迎える措置変更である。2歳の子どもたちは、感情をもっているし、意思表示もできるが、その一方で、成長したあとまで2歳の時の記憶をもち続けることは難しい時期でもある。そのため、大きくなった子どもたちに"今"をつなぐためには、物として残る記録が必要である。今までも当院では、写真アルバムや「おおきくなぁれ」と名付けた生活・発達の記録を子どもたちにプレゼントしてきた。乳児院の職員にとって、未来のその子に残してあげられる唯一のものとして、自らの想いを込めて作成してきた。けれども大きくなった子どもたちが求めているものとズレがあったら、残念だと思うようになった。

職員全体の実践につなげて

　まず、生い立ち整理を行う時に子どもたちが知りたがることを支部会メンバーに聴くなどして、情報収集することからはじめることとした。乳児院にいた子どもには、いつ寝返りしたかなどの細かい日付や月齢の記録が残されている。しかし子どもたちは、日付だけでなく、その時の自分の様子や目撃した大人の気持ちが知りたいということがわかった。

　今は、当院内に「育ちをつなぐ委員会」を立ち上げて、分断されがちな子どもの育ちをつなぐためにはどうしたらよいか考えている。具体的には、子どもや次の養育者がいつでも振り返ることができる記録やアルバムの再検討を行っている。養問研では、社会的養護下で暮らした経験がある当事者や、「次の養育者」となる施設職員や里親さんと出逢えるので、今後もアドバイスをもらおうと思う。

養問研、今後の展望

　養問研のおもしろさは、研究者やさまざまな経験年数の現場職員、各種関係機関の方がいること、そして何よりも、当事者の方たちまでもが参加しているところにあると思っている。

　このように肩書きや所属に制限されることなく、児童養護問題に興味・関心のある人が、誰でも参加できる養問研であることを大切にしていきたい。

養問研とともに学び育つ

岡出多申
（大阪支部長）

はじめに

　私が児童養護施設に働くようになり、16年が経った。養問研の40年の歴史のなかの一部分を一緒に過ごさせてもらったが、その活動は私自身の財産であり、今後も勉強していくぞという気持ちにつながっている。自分が成長していると感じることができる。それは、養問研が子どもとの関わりのなかで、ある一定の方向性を導いてくれるからだと、私は考えている。

養問研との出会い

　施設職員となり、日々、子どもとの関わりを楽しんでいただけの私が、施設の方針や、特色ある活動を考えるようになったのは、今から14年前の京都大会の現地実行委員に参加させていただいたことから始まる。何も分からないままに参加し、はじめに歌を練習し、これから何が始まるのだと感じさせられたのを、今も覚えている。

　今は歌詞を見なくても「寒い夜空の星たちよ」を歌うことができるが、その当時はその歌詞の意味や、なぜこの歌が歌われるのか分からなかった。歌の練習の後には実行委員会の会議が始まり、何を全国大会でするのか、常任委員会や運営委員会の報告を元に、会場や受入れ体制の柱立てを決めていたのを思い出す。

　会議が開かれた京都のつばさ園には、いつも仕事が終わってから車を走らせていった。それがしんどいとか辛いと思ったことは一度もなかった。今振り返ると、養問研に参加することで、たくさんの施設職員の人、研究者の人と話す機会をもち、自分の考えが間違っていないか確認することができ、また新しい知識を学ぶことがとても楽しかったのだと思う。

小規模化に向けて

　養問研に参加するようになり、都道府県での違いを知ることができた。東京のように小規模中心の施設であるところや、大阪のように大舎が多いところ、現在小規模に向かおうと努力している施設など、地域によってさまざまだ。国の動向をしっかりと考え対応することが必要となってきている。

　そうしたなかで、職員の配置もまたさまざまで、職員確保、育成が課題となってきていると思う。また、小規模化を進めていけば、現在の配置基準では1人仕事にならざるを得ない状況と

なっており、職員の負担が大きくなっている。新任職員とベテラン職員の組み合わせで小規模を進めているところが多いようだが、一人仕事ということを考えれば、「子どもたちは落ち着いています」という報告があったとしても、ベテラン職員の報告だけで判断せず、新任職員の話もしっかりと聞く体制を築き上げておくことだ。また、常に何でも話せる人間関係を作っておくことが、実態把握には必要だと考える。それは、職員だけではなく、子どもたちを守るためにも確立させておかないといけないことだと、私は考える。

小規模化が進んで行くなかで、本当にこのまま進めていいのか、大舎の良いところもあるのではないかと振り返ることもあると思うが、子どもたちを中心に考え、より良い生活の安定をめざしていくことが必要だと考える。

職員の役割

日々の生活のなかで、悩み、葛藤があるのは誰もが感じていることだと思う。言葉ひとつでも「子どもに寄りそった支援」とはどういうことなのか、職員も1人ひとり考え方や個性が違うので、思いのズレが出てくるものだ。これは、1人の大人だけで子どもの支援をするのなら、あまり気にならないことかもしれないが、職員集団で子どもを見ていくことが必要な施設職員としては、いかに話をする時間をとり、チームワークを高めるかが問われてくる。

また、地域、学校、他機関との連携が必要となるケースが増えてきているなかで、役割分担も職員のなかで決める必要が出てくる。時代の流れからか、支援の難しさが出てきているが、子どもたちに何ができるのか、何に悩み、苦しんでいるのか、そこをしっかりと見極め寄りそうことがとても大切なことだと思う。忘れてはいけないのは、職員には帰る家があるが、子どもたちにとっては施設が家であり、そこが安心できる場所でなければならない。子どもたちの笑顔を守ること、それが施設職員としての役割なのだと考える。

おわりに

今回執筆させていただくことになり、私が知っている限りの過去の大会を思い出し、振り返ることができた。250人程度の全国大会から、今では350人規模の全国大会となり、養問研という知名度も上がった。先を読んだ大会テーマや講座、分科会の企画に魅力があるのだと考える。

また、養問研での話に答えはない。自分が悩んでいることの答えは1つではないこと、参加されているみなさんの話を聞き、何らかのヒントになれば良いと考えている。それだけではなく、養問研に参加してよかった、明日からまた頑張ろうという気持になって施設に戻っていかれることを、何より大切にしていきたいと、私は考えている。

これからも養問研に参加し、自分自身の考えをしっかりともち、養問研とともに成長していきたいと思う。

人とのつながりの場

貝田依子
(兵庫支部長)

　就職して間もない時、職場の先輩から声をかけていただき、私は養問研が何かもよくわからないまま、全国大会や支部活動に参加した。養問研の活動は、当初私がイメージしていた「研修」というよりは、悩みを共有したり、自分たちで考え話し合ったりすることが多い場だった。自分が勤務する施設以外の職員の方と話をすることも、ほとんど初めての経験だった。特に私が参加した兵庫支部は、何十年も児童福祉の仕事をしてきた先輩職員がたくさんいた。支部では月に1回集まり、夕食を食べながら子どもの話や仕事の話、自分自身の話、情報交換をみんなでした。
　何十年も同じ仕事をしているのに、日々悩みながら、その悩みを語り合いながら、「もっともっと子どもの福祉を良くしていこう」と奮闘している姿に、「すごいなぁ」と思ったことを覚えている。何十年たっても、「悩む」ことは大切で、経験値で当たり前に判断してしまわないことが、支援を良くしていくのだと知った。私自身は仕事を始めて、まだはっきりと何に悩んでいるのかもよくわかっていない時期だったが、それでも子どもと向き合うエネルギーをもらっていた場所だと思う。ただ話をすることが、ただ話を聞いてもらうことが、活力になるのだと教えてもらった。自分自身の子どもとの関わり方、仕事の仕方について、考え直すことができる場でもあったと思う。

たくさんの人との出会い、学習の場

　しかし、働き始めて数年がたち、さまざまな研修に参加したり自己学習をしたりするなかで、私自身も私なりの子ども観のようなものができてきて、ただ話をするだけでなく、もっと専門的な「勉強」がしたいと思うようになった。養問研の「集団主義養護論」や「養護労働」という考え方にあまり馴染めず、少し疑問のような考えをもつようにもなったが、私が関わっていた兵庫支部の先輩方とのつながりは大切にしたいという想いで、支部活動を続けていた。
　支部のメンバーも同じように「学ぶ」ことが必要だと感じていたので、自分たちが学習したいことを「研修」として企画して、学びあうことを始めた。そこではたくさんの人に出会い、専門性を高めたい想いで一緒に勉強をしてきた。今の自分の仕事によい影響を与えてくれており、人とのつながりも得ることができた。私がしたいと思っていた専門的な「勉強」もできる場になっていった。
　その後も、全国大会の企画に関わったり、関西支部の活動に参加させてもらったり、細くでは

あるが、何かしら養問研と関わってきた。今でも、私自身の働き方は「子どものために」が中心であり、職員の権利や労働というものについては疎いところがある。この仕事を「養護労働」と表現することにも少し抵抗がある。集団ではなく、もっともっと個別的に子どもたちへの支援について考えたいという想いもある。

"人とのつながり"を与え続けてくれている養問研

私は、さまざまな活動のなかで、同じ仕事をするたくさんの人、違う職種ではあるけれど同じ目的のために仕事をしている人と出会ってきた。自分が学びたいと思うことを、しっかり学ぶこともできる場になってきた。いろいろな考え方の人がいて、いろいろな考え方を知る場にもなっている。

何が良くて何が違うのか、何を自分の施設の支援に活かしていくのか、それは自分次第なのだと思う。自分たちがしている支援についてを考え直す場にもなっている。何より、仕事をしていく上で"人とのつながり"はたくさんあった方がいいものだと思う。私にとっての養問研は、それを与えてくれているものだ。

養問研とともに歩んで

合宝好恵
（京都支部役員）

養問研に関わらせてもらうようになったのは、次の年に関西で行われる全国大会を控えた年の秋である。当時は大阪の児童養護施設や乳児院の職員の方たちと集まって、大会の話をし、会議が終わると食事に行き、仕事の話をしたり聞いたり……と、新人の私にとっては交流の場で、周囲の話を聞くことが刺激になっていた。それから丸7年。関西の大会を2回終えた後も、関西支部は月に1回集まり、学習や交流の場を続け、私も当たり前のように活動してきた。

子どもが問題を起こした時、子どもとの関係がうまくいかなかった時、初めはそのことで「どうしよう。しんどいな……」と思うが、自問自答していくなかで、自分の生い立ちや価値観、人生観などに触れることになると感じた。

Mの担当になってからの苦悩と葛藤

5年目の春、幼少期からひどい虐待を受け、児童養護施設、情緒障害児短期治療施設、児童自立支援施設を転々とした後、つばさ園に入所することになったMを担当することになった。多動で一つのところにじっとしていられない。高校へ入学するも、遅刻や欠席が続いた。喫煙、飲酒、無断外泊、暴力……と心配事は尽きず、またMの周囲への影響力は大きく、他児らが巻き

込まれていくことも頻繁にあった。
　「なんかわからんけどしんどい」「自分だけ……」。Ｍには兄弟がいたが、Ｍが虐待の対象となることが多かった。生い立ちや母親のことで不安定になり、しんどくなっている姿が度々見られた。飲酒をすることが増え、そこから他児への暴力につながることもあった。
　私は担当として「Ｍに寄り添いたい。関係を作っていきたい」と思っていたが、白黒をはっきりさせたい私の性格もあり、当時のＭにとって私は反発する対象になっていた。園長や私と同期の男性職員がＭに関わり、精神科を受診したり、生い立ちの話を聞いたり、Ｍが要求してくることに応えて、落ち着いて過ごせるようにスペシャルな対応をしていた。
　私は自分自身がＭとうまくやっていけないこと、Ｍが他の職員と関係ができていくことでますますしんどくなっている時期、同ホームの女性職員２人が結婚で退職することが決まった。同じ女性として"結婚"がうらやましくもあった。Ｍともうまくいかない。他の職員と自分を比べ、「私という人間って……」「私はこの先どうなっていくんやろう……」と、漠然とした不安を感じ、この仕事を続けていけるのか、自信を失くしていた。
　５年目の冬、初めて仕事を辞めたいと思った。「辞めたいと思ったけど、辞める理由がない。他になんにもない……」。泣きじゃくる私に、園長はこう言ってくれた。「私だってなんもないよ。だから続けてるんやん」「この仕事は職員も自分に自信つけていかなあかん」「自分にはこれや！　ってもん見つけていき」「Ｍはしてほしいことは必ず言ってくるから、それを待ってみ。言われたことだけをやり」。

園長の助言で始めた三線

　今となっては、その時の自分を笑い話にできるが、当時は自分がどうすればいいのか、どうしたいのか考えることができず、ただただ、園長に言ってもらったことをやってみる、そんな毎日だった。
　まず、園内で子どもたちと職員が一緒にしている活動の１つ、三線に参加することにした。三線が弾けるわけではなかったが、子どもたちに教えてもらい、自分でも練習するようになった。今では定期的に集まって練習する時間を作り、次第にみんなで合わせて演奏するところまで形になり、子どもたちと職員に三線が定着してきたかなと感じている。
　「なにがいいんかはわからんけど、三線やってみたら」。
　園長にそう言ってもらい、当時の私は「とりあえずやってみよう……」ぐらいの気持ちだったが、今では子どもたちと三線をする時間がとても大切になっている。三曲が弾けるようになったら沖縄へ行くことを目標にしていて、今年の夏には、子どもたちと一緒に沖縄へ三線研修にも行くことができた。
　一方、Ｍとの関係においては、"Ｍの要求に応える"、それだけを意識して過ごした。Ｍも私との関係を気にしていることがわかってきた。「これとこれ洗濯しといて」「部屋の掃除一緒にしよ」「おやつ買って」「どっか行こ」。Ｍに言われたことを私のできる限りで応える。私からいろいろと言わずに、Ｍが言ってくるのを待つ。子どもにもタイミングがある。せっかちな私が"待

つ"ということの大切さを、Mから教えてもらった。

「自信をつけていくこと」を目標に

　養問研の支部活動や全国大会は、自分が普段している子どもへの関わりを振り返ったり、他の人がどんな思いで仕事に取り組んでいるのかを知ったり、支援の仕方を検討したり、しんどさを共感し合うことができる場であると感じている。自分のしていることや自分の職場のやり方を再確認して、「これでよかったんやな。また明日から頑張ろう」と思うことができた。

　「一人の人間として、児童養護施設の職員として、自信をつけていく」。

　私がこの仕事を続けていく上で大切にしたい、積み重ねていきたい目標の1つである。養問研の活動をとおして学んできたことは、自分自身や仕事での実践につながっている。つたない報告だが、この私の経験が少しでもお役に立てばと思い、書いた。

私と養問研の活動

芦田　徹
（養問研事務局長）

　学生時代に、子どもの権利条約が国連で採択された。そのなか、子どもの権利に関心をもち、フリースクール、スクールソーシャルワークの活動にのめりこんでいた。「子どもが自分の道を歩んでいけるように応援ができる仕事につければ」と考えていた折に、現在勤めている施設で1週間実習をさせてもらう機会を得ることができた。そこで不登校の子どもと出会った。当時は、不登校は「怠けである」という考えが大勢を占めていたのだが、そこでは、子どもの抱えている課題に目を向けて、その子の自立を一緒に模索しようとする支援が行われていた。「自分がしたいことができるのでは」と、このことがきっかけで児童養護施設で働くこととなった。

職員集団の大切さを学ぶ

　働きはじめて1年がたった頃、ある高校生の女の子からよく相談をされていた。相談してくれることにうれしさを感じていたのと、相談にのることで何とかなればという思いで受けていたのだが、内容がどんどん深いものにエスカレートしていった。抱えきれなくなり先輩に相談をしたことで気づいたのだが、その子の相談はほとんどが嘘で、嘘のことで心配をしてもらい関心を得ようとしていたのだ。すっかりまきこまれて、依存状態になっていた。1人で抱えることの危険性、職員集団の大切さを学んだ。

養問研の大会での感動と驚き

　このことがあったからか、先輩職員から「養問研という楽しくて勉強になる研究会があるから一緒に行かないか？」とさそってもらい、第23回全国大会（東京）に参加をした。そのなかで、役員の方たちに前述のことを相談させてもらうことができた。「相談されない職員よりいいじゃない」「自分も若いころ巻き込まれた。巻き込まれるのも悪いことでない。経験しなければわからないからな」というように、とてもポジティブな助言をもらい、少し引きずっていた自分がとても楽になったのを記憶している。

　大会自体は、とにかく熱気があり、ただただ圧倒されていた。レポーターの事例をもとに、参加している1人ひとりが自分のことのように議論していた。教える側・教わる側という線別がなく、みんなが同じ立ち位置で参画している会に感動をもった。その一方、労働条件の劣悪さ、子どもの生活で自由がない状態、体罰があることなどを涙ながらに話されている方の多さ、児童養護施設の現状を知り、驚きをもった。

　このような大会の必要性を感じ、子どもの権利保障と職場の民主化を掲げる養問研の活動や養問研の人たちと、これからも関わって勉強がしたいという思いで、それ以来毎年参加を続けてきた。

報告は一番の勉強

　「それぞれの実践をもちより、来年もまたお会いしましょう」

　全国大会の閉会のあいさつでいつも話される言葉だ。

　実践を確認しあえる場があることは、とても大切なことだと思う。なかでも自分の実践を報告する機会は成長につながると思う。何人もの先輩から、「レポートをしたらいいよ。完成したものでなくても、今の自分の実践を出したらいい。それが養問研の一番の勉強だ」と言ってもらった。今まで、支部の学習会、ブロックの研修会、全国大会の分科会で実践報告をしてきたが、そのたびに先輩の言葉を実感する。日ごろ行っている支援を実践としてまとめる。これは、客観的に自分の支援を振りかえるきっかけになる。そして、自分の実践をもとにさまざまな立場、職種の方から意見や助言がもらえる。

実践に裏付けされた提言を

　支部の学習会で実践報告をする機会をもち、そのなかで推薦される実践報告が研修会または全国大会の分科会でレポートされるのが、本来の形だと思う。現在の支部数は11カ所。会員数は約350名。全国大会の参加者は350名を超える規模になった。10年前からは毎回50名ほど多くなっている。その反面、支部活動が休止になったり、または支部のない地域の会員数は減少している。京都支部では、近年は5年ごとにくる全国大会の現地実行委員会をする時に集まるのみの活動になっていたが、4年前から京都・大阪・兵庫支部合同の関西支部として毎月支部会、もしくはミニ学習会を行い基盤づくりを行っている。養問研が実践を大事にした研究会としてこれからも発展していけるためにも支部の拡大、支部活動の充実が必要だと思う。

これからも自分の成長学習のために、養問研とは今までと変わりなく関わっていきたいと思っているが、自分がそうであったように、会員のだれもが実践を報告できる環境づくり、特に地方の支部の充実をめざしていければと思っている。

今なお、全国各地で施設内虐待や権利侵害が報告されている。今までも実践指針やアピール文などで提言をしてきたが、すべての施設において権利が守られるように、実践に裏付けされた提言をしていける養問研でありたい思う。

私と児童養護施設

尾道敦子

（前大阪支部長）

私と児童養護施設の出会い

まだ高校生だった1974年。親しい友人に誘われて、初めて児童養護施設を訪問した。高校3年生で進路選択を控えていた私は、その頃「社会福祉」に関心があり、何か世の中の役に立つことがしたいと考えていたように思う。そんな時に友人から児童養護施設への訪問を誘われて行ってみたことが、児童養護施設との初めての出会いだった。

たった1日の訪問だったが、園の子どもたちに出会い、私の働く場所はここだと決め、どうすれば就職できるのかとすぐ相談した。その時、保母資格がなくても高校を卒業して3年働けば一人前の職員として認められることを教えてもらった。その道で進もうと考えていたが、両親から大学を卒業してから考えてもいいのではと言われ、将来児童養護施設で働くために自分が行ける大学として、日本福祉大学へ進学することになる。

大学で出会った養問研

大学での勉強はそれまでの学生生活とはかけ離れ、自分自身が問われることの多い時間だった。そんななかでも、とにかく児童養護と関わっていたいという気持ちは強く、サークルを探すが、福祉大には「施設問題研究会」が二部にしかなく、なぜか名古屋大学にある「施設問題研究会」に入部することになる。

私にとってサークルは「研究会」というより、施設を訪問するボランティアの活動が本命で、施設の子どもたちと関わることが楽しくてしかたがなかったのが、今の仕事につながっていると思っている。

やがて福祉大の一部にも「施設問題研究会」が発足し、そちらに移って養問研に出会うことになる。私が3年になる時に、一部にも養問研の初代会長である積惟勝先生のゼミが開設された。早速積ゼミの一員になることを決めたのも、養問研との出会いになるきっかけになった。

第1回全国大会

　その頃、積先生を中心に第1回の全国大会の準備が進められていた。私自身は運営の中身についてはほとんどわからなかったが、全国から500名以上の現場の人たちが参加した大会を、今でも感動の思いで覚えている。

　パソコンもない時代に、速報などはガリ版刷りの徹夜作業で学生の私たちが担っていた。何よりも現場の職員の熱い思いを聞けたのは大きな収穫だった。私の児童養護への思いはさらに大きく膨らみ、就職したらこの人たちと手をつないで施設の子どもたちのために一生懸命働こうと考えていた。

　積先生とも、ゼミが終わってから枚中の中華料理屋で、静岡の松風荘に帰る新幹線のぎりぎりまで、未来の児童養護を語らった日々を懐かしく思い出す。

高鷲学園で出会った養問研

　1975年4月、いよいよ私の児童養護施設での仕事が始まる。ボランティアで培った児童養護施設でのスキルをもとに、充実した仕事ができるものと考えていた。しかし、その夢はすぐ打ち砕かれた。荒れた子どもたち、旧態依然とした職場に、絶望のようなものを感じる日々だった。辞めることばかり考えていた時、高鷲学園に養問研のサークル活動があることを知ったのである。

　その日の勤務が終わってから、先輩に連れられて大阪支部の勉強会に行った。職場では聞けない先輩の話を聞いたり、他施設である海の子学園のことを知るなかで、私自身の児童養護への思いが再度蘇り、何とか40年続けることができたのだと思っている。

　学生の時に、「10年後の自分」と題して、「3人子どもがいて、児童養護施設で働いている」と、何かに書いた記憶がある。まさにそのとおりにはなったが、決して平たんな道のりではなかった。家庭も仕事も常に中途半端な気持ちを抱えながらの40年だったように思う。それでも折に触れ養問研の活動に参加してきたことが、私の児童養護で働いてきたことの財産であり、活力のもとになっていたのは間違いないと確信している。大きなお腹で全国大会に参加したことも、いい思い出になっている。

私の担当した子どもたち

　就職してすぐ「いつ辞めるの？」と聞かれ、「私は辞めないよ」と答えたこと。産休に入った私に、「英語の勉強頑張ってるよ」と、声のテープを届けてくれた中1の男の子。入所してすぐ逃げ出し、1カ月後に見つかり、学園に帰りたいと言っているというので児相に会いに行き、やせ細った姿を見てどうしても連れて帰りたいと園長にお願いした中2の男の子。卒園して何十年たっても時々電話をしてきて、いつも口が悪いのに、ある時、「先生ももう年だからあんまり無理したらあかんで」と言ってくれた40代の子。「お母さんもあなたのことを預けたくて学園に預けたんじゃないよ。きっとお母さん自身も辛い子ども時代だったと思うよ」と話したら、「お母さんにその話をしてほしい」と言った高校生の女の子。支援学校を卒業して今では東京で働きな

がら、「今度一緒に旅行行こうね」と言ってくれる女の子。いろいろなことが走馬燈のように蘇る。音信不通になってしまっている子どもは心配が絶えない。

　最後に、施設出身者が胸をはって堂々と生きていける社会であってほしいと願うとともに、彼らの幸せを、心より願っている。

私にとっての養問研

前田佳代

（広島支部長）

厳しい現実の前に

　今から約30年前、私は乳児院が併設された定員100名の児童養護施設の幼児寮に就職した。大学の恩師から「養護の現場はまだまだ未開拓だ」と言われ、私自身も「子どもの発達の可能性を児童養護の場で保障する」という強い決意とそれなりの覚悟をもって飛び込んだつもりだったが、3日目にして「辞めたい」と思った。

　当時、幼児寮には2歳から年長児まで30数名がおり、この集団を日々実質3〜4名の職員が対応するという体制で、管理的で流れ作業のような毎日に体罰が日常化していた。夜は20数名分の布団が川の字ならぬ滝のように並び、宿直者1人が対応し、新任職員が宿直の夜は、子どもたちは抑え込まれたエネルギーを発散させるかのように、布団の上を走り回って大運動会を繰り広げた。

　宿直の夜の私は、途方にくれながら1人ひとりを追いかけて布団に入れてを繰り返し、全員が就寝するのに2時間近くかかるというありさまだった。これができるようになれば一人前だというような雰囲気を職員集団のなかに感じ取り、私は違うと思いながらも焦り、ある日いつまでも寝ずに騒いでいる幼児さんを叩いてしまったのだった。

養問研との出会い

　子どもの権利や発達の可能性を学んできたのに、手を出してしまった無力感。一体何をやっているんだろうと、先の見通しがもてずに困惑していた1年目の終わり頃だった。養問研の研究集会が広島であると知り、参加した。学生時代、児童問題研究がテーマのゼミに学び、養問研の存在は知っていた。

　泊まりがけで参加した研究集会。会場の一室であった夜の交流会で、その時私は、自分の施設の状況と困惑をぶちまけるように話したと記憶している。研究集会を運営されていた関西の先生方が、夜更けまで私の話を丁寧に聞いてくださり、「ほんま大変ななかでがんばってるなあ」と、温かいことばをかけてくださった。何もかもすぐに忘れてしまう今でも、この夜のことは覚えて

いる。

その後、話を聞いてくださった先生から、翌年度の全国大会分科会でのレポート報告を勧められ、私は同期の職員と一緒に、その時の幼児寮の現状と問題点、課題を自分たちなりに整理してまとめ、分科会に参加した。分科会ではさまざまな意見やアドバイスを得て、この職場で腹を据えて働き続けようとの決意を固める大きな転機となった。

全国大会と支部活動

その後も毎年、全国大会に参加した。全国大会には、子どもを主人公にした施設をつくろうとする先輩方がいた。しんどい思いをしながらも現場で踏ん張る仲間にたくさん出会うことができた。ある年、東京都の先生に、自分の施設の職員配置や勤務体制を話すと、「私たちも20年前はそうだったわ」と言われ、その差に愕然としたこともあった。

大会の講座や実践報告に刺激を受けて、「よし、がんばろう！」と決意しても、現場に帰ればそう簡単にはいかない現実にくじけそうになることが多かったが、全国に同じような気持ちで頑張る仲間がいると思えることが励みになっていた。また1年に1度の全国大会で初心に立ち返ることができ、"子どもが主人公"の視点を見失うことなく、今職場で自分ができることは何かを考える姿勢をなんとか保つことができたように思う。

養問研での学びに支えられながら、職場の職員を誘って全国大会や西日本研究集会に参加し、職場内学習会、子どもたちとの話し合いや自治会づくり、体罰をなくしていくこと等々、微々たるあゆみだったが試行錯誤しながらできることを取り組んでいった。

就職して2年目に、県内の福祉関連の学習会で知り合った児童養護施設の職員数名で、「養護にかかわる民主的教育理論を学ぼう」「自らの実践をもちよって議論しよう」「喜びや悩みを語り合い、励まし合って実践へのエネルギーを生み出そう」と、養問研の広島支部をつくり定期的に集うようになった。当時、県内の施設では養問研主催の学習会の案内を現場には紹介しないといった状況があったが、読書会、実践検討、施設見学、映画鑑賞、レクリエーションなどに、それぞれの職場の仲間を誘いながら、こつこつと取り組み続けた。ふまれてもふまれても深く根を張りがんばろうと、「おおばこ」と命名した支部ニュースは、参加者のもち回りで作成して7年間41号まで続き、参加者を繋ぐものとなった。

これら全国大会と支部活動は、迷い多き若い時代の自分を支えてくれた。

私にとっての養問研

私にとって養問研は、地域、所属、年齢、性別、役職などは違っても、何かに遠慮したり、つまらない気を遣ったりすることなく、フラットな立場で考えを述べあい、議論できる場所である。それは「子どもも大人もともに育ちあう」という、養問研の体現であり、それこそが子どもたちの生き生きとした生活を生み出す根幹であると思う。

養問研に集う先輩方、全国の仲間の方々との出会いがあったから、私は児童養護の現場でここまで子どもたちと関わり続けることができたのだと思う。

養問研は私の羅針盤

河野博明
（前大分支部長）

養問研との出会い

　30代半ばの、福祉に素養もない私が、人事異動で児童養護施設に勤務するようになったことから、児童福祉の世界に足を踏み込むこととなった。仕事は見よう見まね、他施設の児童指導員の働きを学びながらのスタートだった。

　児童指導員の仕事を少しずつ覚えるにつれ、わかば園が公立施設であったためか、民間施設の養育内容と雲泥の差があると感じた。自分の意思で入所するのでもなく、選ぶこともできない施設に措置された子どもが、自分の行きたい高校に行けたり行けなかったり、15歳で就労し退所になったりと、施設によって支援内容が異なるのはおかしいと感じた。職員の考え方も「何か違う。どこか違うな」と、違和感を覚えた。それは子どもや保護者に対する職員の姿勢に問題があったようだ。「～してあげている」観が、生活の端々に見られた。今では考えられないことだが、当時は子どもが中心でない支援や「指導」だった。

　入職以来ずっと、5時以後は子どもと関わることをしたいと考えていた私は、それまでに保問研や子ども劇場との関わりがあったので、児童養護の分野にも同じような団体があるはずだと思い、「養問研」の存在を探っていた。

　たまたま事務室で養問研全国大会参加の呼びかけを目にした時のことを、今でも鮮明に覚えている。顔がほてるくらい胸がときめき、「あった！」とつぶやいてしまった。参加条件に過去の報告書を必ず読んでくることとあり、慌てて報告書を取り寄せ、一応目をとおしてから、1986年の全国大会にドキドキしながら参加した。

自分の道をおぼろげながらつかむことができた大会

　初対面の人と本音で仕事の悩みを話すことができる不思議さ、素の自分になれる心地よさや会の熱気を味わうことができた。勇気を奮って大会事務局の近くまで行き、居合わせた人に「養問研に加入するのはどうするんですか？」と、自分の意思で尋ねたことはいい思い出である。

　施設で生活している子どもの権利を最大限に尊重しようとする姿、児童養護施設を「子どもの権利を守る最後の砦」と位置づけていたことは衝撃的で、子どもの権利擁護を真剣に考えていく契機となった。当時は宿泊も相部屋だったが、その事がかえって1人参加の自分にとっては効を奏した。同室だった先達からアフターケアを兼ねて青森から参加しているという話が聞けたことは新鮮だった。自分の進むべき道をおぼろげながらつかむことができた大会となった。この出会

いが、その後こんなに長く続くとは思いもしなかった。

養育実践の礎に

　それからは大会か学習会に参加したが、地方では得ることができない情報に触れ、「井の中の蛙」である自分を知ることができた。子どもたちが起こす問題は話し合いで解決、懲戒権として体罰肯定論があった当時に、「体罰という名の暴力は絶対禁止だ」と発言した指導員の存在（1988年の西日本集会）、竹中先生の暴力に関する論文など、次々と経験する新しい刺激は、私の施設での仲間づくり（職員集団を育てる）や子どもを中心に据えた養育実践の礎となっていった。

　実践に手ごたえを感じ始めた私は、養問研がなくてはならない存在になった。また第18回大会では、実践報告をする機会に恵まれた。事例の書き方も何も分からない素人の私が、青年期の人格形成と生活・進路指導についての分科会で初めて事例を発表した時、「今落ち着いているように見えるが、発達課題を抱えているこの子は、将来まだまだ問題を起こす」という助言者からの指摘や客観的な分析に裏打ちされた厳しい批評は、公的機関の研修会では得ることができない貴重な経験だった。

養問研は私の羅針盤だった

　児童養護についてまったくの素人だった私は、子どもたちが起こす問題の対処は後手後手に回り、手探り状態だった。養問研や全国運営委員会に出席するうちに、先進的な実践を学ぶことができ、わかば園の養育方法に活用できるまでになった。今思い出してみると、①施設から全寮制の高校に進学。15歳では就職卒園させない、②子どもたちが主体的に生活する施設。子どもたち自身が主人公と感じることができる施設作り（子どもの要望は生活の改善に生かす、決まりは変えられる、携帯電話所持認可のための高校生による覚書の作成など）、③子どもの支援は、徹底的に議論し合意形成を図る（質の高い職員集団をめざして）こと等をしてきたように思う。

　その成果か、わかば園が民間施設に統合され廃園になることを知った中高生の行動、統合後の子どもたちがとった行動に、私は救われた。子どもたちは職員にも行政にも臆することなく、自分たちの考えをきちんと言えるようになっていた。市の課長が次年度の打合せに来園した時、嘆願のために待ち受けていた中高生全員で新施設の息苦しい生活の実情を訴えた結果、職員の派遣期間が1年延びることになった。

　養問研は、子どもの支援に迷った時、私の進むべき道を的確に示してくれる羅針盤だった。全国大会は児童養護の先進的な情報発信の基地であり、私のような地方の施設職員にとって最新情報の先取りができ、参加するだけでも活力の源となった。

合唱組曲「さむい夜空の星たちよ」に寄せて

源野雅代
（前大阪支部長）

養問研との出会い

　私は高校1年生の時に、学習ボランティアの活動を通じて児童養護施設池島寮（当時の海の子中学寮）と出会った。当時は高校への進学率もまだ低く、自分と1才しか違わない子が、厳しい生活現実と向き合って生きている姿に、私は15才なりに自分の生き方を考えさせられた。そして、そこで働く職員の人間味ある情熱と温かさにもひかれ、自分にとって池島寮は大切な場所となっていった。

　私と養問研の出会いは、学生スタッフとして参加した京都御殿荘での全国大会だった。全国から仲間がやってくることを喜びとし、悩んでいる仲間の声にみんなで耳を傾けることを、運営する人たちが純粋に大切にされていた記憶がある。

　人間関係に尊敬や認め合いはあっても、変な上下関係が持ち込まれないのが養問研の良さであると、当時から私は思っている。だから学びとれるものも多いのだと。そして私も、池島寮に就職し退職するまでの30年あまり、養問研で出会った人たちの存在があったからこそ、向上心をもって豊かな日々を積み重ねてこられたと思っているし、これからも大切な絆としてつながり続けていきたいと願っている。

養問研の歌をつくろう

　関西で全国大会が開かれる度に、児童養護施設はじめ児童福祉関係の職場で働いているメンバーで大会実行委員会をつくり、取り組んだことが一番心に残っている。当時、20代を中心として若かった私たちの合言葉は、「文化と元気の関西、学べる実行委員会」だった。そして、1990年の第19回大会に向けて、施設で暮らす子どもたちや、働く自分たちの思いを形にしたい。養問研の歌をつくろうということになった。

　作詞をお願いした詩人の佐伯洋さんを囲んで施設の話をたくさんし、佐伯さんも施設に足を運んでくださった。そして佐伯さんの詩に小学校の校長先生をされていた中村茂隆さんが曲をつけてくださり、「合唱組曲　さむい夜空の星たちよ」が生まれた。

　　さむい夜空の星たちよ　ひとみの明るい子どもに育て
　　かぜの吹く夜　つめたい夜も　きみは夜空に星座をつくれ
　　冬の星座よ　光をつなげ

と始まる歌詞を最初に見せられた時、寒い冬の夜空ではイメージが暗いのでは、と佐伯さんに質問をした。それに対して佐伯さんは、「施設で暮らす子どもたちの出ていく社会には厳しい現実がある。季節で言えばそれは冬だと思う。でも星は冬が一番きれいに輝く。ぼくは、子どもたちが1つひとつの星として冬の夜空に輝き、つながりあい、星座をつくって生きていってほしいと願っている」と、詩に込めた思いを語られた。

混声三部合唱で6章からなるこの歌を、職場もちがうみんなで集まっては、当時、関西合唱団団長だった西恒人さんの根気強いレッスンを受け猛練習した。そして「出会い・感動・文化」のテーマで開かれた第19回全国大会の「文化のゆうべ」で初演。それから25年が経つが、この歌に込められた思いが世代を超えて引き継がれ、今でも関西で全国大会が開催されるたびに実行委員会で練習し、交流会で歌われていること、そして眼差しを向けて聴いてくれている参加者の人たちがいることが、私は嬉しくてたまらない。

子どもを裏切らないおとな

第2章「ぬくもりを知らないままに」のなかに、次のような歌詞がある。

「私はこの子の親にはなれない　私にできることはただひとつ　子どもを裏切らないおとなになること」

ここを歌うたびに、心の深い部分が引き締まる気持ちになった。

私自身も児童養護施設を退職してから手探りの日々を重ねている。子どもを裏切らない大人としての生き方。出会った子どもたちや養問研の仲間を思い浮かべながら、これからも自分に問い続けていきたい、佐伯さんが投げかけてくれた大きなテーマである。

養問研と私

相澤知奈実
（神奈川・東京支部役員）

　私が養問研と出会ったのは就職して1年目、今から22年前のことである。どのようにして神奈川支部の運営委員になったか、思い出そうとしても思い出せない。気が付いた時にはすでに神奈川支部の運営委員をさせていただいていた。

魅力的だった養問研の学習会

　当時養問研は何故か偏見の目で見られているところがあるようだったが、園長は、私が養問研で活動することを許可し見守ってくれた。高風子供園が好きで、子どもたちが好きで、園で起こるさまざまな問題をどうにかしたいと思っていた私は、どんな解決方法があるのか、他の園ではどのようにしているのか学びたくてたまらなかった。そんな私にとって、養問研の学習会はとても魅力的だった。自分が今職場で困っていることや問題になっていることがタイムリーにテーマになっていることもあれば、少し先を見越した内容がテーマになっていることもあり、職場で疑問に思ったことが職場内で解決できない時、学習会の内容や懇親会で運営委員や参加している先輩職員よりいただいたさまざまなアプローチやアドバイスは、私のためになり力になった。

　運営委員をさせていただいて数年は自分がとても未熟だったため、学習会の内容を練る時の先輩運営委員の話している内容がよく分からず、聞くことで精一杯だった。しかし、知らないことを聞いて知る楽しさが常にあった。未熟な私が学習会でさせていただくことは受付業務が多かったが、養問研は全国組織ということもあってか、いろいろな機関の方が参加されており、いつも驚かされた。それは20年近く経った今でも同じであり、学習会のディスカッションや懇親会では参加者よりさまざまな意見を聞くことができ、とても参考になり、いつでも何らかの収穫がある。

支部活動

　今、私は神奈川支部と東京支部の2つで運営委員をさせていただいている。神奈川支部では「半歩先を行くニッチな活動」をテーマとして、40代を中心としたメンバー構成で活動を運営している。一歩ではなく半歩（遠すぎず少し先を見据えたテーマ）というところにこだわっている。運営委員が関心をもっているテーマや学習会時のアンケート回答に記されている学習会要望テー

マのなかから、運営委員全員で学習会や研究のテーマとして選定し、活動を行っている。

　東京支部に所属させていただくことになったのは、全国児童養護問題研究会全国大会の開催地が2年連続で東京の代々木で行われた時、神奈川支部も手伝わせていただいたことがきっかけだった。その当時、神奈川支部は30代の運営委員が中心という若い構成であったが、東京支部は5～60代の運営委員が中心というベテランの構成であり驚かされた。特に数名のベテランの女性職員が精力的に活動されていたことは私にとって驚きであり、そのわけをどうしても知りたくなった。神奈川では数名のベテラン女性職員が何かの研究会の運営の中心になっているという話を聞いたことがなかったからだ。

　また、当時の東京支部支部長の児童養護に対する思いやそれまでのさまざまな活動に触れて衝撃を受け、支部長の話をたくさん聞いてみたいと思うようになった。全国大会をきっかけに東京支部の学習会などの集まりに誘っていただき参加するようになり、さまざまなことを新たに知り、よい刺激をたくさん受け、自分の視野が広がっていくのを感じた。

　2009年（平成21年）、東京支部の世代交代と若返りを図るとのことで支部の総会が行われた。その際に、運営委員を募集していたため、神奈川支部の運営委員と掛けもちでもよいとの許可をいただいた上で、東京支部の運営委員をさせていただくこととなった。

　東京の児童養護は最先端で、制定されたさまざまな制度による取り組みを次々と行っており、委員会に参加するたびに学びとなり、よい刺激となっている。神奈川支部は委員会開催がせいぜい3～4カ月に1回程度だが、東京支部は毎月1回運営委員と事務局会議が交互に行われ、常に新しい情報を交換することができること、運営委員がもち回りでミニ学習会を開き、タイムリーに問題を話し合う場を設けているのが魅力だ。現在は支部長が交代しており、全国運営委員となっておられる前支部長より、東京都や国の新しい施策の内容と進捗状況を教えていただく機会や、前支部長のお考えと発見や取り組みについて話を聞かせていただくことができることも私にとっては大きな魅力となっている。

次世代にも養問研の活動を引き継いでいきたい

　養問研の活動は私の仕事の源になっており、本当になくてはならないものとなっている。これからもこの仕事を続けていく限り養問研に所属して学びを深め、子どもの最善の利益を追究していきたい。そして、私が養問研を通してさまざまな先輩方より助言をいただき育てていただいてここまでやってこられたように、私も今職場で困っている職員やこれからを担う後輩職員たちが養問研の学習会などで問題を解決したり成長することができるように、養問研の活動を引き継いでいきたい。

養問研と私──3本柱を大切に

髙橋朝子
(東京支部事務局長)

　児童養護施設で働きはじめた当時に関わった子どもたちも、いつしか一児二児の母になり父になった。そういった子どもたちの成長を見守る仕事を続けられる喜びを感じる日々である。この仕事は長い間働き続けていてもすべてうまくいくということはなく、若い職員たちに刺激され、子どもへの対応の困難さを痛感し、日々の学びをさらに深める必要性を感じながら進んでいくことが必要である。

　私が養問研を知ったのは入職当初であった。児童養護施設も当時は「養護施設」であったが、その後児童福祉法改正で自立を支援することが明文化され、さらには小規模化などの機能強化が求められてきている。調布学園で働き始めた時にはすでに養問研はあることが当たり前の雰囲気があり、先輩職員に声をかけてもらい学習会に参加したり、書籍を手に取る機会をもってきた。今は東京支部事務局活動に参加している。

共感を得て励まされたことも

　養問研の活動に関わるなかで、いくつか大切だなと感じることがある。

　1つ目は、人との出会いである。東京支部の活動や全国大会で出会った人たちは、住んでいる地域も生い立ちも年齢も職場も違うが、それでも話をしているとすぐに意気投合し、「あっ、それあるある」と、同じ場面を共有したかのようなやり取りになる。子どもへの対応で落ち込んだ時でも、他の施設の職員と話すなかで共感を得られることが大いに励ましになったことが何度もあった。さらに養問研に参加すると、養問研発足当初からの大先輩から新卒の若い人まで、さまざまな世代がいる。仲間として迎え入れてくれた先輩の取り組みを見ることができ、自分自身働き続けるモデルを見出し、自分の進みたい道を見つける機会になってきた。

継続的な取り組みと喜び

　2つ目は活動の継続性の大切さである。事務局活動をしていると、毎年4回の学習会、毎月1回の会議準備など、実はコツコツ取り組むことが結構ある。仕事をしながらそれらの業務をこなすことが求められ、時には嫌になってしまい放り投げたくなることもある。児童養護施設は不規則勤務で、日程調整も難しい。さらに予定を入れていても緊急体制では参加できなくなる事務局員もいる。私もそのようなことはあるが何とかやりくりして参加し、何とか研究会を継続させて

いこうという仲間の気持ちを感じることで自分の怠けたい気持ちと折り合いをつけているのが現状である。

東京支部の会議では、事務局員がそれぞれ日々の仕事のなかで感じたり考えていることをプチ学習会と称して取り扱っている。自分の気づきを整理し、方針を立てて取り組む。その取り組みを振り返り、さらに新たな取り組みに積み上げていることを仲間と共有できることが励みになる。長く事務局活動をしていると、子どもとの対応で悩んでいた若い人が職場の中堅・ベテランになり、発言の視点なども変わっていくさまが見られる。継続的な取り組みをするなかで得られる喜びといえる。

「ことば」の表記を丁寧に

3つ目は、養問研の活動のなかで得られることとして「ことばを大切にする」研究活動がある。「職員集団づくり」「子ども集団づくり」「子ども」など、1つひとつのことばを漢字にするかひらがなにするか、どう表記するかを大事にしている。集団「づくり」は集団「作り」ではなく、子どもの「ども」は「供」ではない。ことばの表記には意味があり、その人の考え方が表れるため、どのように表記するかを丁寧に扱っている。パソコンで文字を入力することも増え、ことばへのこだわりもあまりなく過ごせるのだが、ことばが表す意味をきちんと考え方として整理しながら使っているということが大切なのではないだろうかと感じる。

3本柱を大切に

児童養護施設の仕事は、子どもたちをより豊かに育てていくことだと思う。その思いを土台にしつつ、気づきを整理し実践し積み重ねていくことが大切だと思う。そのためには日々に追われるばかりでない取り組みの積み重ねを研究としてまとめること、子どもたちの生活環境改善や職員配置を改善するなどの必要なことを求めていく運動も重要になる。養問研の活動は実践・研究・運動の3本柱を大切にしている点で、私にとって大切なものである。

「養問研と私」というテーマではあるが、私にとっての養問研の魅力を紹介する形となってしまった。働き始めて早20数年、折り返しを迎えるなかで、今後は新たに仲間になる人々とともに、このつないできた思いを伝えていけるような取り組みをしていきたいと思っている。

養問研活動によって活かされた人生

柴山英士
（前東京副支部長）

　児童養護施設の業界に身を置いて早40年の月日が立ち、現在私は埼玉県川越市にある埼玉県で最も古く歴史のある児童養護施設　埼玉育児院の施設長を務めている。この期に、自分の歴史を振り返ってみると、今の自分を形作ってくれたのは、私を育ててくれた児童養護施設　東京サレジオ学園と全国児童養護問題研究会ではなかったかと考えている。

支部活動の再開

　全国児童養護問題研究会第1回全国大会が1972年に開催され、その翌年、東京でも支部を発足し、支部活動が始まった。しかし、数年後、実質支部活動は開店休業という状態になっていた。そこで1990年の養問研第19回全国大会（開催地は岐阜か神戸だったと記憶しているが定かではない）の時に、東京の児童部会の第五ブロック所属の施設が中心となり、都立施設も巻き込んで、東京支部の活動を再開した。

　ちょうどその頃、私が勤めていた施設も大きな転換点に差し掛かっている時期で、子どもたちの支援についてハードとソフトの両面からの見直しを施設全体で考えていた。私自身ももっと広い視野で子どもたちのこと施設のことをとらえるには学ばなければならないと常々考えていたそんななか、日ごろ第5ブロック活動で交流のあった調布学園の黒田さんからの誘いに応じ、東京支部活動再開のメンバーに加えさせてもらったのだ。

　養問研そのものが自主的な手弁当の研究会なので、集まったメンバーはそれこそお1人おひとりが志と情熱あふれるメンバーばかりで、月1回の会議は日勤勤務の終わる午後6時以降から9時過ぎまで、時には10時を超えることもあった。養問研の掲げる「未来を担う子どもたちに、仲間とつくろう豊かな実践」を、地に足をつけて取り組もうと、年3回の定例学習会、必要に応じての臨時学習会、コアのメンバーたちだけで行う部内学習会を企画して活動していた。

折々の課題に取り組む

　思えば、養護問題に関わるその折々の大きな課題に取り組んでいたように思う。再開当時は、子どもたちの不登校や学力問題さらに高校進学全入への取り組みで、なかなか学習への取り組みに身が入らない子どもたちに対して、現場職員に少しでも学校理解が進むように全国進路指導研

究会の現役の学校の先生方を招いて学習会を企画したり、施設内虐待が公となりその問題の中心的な課題を広く知ってもらおうと、渦中の職員を招いて学習会を開催した。今でこそ伝説的な出来事にもなってしまっている恩寵園問題を取り上げたり、虐待防止法の法制化への取り組みとして、児童福祉法研究会などと連携した学習会の企画などが思い出となっている。

さらに、2年担当制の全国大会の企画、5年ごとに廻って来る全国児童福祉関係者に向けた参加者250~400名の大会企画運営は、担当支部にとっては本当に大変な苦労と労力を要するものだった。しかし大変であればこそ、支部会員間の絆は強くなったことを実感した。その仲間とは、今では現役リタイア後の遊び仲間となったが、今後も長く付き合っていけそうである。

養問研から受けた恩恵

私が養問研から受けた最大の恩恵は2つある。1つは、積先生が掲げていた「施設の主人公は子どもである」という人権尊重と人間形成の原理から、養問研活動の「子どものために、子どもと共に、常に子どもの権利保障と職場の民主化」という実践命題を教えていただいたことである。

2つ目は、支部活動を通じて多くの仲間や研究者たちとの出会いの機会を与えていただいたことだ。今の自分は、実に多くの人たちとの出会いや影響によってあるのだと思えば、その機会を数限りなく提供してくれたのは養問研だった。

児童福祉に携わる多くの仲間たちが、この養問研を通じて自分磨きを心がけ、児童福祉の世界でしっかりと自分の足跡を残していってくれることを願ってやまない。

第3節　30年間、養問研編集部に関わって
——先人たちとの思い出

長谷川眞人

（養問研前編集部長／NPO法人「こどもサポートネットあいち」理事長）

はじめに

　今から46年前にさかのぼっての思い出を書くには、私にはあまりにも酷な宿題を突き付けられた思いがしている。養問研発足当時のことや、その後の動きをきちんと知っている人が少なくなってきていることを考えれば、発足当時に養問研に関わった私の役割かもしれないと原稿を引き受けたものの、大学退職時にほとんど資料を廃棄してしまい、資料がないところは記憶に頼っているので、私が編集で関わった30年間のうち、特に編集を担当したなかでいろいろと勉強させていただいた方々、とりわけ現在すでにお亡くなりになった方を中心に、思い出を書かせていただく。

1．養問研初代会長　積惟勝先生との出会い（1970年〜1977年）

　積先生との出会いは、多分私が若松寮で仕事を初めて4〜5年経った頃だったと思うが、大和荘で指導員として働いておられた福井満雨さんからの紹介であった。沼津の松風荘の園長ですばらしい実践をされている施設長さんがいると聞いて、福井先生と一緒に訪問したのが最初の出会いだった。まさか積先生と、養問研の活動のなかでお亡くなりになるまで深くお付き合いをさせていただけるとは、当時は想像もしていなかった。多分多くの養問研の仲間のなかで積先生の表も裏も見せていただいたのは私ぐらいではなかったかと感じている。

　積先生が日本福祉大学に赴任されてから養問研が発足した。積先生が大学の授業で毎週名古屋へ来られることになり、養問研の愛知支部が結成された。積先生の来名に合わせて開いた研究会には、いつも夜遅くまでお付き合いをいただいた。日本福祉大学を退職される2年前くらいから、毎週講義のある日はわが家に泊まっていただくのが定番になっていた。いつも静岡のお土産だと言って、安倍川餅を2人の息子（当時幼児）にもってきてくださった。息子たちは、朝はいつも先生の枕元で遊んでいたことを思い出す。

　先生は、夜は必ず松風荘にお電話をされ、野田先生と子どもについてのやり取りを1時間程するのがわが家に泊まられる時の日課だった。きちんとメモを取り、野田先生のお話を聞きながらアドバイスをしておられた。私自身の悩みごともいつもにこやかに聞いてくださり、子どもに対する姿勢を改めて考えるきっかけをいただいていたことが、今の私を作りあげてくれたと感謝している。

2. 積先生が残された言葉
(1)「集団主義養護」とは——積惟勝（1981年）

　積先生は「集団養護」について、このように述べている。

　「『集団養護』というのは、資本主義社会の生活原理ともいえる『個人主義』の対立概念であって、『自分さえよければ』とか『金さえあれば』といった、利己主義、現金主義とは違って、あくまでも仲間を大事にし、仲間のなかで成長すること、集団の優位性を指すことだといえます。しかし、この集団も管理集団や準拠集団ではなく、個人を大事にするなかで、個人の意志によって作り出される自治集団でなければいけないということです。ところが、わが国では、高度成長政策以来、じつにこの『個人主義』『利己主義』『現金主義』が拡大し、多くの労働者が犠牲を受けてきましたが、養護対象の子どもたちは、そのまた犠牲を受けた被害者だと言えます。それだけに、『集団主義』の理念は現在、社会的にも要求される概念であって、労働者や一般社会人、子どもたちが、それらの犠牲を克服するために、また、人間的に成長するために、ぜひ自覚されなければならない思想だと思います。この思想は、概念を具体化することが『集団主義教育』であり、『集団主義養護』であるといえましょう。この両者にはほとんど違いはなく、基本的にはあくまでも『教育』だと思いますが、施設は学校や保育所などとは違い、衣食住を共にする場所で、したがって、その方法もいささか違いますので『養護』ということにしたわけです。この『集団主義養護』が広く実践され、展開され、子どもたちの真のしあわせが勝ち取れる日の来ることを、期待せずにはいられません」（『日本の養護 '81』1981年）。

　積先生はお亡くなりになるまでに書かれた原稿を沢山残されていた。なかには講演の内容をすべて原稿にしてあるものもあり、亡くなった後に研究所で見つけたこともある。積先生は施設実践と子どもの人権を大切にされていた。職員、子ども、養問研の仲間……あらゆる人に対してその1人ひとりを大切にされていた。先生はどんな時でも誰にでも励ましとして「ご苦労様です」「ありがとう」の言葉をかけていた。また仕事に対する情熱は人一倍で、70歳を過ぎても変わらず働き続けられていた。そんな先生と十数年お付き合いをさせていただき、ほんとうに幸せであった。

(2) 40年間積先生を支えてこられた野田あい子先生

　野田先生は、松風荘で40年間過ごされた。積先生は「お父さん」、野田先生は「お母さん」と慕われ、子どもたちや職員と生活を共にされた。私は松風荘に訪問した時に何度かお会いしている。積先生が日本福祉大学を退職されて積教育福祉研究所を開設された時もお手伝いをされ、そして、積先生が亡くなった後も、研究所の養問研関係の資料を廃棄せずに大切に保管していただき、養問研に必要と思われるものを引き渡していただいた。

　野田先生からはその後2～3回連絡があり一度病院にお見舞いに伺ったきりで、3年後位に体調を崩されてお亡くなりになったとのことである。以下は、積先生が亡くなった前後の様子を、野田先生に追悼集に書いていただいたものである。積先生の優しさと家族への思いが伝わってくる。

【積先生を偲んで】――野田あい子（1983年）

　8月25日の朝、我入道の奥様から先生が亡くなられたという知らせを受けて、お宅へ伺った日のことが、遠い日の夢のことのように思われます。盛大だったお葬式、同窓生60人ほどの三島でのにぎやかな集まり、そして初七日と、全く地に足がつかず、ただ流されて過ぎたという思いです。こうして研究所にいましても、積先生が着物姿でステッキをついて「今日は」と入っていらっしゃるような気がして仕方ありません。

　積先生のお仕事に従って、40年近くになりました。先生は子どもを愛し、人間を愛し、ご自分ときびしく戦ってこられました。小学校の先生、十七潮の子どもたち、松風荘の子どもたち、東海短歌会、新日本歌人、大学の教授、全国養護問題研究会、そして積教育福祉研究所と、確実にその地歩をきづいてこられました。また石油コンビナートの反対闘争、革新統一のために戦った情熱など思い出されます。このような中で、私も先生や沢山の人々から、多くのことを学びました。ふりかえってみると、色々なことがありました。それらは本当に美しく明るくよみがえってきます。いやで仕方がなかった時、叱られたこともあった筈なのに、今そんな思いは少しもありません。……

　積先生、私は毎朝、雨戸を早くあけて、さるすべりが桃色に咲いているのを見ています。芙蓉も咲き出しましたし、ニラの白い細い花、青じその緑の穂、なんだか温かく私を包んでくれるように思います。これらの花々が、前よりもぐっと身近に語りかけてくれるように思います。

　積先生が8月4日、亡くなられる21日前に、私に手渡して下さった「研究所テーゼ」。私たちにはよくできるかどうかわかりませんが、皆さんと力を合わせて、精一杯やってみます。積先生は、この研究所テーゼをどうやってお書きになったでしょうか。寝たきりの先生が一字のみだれもなく、健康な時と少しのかわりもなく、書かれてありました。……

　積先生は、最後には「生きる」ことに一心のようでした。そして息子さんの惟貞さん（お医者様）が、自分のために精一杯やってくれていること、松風荘の夢をみた話、そしてお孫さんが野菜スープを時間をかけて作ってくれた話などを、小さい声で話してくださいました。耳の遠かった先生が、はっきりと聞こえるようになりました。そして、「野田さん、こうしていると、人の気持ちがよくわかるよ」などと言っておられました。そして、8月25日、積先生が、それはそれは可愛がっていらっしゃった三女の史ちゃんが亡くなった日に、8、9年前だったでしょうか、随分悲しんでおられた積先生がほんとうに同じ日に亡くなられました。積先生、私は毎日研究所へ来ています。まだ机の中も抽出しもそのままです。何時片付ける気持ちになるのでしょうか。帰りは政博や大二郎が、仕事を終わってから、私の家まで車で送ってくれます。

　積先生、私は生きている限り、この研究所の仕事をして行くことになると思います。どうぞ温かく見守っていて下さい」

3. 編集部を担当して出会った先人たちが残してくれた言葉（1970～2007年）

　養問研が今日まで継続して続けてこられたのは、多くの先人の研究者・施設職員の方に支えられたからである。以下、養問研発足当時から困難な時期に励まし協力・支援をいただいた方を中

心に思い出を紹介させていただく。すでにお亡くなりになられた方もおられるが、発足当時から私が編集を担当させていただいた時期を中心に紹介する。

(1) 養問研の陰の応援団、浦辺史先生（1972年～2002年）との思い出

　浦辺先生は私が日本福祉大学に入学したころは学部を代表する立場におられた方で、保育関係を専門とされていた。1970年に積先生が日本福祉大学へ赴任されて1972年に第1回養護施設問題研究会を開く時に全面的に協力していただき、それ以降も学習会や全国大会の講演、機関誌などに原稿をお願いしてきた。浦辺先生には私が編集部になってから機関誌の原稿がない時などに原稿を寄せていただいたり、原稿を書いていただく方の紹介などをしていただいた。養問研が20周年を迎えるにあたり、浦辺先生に最近の養問研への注文をお願いしたところ、即座にご返答して書き上げて送っていただいた原稿が以下の文である。当時の養問研が今後めざす大変示唆に富んだものである。

【養問研への提言】──浦辺史（1991年）

　養問研へ

　養問研20周年おめでとう。私はまだ福祉大の現役教員だった時、同僚の積惟勝さんが学生たちの協力を得て、はじめて第1回養護施設問題研究会を開くことになって、私どもに協力を求められました。まだ基調報告をするまで準備がととのわず、基調講演として福祉と教育の統一をもとめて、私が「児童養護の諸問題」、小川太郎さんが「集団生活をどう指導するか」を話したことを、昨日のように思い出します。集会の名称は養護施設問題が主たる研究対象だとしても、ひろく社会問題としての児童養護の諸問題を学術的に研究するものとして、会の名称にこだわったことを想起しました。大学を辞めてからも毎年養問研に参加したものでした。第6回の京都集会では神田ふみよさんの執念のお骨折りで人生案内を上映することに成功し、私がマカレンコの歴史ドラマにふれながら、訪ソしてたずねた子どもの家や寄宿舎8年制学校などをおりこんで、「現在社会における人間形成について」を記念講演したものでした。養問研20周年を迎えて若干提言めいた意見を述べてみたいと思います。

提言Ⅰ　養問研のになう役割にほこりを

　養問研は障がい者の共作連とともに、日本の社会福祉を下から主体的に革新するエネルギーとして注目されています。とりわけ家庭において養育される権利をうばわれた子どもをまもる大きな社会的役割を自負してほしいと思います。子どもの権利条約第20条が示す、家庭環境を奪われた子どもの代替養護を児童福祉法により公的に保障する専門的使命感を自覚され、すでに児童養護の実践指針を自主的集団的に作成されておりますが、更にこれを実践する物的人的諸条件の貧困の克服をめざして、子どもの権利を守る名において大胆な研究をすすめてほしいと思います。

提言Ⅱ　養護に流れる救貧性からの脱皮

　養問研は、1976年の養護問題講座で「貧困と児童の問題」をとりあげて学習したことがありました。この時私は、施設に残存している救貧性を根こそぎ拂拭することを強調しました。しかし養護の救貧性からの脱皮を養問研に実践的にうけとめられなかったように思います。さしずめ養護施設に今もなお色濃く残存する育児院の救貧性からの脱皮するため、現代的視点からまず育児事業史や養護施設史を学びかえして民主的養護施設観をうちたててほしいと思います。戦後民主化の一時期に取りあげられたホスピタリズムなどが形を変えて生きつづけていないでしょうか。さらに養護文献などは徹底批判すべきでしょう。

提言Ⅲ　養護施設最低基準の学際的見直し

　養護施設に残存する救貧的児童観は、1948年作成の「児童福祉施設最低基準」第7章「養護施設」と、これを経済的に支える措置費に最も端的にあらわれております。子どもの施設生活と職員の養護労働を規制する養護施設のあり方は根本的に問われなければならないでしょう。1人2.47㎡、15人以上の大部屋雑居では子どものプライバシーが守られないばかりか、職員の不充足はしばしば子どもに体罰を生み、雑居生活から職員の目の届かぬところでいじめが発生します。

　子どもの権利条約をものさしにし、手がかりにして子どもの代替施設養護のあり方とその内容について、子どもの市民権（12～17条）を守る上から最低基準の徹底的批判と改善のため実践的研究提起こそ、実践指針に先行しなければならないのでしょう。

　実践指針は施設像を描いてはいますが、施設の主人公である子どもの日常生活を規定する物的・人的条件には目が向けられていません。私はかって養護施設から伝統的な救貧性を拂拭して養護目的を果すため、施設と設備はどうあったらよいかを公私の施設ケースを例示して養護施設建築の基本問題を論じたことがあります（『新版施設養護論』ミネルヴァ書房1977年P264～）。また施設利用者である保護者の参加と共同について、細川順正氏の意見（同上P277～）は施設の民主的運営に欠かせない要素で救貧性からの脱皮の指標となるでしょう。

　私は、施設生活の基本となる施設のあり方や施設の貧困性を問うことなく、施設を所与のものとしてそこで営まれる日常の養護実践にのみ集中されて養護を規定する物的・人的諸条件をふくむ施設の総合的観点の欠如を児童養護の実践指針に指摘しないではいられません。

提言Ⅳ　施設教育として養護施設の生活教育を改めて問い直す

　養護施設は「子どもの家」よりは「学園」ということばが名称に使われていますが、救貧性のより少ない養護学校の寄宿舎研究会や寮母大会など、教育分野の寮生活との研究交流をはかることが必要であると思います。そのことによって養護施設の後進性を具体的に指摘することもできるでしょう。『科学的な寄宿舎教育の創造を目指して』（京都府立高教組）や『障害児の生活教育』（寄宿舎教育研究会）なども出版されています。施設教育として養護施設の生活教育を改めて問い直す刺激になりましょう。

提言Ⅴ　実践指針にみられる救貧的用語について
　施設養護ということばにわざわざ施設処遇という救貧的官庁用語を同義語として使用するとのことですが、処遇を排して養護という専用語に統一してほしいものです。

　以上、一部要約したが、浦辺先生からの提言を書かせていただいた。1991年当時としては大変参考となる提言であり、養問研として学習会を通して参考にさせていただいた。浦辺先生には養問研には積会長・村岡副会長がお亡くなりになった後もいろいろとお世話になってきたが、2002年にお亡くなりになった。

(2) 副会長　小川利夫先生（1975年～2007年）との思い出
　小川先生には東京で開催された養問研第4回全国大会で、「教育と福祉の統一」と題して記念講演をしていただいた。京都の第5回全国大会では、進路指導の助言をしていただいた。当時教研集会の助言者をしており、養護施設の子どもたちの高校進学があまりにも低い状況を何とかしなくてはと、このことを全国の先生方に知らせたいとの思いがあった。養問研としても毎年教研集会にレポートを用意して現状を訴える場を作っていただいた。

　その後、日本社会事業大学から名古屋大学に移られ、愛知県の尾張旭市に住まわれるようになってからお付き合いをさせていただいた。小川先生は教え子を中心に月1回「火三会」を開催して勉強会をすることになり、私も現場から参加させていただいた。勉強会が終わってから毎回飲み会があり、お酒の好きな先生は終わりまで飲み続け、毎回自宅に車で送っていくのが私の役割だった。

　小川先生には養問研が10年を迎えるに際して、『そだちあう仲間』に下記の3つの期待を寄稿していただいた。以下簡潔に紹介したい。

【養問研への期待】──小川利夫（1981年）
　第1は、何よりもまず本誌が養問研メンバーすべての「ろばた」あるいは「茶の間」になることである。何でも語りあえる、打ち明けられる、自由で、楽しい交流の広場（アゴラ）となることである。
　第2に、本誌は養問研の機関誌として、全国各地の日常実践の理論化、さらに理論の実践化などのために、北から、あるいは南から、職場や地域集団の紹介や発言を求めたい。
　第3に、本誌の目は広く現代の日本及び世界全体の動きを、常に見すえている必要がある。養問研がかかえている児童問題は養問研だけの問題ではないからである。それは現代の家庭や地域、さらに学校の問題の縮図であり、現代の日本及び世界の諸問題の縮図でもある。本誌は、当面はまず養問研の機関誌として再刊される。しかし、いずれはさらに広く、一般の人々も本誌に注目するようになるであろう。是非、そうありたいと願っている。

　小川先生が出版を一番願っていた本は、1983年12月にミネルヴァ書房から発行された『ぼくたちの15歳─養護施設児童の高校進学問題』であったと思う。発行された1983年は、養問研会

長の積会長が8月に亡くなられた年でもある。

　小川先生は『ぼくたちの15歳』のプロローグで次のように述べている。
「養護施設児童の夢や悩みは多様であり、複雑で根強い。それらは彼らの生育史のきびしさ、さまざまな生育条件の困難さを物語っている。むかしは孤児院といわれた養護施設では、両親のいない子どもたちが大半であった。しかし、いまは必ずしもそうではない。両親の離婚や蒸発、交通事故、アル中や精神障害など、彼らの家庭や社会問題をめぐる問題状況はほとんどそのまま問題に満ちた現代日本社会の縮図である。それだけに、彼らの進路・人生選択の問題に対して、私たちは深い関心をもつ。

　いわゆる高校進学問題は、誰よりもまず養護施設児童にとって重要な人生選択の課題である。そう考える私たちはまず、「養護施設児童の高校進学問題」にメスを入れることをとおして、彼らの生きる権利・学ぶ権利の実現とその保障のあり方について考えてみることにした。本書が、現代日本の児童福祉問題、とくに養護問題に関心をもつ人びとにはもちろん、今日の日本の高校問題をはじめとする教育改革問題、さらに、すべての子ども・青年のゆたかな発達と成長を願う人びとにとって、きっと参考になるにちがいない。本書ができるだけ多くの人びとの手にとられ、論議され、生かされることを、私たちは心から期待している」（1983年）。

　小川先生は名古屋大学を退職された時、書庫に山となっていた本を、福祉の本は日本社会事業大学に、教育関係の本は名古屋大学に寄贈された。本を整理する時にもお手伝いに伺った。しばらくして尾張旭市の病院に入院をされていて、お亡くなりになる前に息子さんが住んでいる東京へ引っ越しされて、その後2007年7月23日に訃報が届き、お通夜に伺った。その後、2年後くらいに奥様もお亡くなりになったとのお手紙をいただいた。

（3）副会長 村岡末広先生（1975年～1989年）との思い出

　村岡先生には養問研第6回全国大会で、施設における最低基準についての基礎講座をお願いし、その後も養問研での関わりを含め、私が勤めていた施設における改善闘争（？）でも、資料や多くの助言をいただいた。1978年に村岡先生が養問研の副会長になられてからは運営委員会などでお会いする機会ができ、情報をいただく機会が増えた。村岡先生はおかしいことや不正には大変厳しく対処され、どんな面倒なお願いにも電話や資料で即、対応してくださった。当時の養問研にとっての知恵袋の存在として、多くの貢献をしていただいた。

　村岡先生は、1989年5月6日に肝不全のため、60歳でお亡くなりになった。村岡先生は積惟勝会長をささえ、副会長として会長のよき相談役であり、養問研の進むべき道や方向、あるべき姿などを助言していただいた。また、積先生亡き後は会長代行として、また顧問として、私たちの指導にあたってくださった。村岡先生は常に「子どもの人権を護る」という視点に立って、現代の養護問題の分析及び児童養護のあり方を探求してこられた。私たちは村岡先生の考え方から多くのことを学ぶことができた。そんな村岡先生に1982年に国が行革を叫ぶなか、養護問題に関して正しい行革を発展させるためにとの下記の短い言葉をご寄稿いただいた。

【養護問題の正しい行革を発展させるために】──村岡末広　(1982年)
〈私どもの養護問題から〉

　第1には、現行の措置費の充実があります。都道府県単位の措置機能を相互に広域化し、相互に関連して仕事を進める必要があります。現状では再措置など県外で新たな開始として見たり、相互の弾力化と連携が不十分であります。第2には、児童問題をトータルに家庭福祉としてとらえるために、福祉事務所と児童相談所の連携の強化です。

　第3には、最低基準を引き上げ、各施設ごとにケースワーカーを配置し、施設養護と家族福祉を連動させ、正しく家庭復帰か社会復帰をさせることです。また学力の劣っているものには力をつけ、学校や各種学校に進ませるために施設に十分な設備や職員を配置することでしょう。

　私どもから見る行革は現場が十分に養護実践を果たせ、将来にわたって児童が健全な社会人、働き人として社会に貢献できるよう尽くすことであると思います。福祉をけずることでますます悪循環を作ることは、大きな国家損失でもあるわけで、国を守ることは1人ひとりが豊かな人間性をもつことだと思うわけです。

(4) 養問研を陰で支えていただいた先人たち

　養問研を支えていただいた方は大勢おられるが、この記念誌に原稿を書かれなかった方に絞って、ここに紹介したい。

①ミネルヴァ書房編集部 五十嵐靖さん（1980年〜2004年）との思い出

　五十嵐さんとの出会いは、ミネルヴァ書房から最初に発行することになった『明日をきずく子どもたち』の出版編集会議が始まりである。五十嵐さんは編集会議の時にはいつも京都の珍しいお菓子を持参し、みんなで美味しく食べさせていただいた。自らの会社での仕事をいくつも抱えながら、養護問題の現実の大変さに心を痛めて、採算を度外視して惜しみなく協力していただいた。養問研の節目節目に今必要と感じる本を出すことを自らも提案されて、発行にこぎつけてくれた。養問研のような本はベストセラーとなってもせいぜい5000部が売れるくらいで、営業的には採算が合わなかったと思われるが、養問研としては随分助けていただいた。

　私が編集部に関わってから下記の11冊を発行していただいた。気長にそれでもわれわれ以上に情熱をもって、出版社の立場に立ちながらもわれわれと同じ目線でいつも辛抱強くご支援をいただいた。24年間の間に11冊の本が出版でき、多くの現場職員や一般市民の方々に養護問題の現状、抱えている問題、将来展望等お伝えすることができたと思う。その意味で養問研が何とか市民権を得るようになったのも五十嵐さんがいてくれたからだと思っている。五十嵐さんがいなければ以下のほとんどの本が出版できなかったかもしれない。そういう意味で養問研の陰の功労者の1人として取りあげさせていただいた。

　五十嵐さんは12冊目にあたる2009年出版の『児童養護と青年期の自立支援』（2009年7月出版）の時にはすでにミネルヴァ書房を退職されていた。

　以下は24年間に五十嵐さんの支援でミネルヴァ書房から出版された本である。

・『明日をきずく子どもたち』（1981年9月）

・『僕たちの15歳』（1983年12月）
・『春の歌うたえば―養護施設からの旅立ち』（1992年6月）
・『① 子どもの世界と福祉』（1996年4月）
・『② 子どもの福祉と施設』（1996年4月）
・『③子どもの生活と援助』（1996年4月）
・『児童養護への招待』（1996年6月）
・『子どもの福祉と施設養護』（2000年4月）
・『子どもの援助と子育て支援』（2001年5月）
・『子ども虐待と援助』（2002年6月）
・『子どもの福祉と養護内容』（2004年10月）
・『児童養護と青年期の自立支援』（2009年7月）

②調査研究部長であった 竹中哲夫先生（1981年～2009年）との思い出

　竹中先生との出会いは、養問研の第6回全国大会（京都大会）で京都市青葉寮の職員として養護講座を担当されてからである。臨床心理士として活動をされており、1980年に日本福祉大学に赴任されてから本格的に養問研の調査研究部で活躍され、理論家であり養問研の理論構築の中心的存在であった。編集部としてはたいへん助かった。

　竹中先生の原稿を書く速さは抜群で、どんな依頼にもNOということはなく、原稿がない時にはいろいろお願いした。これは裏話だが、当時はまだワープロやパソコンで原稿を書く時代ではなく、手書きの原稿が多い時代で、竹中先生の手書き原稿を読み解ける人はいなく、いつも悪戦苦闘して手直しをしていたのを思い出す。

　竹中先生が日本福祉大学に赴任されてから、私も非常勤で週1回大学へ顔を出すようになり、本の編集や原稿依頼の方の紹介などでいろいろお世話になった。竹中先生が養問研で手がけた原稿は多すぎてすべてを紹介できないため、『養問研への招待―養問研を知っていただくために』（2008年）から、4つに絞って紹介したい。詳しいことは養問研が発行している『日本の児童問題』などを参照されたい。

　第1点目は、1998年6月の「養問研の姿勢（改訂版）」である。中身としては①養問研の性格、②養問研の基本的目標・立場、③集団主義養護論について、④研究会と特定理論について、⑤開かれた民主的研究会としての養問研、⑥研究活動の具体的取組と題して提案している。

　第2点目は、1990年（第19回）大会の基調報告。「養護問題1990年代の研究課題」―国連『子どもの権利条約』の制定にあたって―の提案である。一応基調報告委員会でまとめているが、案は竹中先生が書いている。内容としては、①国連『子どもの権利条約』と『児童養護の実践指針』の改定、②養護問題の現状、③「養護問題研究の長期計画」、④「養護問題1990年代の研究課題―21世紀の日本の児童養護を展望して」を作成している。

　第3点目は、『児童養護の実践指針』の改訂である。施設養護における子どもの権利指針である『児童養護の実践指針（第4版）（1997年9月）、①施設養護に何が期待されるか―私たちが描

く施設像、②施設養護の原則と具体的指針（A.施設養護の原則、B 施設養護の具体的指針、C.施設職員の権利と義務に関する指針、D.児童相談所に期待される役割）についてを作成している。

第4点目は、「子ども版実践指針（第2版）『あなたの権利はどう守られるか：子どものための手引き（第2版）を作成され養問研で検討をするために提案している。

その他にも多くの原稿を書いていただいているが、紙幅の関係で省略させていただいた。本当は竹中先生が原稿を書かれるのが一番読み手に伝わっていただけると思うが、この本に原稿を書かれてないことを聞いて大変残念であったと思い、若干であったが触れさせていただいた。

③積先生の奥様と家族のみなさまとの思い出

積先生が1983年8月25日に亡くなられて、33年になる。あらためて養問研の思い出や積先生について原稿を書いていると、積先生から「いろいろご苦労さんです。編集の仕事はなかなか骨が折れると思いますが、体を大事にしてよろしくお願いしますよ」といった励ましの手紙や電話がくるのではないかと、ふと感じることがあった。

積先生が亡くなられてしばらくたって、追悼集を作るために写真などを借りに先生のご自宅へ向かい、奥様にお会いして、1時間半くらい生前の先生のことをお聞きすることができた。今まで6、7回おじゃましていたが、奥様とは挨拶をするぐらいで話を伺うことはできなかったが、奥様のお話をカセットに吹き込んでそのまま追悼特集号のなかに入れたいと思うほど、実に先生の死の直前までの生きざまを再現するように語ってくださった。積先生の偉大さの陰で献身的に尽くされた奥様のご苦労が話の端々に伺えた。最後の最後まで、他人のことに気をつかっておられた先生の心やさしさを語られた奥様の顔を、今も忘れることができない。

最後に、積先生のご家族の親族を代表されて追悼集に寄せていただいた文を紹介させていただく。

【親族を代表して】――鈴木勝子

長い長い闘病生活を続けてきた父が、8月25日、妻と子どもたちに見守られながら他界しました。ひとりの人間が人生を全うするということの壮絶さは、言葉では言い表すことができません。父の生前の仕事をご存知の方、そして、その仕事にお手を貸して下さって来られたみな様たちにはご存知のことと思いますが、父（積惟勝）の仕事に対する情熱は並みなみならぬものがありました。

亡くなる少し前まで原稿を書き続けましたが、それが不可能な状態になった頃、母や妹に頼み、原稿の手伝いをしてもらいながら仕事への情熱を捨てず、彼の長男であり主治医でもあった息子ですら驚くほどの生命力でした。父は1人ひとりを大切にし、その人の立場となり、苦しみ、また一緒に心を痛めてくれました。たとえ問題が、その都度解決されなくても、真剣に、より良い方向へと自分も共に糸口を捜し求め努力してくれました。

一途なその心と努力は、時には人々の誤解をも招いたことがあるかも知れません。しかし、父は息子をもひとり占めすることなく、また長男は長男として、父たりと言えども、1人の患者と

して最善を尽くしました。これは、それぞれの分野に生きるプロとしてお互いの理解と尊重によるものだったと思われます。

告別式では、井出元市長の弔辞に始まり、次々と読まれる中で、松風荘代表の佐藤君が立たれて読み始めました。「お父さん」「おとうさん」「おとうさん」と呼びかけている言葉を耳にして、私は自分の愚かさと独占欲の強さを身にしみて知らされました。私は、父を私だけの父であって欲しかった、と思っていたことへの反省と恥ずかしさで胸の痛む思いでした。いつも我がままばかり言って来た私でしたが、父だけはいやな顔1つせず、私の話にも耳を傾けてくれました。そして、今父が亡くなってもこんなに「おとうさん」と大勢の人たちが呼んでくれる素晴らしさを、私は父を失った代わりに胸に抱きしめました。

悲しみに慌ただしさを加えての葬儀の1日でしたが、その折りはみな様に大変ご迷惑をお掛けしましたことをお詫びいたします。死ぬ直前まで父が口にした言葉は、「有り難う」「有り難う」でした。そして、その言葉はみな様1人ひとりへの感謝の言葉であるに違いありません。みな様、本当に有り難うございました。

あらためてこの文を読ませていただき、奥様をはじめご親族の皆さまのご協力があったればこそ積先生が養問研の会長ができたのだとつくづく思った次第である。

4．編集部を引き受けて30年の感想（1978年〜2008年）
——原稿集め・編集・販売に追われた編集部の仕事

養問研の大会は、愛知（東海地区）・東京（関東地区）・京都（関西地区）で2回ずつ連続して開催され、大会終了後に大会報告集を発行してきた。第1回大会報告集は『養護施設問題研究集会報告集』というタイトルだった。第2〜4回までは大会報告集にしても、会の機関誌『そだちあう仲間』（1973年創刊）の特集号として出していた。第5回大会の報告集からは、組織の拡充を願って、大会報告集『日本の養護』として出版した。「タイトルについては少し大げさな表題のような気がするが、……　少し背伸びをして、真に『日本の養護』を切り開くにふさわしい研究会の充実をめざしていきたい。そのための報告書でありたい」とあり、当時の編集者の気負いが窺える。

さらに、第9回大会報告集『日本の養護』（1981年）からは、読者層を広めるためにも、従来の研究組織の報告書に多い大型の装丁のものから、一般書籍と同様なスタイルに装丁を変えることにした。この装丁には「本棚に並べても倒れなくて、見栄えのいい本にしてほしい」との会員の要望が多かったことも影響された。養問研が15周年を迎える記念大会を京都で開催するに際して、これまでの大会報告集『日本の養護』を『日本の児童問題』と名称変更して、内容も、従来の大会報告といったものにとどまらず、あくまでも養護問題をベースにしながらも、養護問題をとりまく周辺の子どもたちの今日的問題や社会の動きなども取り上げ、少しでも現代の日本の子どもたちの問題にまで迫るものにしたいと、雑誌形式に全面改訂することにした。

さらに、15周年を機会に集団主義養護論の提唱者であり、養問研創設者（初代会長）でもあ

る「積惟勝氏の生涯と思想」を、会長を引き継がれた浅倉恵一会長に連載で書いていただくことになった。この連載は養問研の会員の方は是非、読んでいただきたいと思う。最後に編集委員が、「この『日本の児童問題』が児童問題（養護問題）を学ぶ1つのテキストとして、また自分たちも参加し、語り合えるみんなのサロン的雑誌として、今後とも活用いただければと幸いです」と結んでいる。

2008年からは児相研と共同執筆の本として『子どもと福祉』（明石書店）となった。1977年までは大会開催地区の実行委員会で発行してきた。発行にかかるお金も大会開催地が大部分を負担してきた。そんななかで、組織としての編集部はあったが、大会報告集とは別に『そだちあう仲間』のタイトルで機関誌としても発行してきた。

1978年以降、編集部が報告集を発行することになったきっかけは、年々回を重ねるごとに報告集の負担が大変になったこと、大会実行委員会で報告集作成は財政的にも困難になってきたこともあり、引き受け手がいなくなりつつある頃、全国大会が京都大会から愛知に回ってきた時に、京都支部から編集部を辞退したいとの話があり、それに対する解決策がないまま、何とかなるだろうと私が引き受けることになったことにある。

ここから以降は、あまり今までに誰にも話したことはなく、話さないつもりだったが、今回編集部に関わっての原稿（何故、30年も続けてこられたか）をどうしても書いてほしと言われ、あえて、今後のこともあり歴史の一端として触れておいた方が良いと思い、最後に記しておくこととした。

京都から引き継いだ時には借金として50万円程あり、在庫の本を販売できれば何とか返すことが可能だったが、なかなか報告集となると買う方は限られて、そのまま持ち越して、同じように赤字が膨れ上がるばかりだった。赤字を抱えながら編集部を辞めるわけにもいかない。辞められなかった一番の理由は多額の借金を抱えて引き継ぐことはできなかったため、30年もかかったと言うこともできる。一方、編集の原稿集めも苦労し、でき上がった本をどう販売するかも、編集部の仕事だった。

家族に内緒で印税や非常勤、講演料などの貯金をすべてつぎ込んでも、最悪の時は足らないこともあった。今考えると少しオーバーな言い方だが、編集部を引き受けなければ自分好みの車1台が買えたかなと思う時もある。そのようななかで、なぜ編集部を続けてられたのかは、積先生や浦辺先生や小川先生はじめ先輩等からの励ましがあったからだと思う。本の発行も私の大学時代の同級生が新聞記者から出版社を立ち上げたので、その友人に助けられながら、少しづつ、少しづつ借金を減らしていった。借金は相変わらず、続いていたが、運営委員会のメンバーにも気づいていただき、会費の値上げや本の販売に協力をいただいた。編集部を辞めるまで私の気持ちのなかで、絶対に借金の総額の金額までは出すことだけはしないと考えてやってきた。

そろそろ大学の退職がまじかになって、次へのバトンタッチをと考えていたところ、明石書店から『日本の児童福祉』の内容を一新して児相研との共同で『子どもと福祉』としての出版の話がまとまる。2008年に明石書店から創刊号が発行されるまで編集部に関わり、2009年日本福祉大学退職後の第2号からは編集部を完全に降りることになり、やっと責任から解放されてほっと

した。

　編集部に関わって30年間に発行した本の残りは段ボールにして80箱以上となり、一部は京都の事務局へ送り、あとは廃棄する。肩の荷も下りて、その時はもう養問研にはタッチしないだろうと考えた。自分の中で、勝手にひょっとしたら養問研アレルギーになっていたかもしれない。

　また、何とか本を紹介して買ってもらうためにと考えて、ホームページを立ち上げた。これも、養問研には負担をかけないように自腹で賄うことで立ち上げたが、毎日の更新や問い合わせに関しての返事等もしなくてはいけないし、勝手に仕事を増やしてしまい毎日養問研のことから離れられない時期を過ごした。

　私の頭からこれらが重なって編集部を引き継いで解放されたにもかかわらず、未だに養問研と聞くと避けたくなることもある。ただ、私を救ってくれたのは日本福祉大学退職後に養問研から離れて、ゼミの学生たちとNPO法人を立ち上げて社会的養護等の子どもたちと一般家庭の子どもたちとの交流キャンプ・登山・スキー交流や社会的養護等施設へ就職したい学生や施設に就職した若手の職員に専門性をつけたいと始めた養成講座に没頭できたことである。これで頭の切り替えができたと思っている。施設出身者の当事者たちとの交流も支えになっている。

　73歳を過ぎてそろそろ全てから手を引くことを考えながら最後の目的をたてながら毎日の生活をしてきている。編集部に30年関わってきて、楽しいこともいくつかあり、自慢することもいくつかあったし、30年間に多くの大先輩の方々にお世話になりましたが、書き切れなかった方が多くおられる。残念ですが書ききれなかった方、お許しください。

5. 最後に養問研のみな様へ

　養問研には第1回から海外に出かけた1回を除き、編集部を交代するまで全大会に参加させていただいた。沢山の仲間が出来、沢山の勉強もさせていただいた。養問研は私にとっては人生の半分を関わり続けた何か引き付ける魅力があったと思う。施設で悩んだ時、うれしかった時、いろいろなことを気兼ねなく話せる研究会だったと思う。養問研が発足してあと少しで50周年になることは、多くの養問研に関わった先人たちが頑張って引っ張ってくれたからだと思う。次へは100周年に向けて、今施設等で頑張っている皆さんが作り上げる番だと思っている。社会的養護等へ関わる子どもたちはすぐにいなくなることはない。素晴らしい実践を積み上げてさらに養問研を発展させていただきたいと思っている。私がここで書いた大先輩たちは、発足当時の養問研を引っ張って来られた方たちであり、日本の児童福祉、社会福祉を発展させていただいた大先輩です。養問研に途中から関わられた方には、知らない大先輩の方であったかもしれない。

　素晴らしい大先輩の皆さんである。是非、この機会に大先輩が書かれた書物を読まれることを願っている。皆さんも先人たちを参考にして、さらに発展されんことを期待している。

児童養護問題を捉えるための年表（第二次大戦以降　①社会経済状況　②社会福祉制度（児童福祉）

区分	①社会経済状況	②社会福祉制度（児童福祉）
1945～1953年　※戦後の混乱期	・敗戦後の混乱，貧困 ・1946年　日本国憲法 　〃　　GHQ社会救済SKAPIN775，米国ララ物資 　〃　　食糧メーデー ・1947年　労働基準法，失業保険法，労働者災害補償保険法 ・1948年　日経連発足 ・1949年　ドッジライン，労働組合法 ・1950年　朝鮮戦争，再軍備化，レッドパージ ・1951年　日米安保条約 ・1953年　三池争議	・1945年　戦災孤児等保護対策要綱 ・1947年　教育基本法 ・1948年　児童福祉施設最低基準 ・1950年　社会保障制度審議会勧告 ・1950年　生活保護法 ・1951年　児童憲章
1954～1972年　※高度経済成長期	・1954年　中小企業の労働争議続発 ・1955年　春闘開始 ・1954～57年　神武景気 ・1958～61年　岩戸景気 ・1962～64年　オリンピック景気 ・1965～70年　いざなぎ景気 （この間，農村部から都市部への集団就職や出稼ぎ。石炭から石油産業への転換） ・1958年　国民健康保険法 ・1959年　最低賃金法，国民年金法 ・1959～60年　三池争議，安保闘争 ・1960年　国民所得倍増計画 ・1961年　農業基本法 ・1963年　中小企業基本法 ・1964年　同盟会議，IMF・JCの結成，労組の右傾化 （過疎・過密，公害，労災，交通事故の増加とそれに伴う労働・住民運動の高揚） ・1967年　公害対策基本法	・1957年　朝日訴訟 ・1961年　児童扶養手当法 ・1964年　職員配置基準改定（児童養護施設）職員1人：子ども〈少年〉9人（予算上の措置，最低基準上の改定も同年） ・1965年　母子保健法 ・1966年　職員配置基準改定　子ども1人：職員8人（最低基準上の改定は1967年） ・1971年　職員配置基準改定　職員1人：子ども7.5人（最低基準上の改定はなし） ・1971年　児童手当法 ・1972年　職員配置基準改定　職員1人：子ども7人（最低基準上の改定は1973年）
	・1973年　政府「福祉元年」を宣言，老人医療費無料化，第一次オイルショック ・1974年　雇用保険法	

③児童養護施策, 児童養護問題　④児童養護施設職員の労働問題, 研究・運動)

③児童養護施策, 児童養護問題	④児童養護施設職員の労働問題, 研究・運動
・戦災孤児, 浮浪児, 引き揚げ孤児 ・治安対策としての「狩り込み」 ・旧兵舎等による大規模収容施設 ・閉鎖的・管理的処遇 ・混血児 ・1950年代　ホスピタリズム論の提起	・民間の篤志家・宗教家らによる孤児救済, 施設設立・認可 ・1950年　全国養護施設協議会設立 ・全国養護施設協議会（全養協）による予算要求と最低基準改正運動 ・1953年　日本社会事業職員組合結成, 東京保母の会・発足
・1954年　養護施設運営要領 ・ホスピタリズム論を契機とした養護論争 ・出稼ぎ孤児 ・親の離婚・不和, 親の行方不明 ・親の長期入院, 幼児の入所増加 ・非行問題（中学生の入所増加） ・1964年　厚生省「養護施設転換論」 ・1968年　全養協「子どもの人権集会」 ・中卒後の就職児童 ・高校進学問題	・住み込み, 断続勤務など長時間労働, 腰痛・頸けい腕障害等の職業病の続発 ・1957年　全国社会福祉協議会保母会・発足 ・1957年　全養協による「指導員・保母生活実態調査」 　　　　　勤務時間：男性指導員13時間40分, 女性保母14時間46分 ・全養協等による職員給与改善運動 　（定期昇給, 公私格差是正運動） ・1964年　施設職員の給与格付　国家公務員に準ずる内容に 　　　　　社会福祉従事者総決起集会 ・1966年　民間施設経営調整費（1972年に民間施設給与等改善費へ） ・1970年　民間社会福祉労働組合全国連絡会結成 ・1971年　労働省社会福祉施設労働条件調査（労基法違反の実態） ・**1972年　全国養護問題研究会発足** ・1972年　公私格差是正財源として民間施設給与等改善費創設 ・革新自治体における公私格差是正制度の創設 　（東京, 京都, 大阪, 名古屋など） ・1967〜1972年　民間施設の労働争議　のぞみの家（原告〈職員〉敗訴） ・東京・大阪を中心とした職員の労働組合への組織化
・1973年　特別育成費（高校進学補助） ・育児ノイローゼ ・ベビーホテル問題,	

時期	社会・経済・政治等の動向	福祉・児童福祉関連
1973〜1985年　※オイルショック以降の不況期	・1975年　大蔵省「財政危機」宣言，福祉見直し論議 ・1979年　第二次オイルショック ・1979年　新経済社会7カ年計画（日本型福祉社会の建設） ・1981年　第二次臨調発足 ・1982年　老人保健法（老人医療費の有料化） ・1985年　労働者派遣法，男女雇用機会均等法 　　　　　厚生省・シルバーサービス振興指導室を設置	・1976年　職員配置基準改定 　　　　　職員1人：子ども6人 　　　　　（最低基準上の改定は1979年）
1986〜1996年　※バブル景気と崩壊以降の不況期	・1986〜1991年　平成景気 ・1987年　労働基準法改正（週40時間へ） ・1989年　国連子どもの権利条約，消費税導入，リクルート事件 　　　　　連合，全労連，全労協結成（労働運動の右傾化，労使協調の加速） ・1990年　1.57ショック（1989年の合計特殊出生率） ・1991年　バブル崩壊，育児休業法 ・1993年　細川連立政権発足 ・1994年　政府，子どもの権利条約を批准 ・1995年　阪神淡路大震災，日経連「新時代の日本的経営」 　　　　　育児介護休業法	・1986年　国の補助金等の臨時特例等に関する法律，児童福祉法改正（国庫負担率8/10→5/10へ） ・1987年　社会福祉士・介護福祉士法 ・1989年　ゴールドプラン ・1990年　福祉関係八法改正 ・1994年　エンゼルプラン ・1995年　社会保障制度審議会勧告 　　　　　障害者プラン
1997〜2006年　※市場原理強化・構造改革期	・1997年　金融危機，リストラの本格化，消費税率5% ・1998年　失業率4%突破，自殺者3万人突破 ・1999年　産業再生法，職業安定法改正，住民基本台帳法改正，労働者派遣法改正（原則自由化），地方分権一括法 ・2001年　米国9.11テロ， ・2003年　労基法改正，郵政公社化 　　　　　労働者派遣法改正（製造業を解禁）， 　　　　　イラク戦争，イラク特措法，全国で憲法9条の会発足（2004年にかけて） 　　　　　個人情報保護法，非正規雇用率3割超 ・2003〜2007年　戦後最長の好景気（いざなぎ景気超え） ・2004年　国立大学独法化 ・2005年　生活保護，月平均で初の百万世帯突破，出生率1.25（過去最低）	・社会福祉基礎構造改革（市場化・営利化） ・1997年　児童福祉法改正，介護保険法 ・1999年　児童ポルノ買春処罰法 　　　　　新エンゼルプラン ・2000年　社会福祉法 　　　　　児童虐待防止法 　　　　　少年法改正（厳罰化） ・2001年　DV防止法 ・2002年　専門里親・親族里親制度 ・2003年　次世代育成支援対策推進法 　　　　　少子化社会対策基本法 　　　　　支援費制度 ・2004年　児童福祉法改正， 　　　　　DV防止法改正 　　　　　児童虐待防止法改正 　　　　　子ども・子育て応援プラン

・コインロッカーベービー問題 ・離婚，母子家庭から父子家庭の増加，社会的孤立，不況による経済的貧困 ・非行，校内暴力，登校拒否 ・1981年　養護施設ハンドブック	・職員の健康問題（長時間労働，腰痛・頸けい腕障害など） ・1975年　全国児童相談研究会発足 ・1979年　小舎制養育研究会発足 ・1981年　労働基準法施行規則改正（労働時間の特例廃止）に伴う労働時間短縮問題
・1987年　施設機能強化推進事業 　　　　　処遇困難児の増加 ・1988年　厚生省　自立相談援助事業 ・1989年　私立高校等の補助加算 ・1991年　厚生省課長・弓掛論文（施設再編） ・1992年　分園型自活訓練事業 ・1993年　施設の定員割れ問題（77.8％） 　　　　　暫定定員（開差是正） ・1995年　早期家庭復帰促進事業 ・1995年　全養協「養護施設の近未来」 　　　　　子ども虐待の急増	・1986年　全国福祉保育労働組合結成 ・1987年　労働基準法改正に伴う労働時間短縮問題 ・1990〜2003年　恵泉寮配置転換事件（和解，職員職場復帰） ・1996年　日本子ども虐待防止研究会の発足（後に学会へ）
・バブル崩壊以降，施設入所率の増加 ・施設内虐待の社会問題化 　（福岡育児院，恩寵園など） ・1997年　児童家庭支援センター法制化 ・1998年　自立支援職員（非常勤） ・1999年　心理療法担当職員（非常勤） ・2000年　地域小規模児童養護施設創設 ・2001年　被虐待児個別対応職員配置 ・2003年　全養協　児童養護施設「近未来像Ⅱ」 ・2004年　小規模グループケア事業 　　　　　家庭支援専門相談員（児童養護施設） ・2005年　全養協他「子ども家庭福祉施策の一層の充実のために」報告書，国会請願 　　　　　調理の外部委託解禁（特区から） ・2006年　心理療法担当職員常勤化 　　　　　大学進学等自立生活支度費	・1999〜2003年　サレジオ学園職員配置転換事件（原告〈職員〉敗訴） ・2002〜2005年　若松学園保育士解雇事件（原告〈職員〉和解，職場復帰） ・2006〜2008年　救世軍愛光園調理員解雇事件（原告〈職員〉和解，職場復帰）

		・2006年　骨太の方針2006 　　　　　教育基本法改正	・2005年　障害者自立支援法
2007〜 2016年 ※世界同時不況と政権交代期		・2007年　日本経団連「御手洗ビジョン」 　　　　　郵政民営化，米国サブプライムローン問題 ・2008年　世界同時不況 　　　　　派遣切り，非正規切り 　　　　　偽装請負，日雇い派遣，ネットカフェ難民 　　　　　反貧困運動の展開，非正規労組運動	・2007年　児童福祉法、児童虐待防止法改正 　　　　　社会福祉士・介護福祉士法改正 　　　　　少年法改正 ・2008年　児童福祉法改正 　　　　　（小規模住居型児童養育事業，被措置児童等通告義務など）
		・2009年　民主党への政権交代 ・2010年　子ども手当，公立高校授業料無償化，タイガーマスク運動 ・2011年　東日本大震災，原発問題，	・2011年　民法改正に伴い，親権の一時停止（2年）が可能に 　　　　　児童福祉施設最低基準の条例化（児童福祉施設の設備及び運営に関する基準，2012年） 　　　　　児童福祉施設最低基準の改定（居住面積，第三者評価と施設長の資格要件，研修義務化，職員配置基準に家庭支援専門相談員，個別対応職員（看護師，心理療法担当職員は条件付）規定
		・2012年　社会保障・税の一体改革（消費税増税と社会保障目的税化） 　　　　　民主党（野田政権）から自民党（安倍政権）への政権交代 　　　　　社会保障制度改革推進法 ・2013年　社会保障改革プログラム法 ・2015年　安保法制、SEALDSの運動 　　　　　消費税8%	・2012年　児童福祉施設最低基準改定 　　　　　職員1人：子ども　6人→同1人：5.5人 　　　　　子ども・子育て関連三法 ・2014年　少年法改正 ・2015年　子ども・子育て支援新制度 　　　　　児童養護施設職員配置基準改定（職員1人：子ども4人） ・2016年　社会福祉法改正（社会福祉法人の地域公益活動の責務） 　　　　　児童福祉法等の改正 　　　　　（理念の変更・特別区の児相設置など）

・2007年　個別対応職員の常勤化	・2007年　「福祉保育人材研究会全国調査」（全国福祉保育労働組合の協力）
施設内暴力問題，性的問題，発達障害　　　　　子どもの無保険，貧困問題の深刻化	
・2008年　看護師の配置（条件付）地域生活・自立支援事業 ・2009年　基幹的職員，里親拡充 　　　　　看護師の配置拡充，小規模ケア拡充 　　　　　教育費の拡充，幼稚園費の創設 ・2010年　看護師配置の拡充 　　　　　退所児童等アフターケア事業 　　　　　全養協 倫理綱領 ・2011年　被災した施設支援，震災遺児への対応 　　　　　措置延長の積極的活用 　　　　　社会的養護の課題と将来像 　　　　　（施設の小規模化・地域分散化、家庭的養護の推進）	・2008年　「社会的養護施設の実態調査・中間報告」（厚労省）で児童養護施設常勤職員の1週間の合計勤務時間が49.9時間であることが明らかになる 全国福祉保育労働組合・児童養護施設職員の組織率2.3%（2011年，堀場2013） 施設の小規模化に伴う職員の労働問題の深刻化
・2012年　厚労省通知「児童養護施設の小規模化及び家庭的養護推進のために」 　　　　　児童養護施設運営指針 　　　　　里親支援専門相談員の配置	
・2014年　児童養護施設職員の人材確保対策 　　　　　（実習代替職員、実習生の雇い上げ費） ・2015年　児童養護施設入所児童等調査結果 　　　　　（2013年2月時点の調査） ・2016年　民間施設給与改善費の拡充 　　　　　（上限14年から20年）	

※出所：全養協（1996, 2006），全労連（2009），林・安井（2006），社会保障審議会（2011, 2012），日本児童福祉協会（2007），堀場（2013），などをもとに堀場作成。

〈文献〉
・全国児童養護施設協議会（1996）『養護施設の半世紀と新たな飛翔』
・全国児童養護施設協議会（2006）『子ども・家庭福祉の明日に向けて』
・全国労働組合総連合（2009）『全労連20年史—激動の時代を拓く闘いの軌跡 』大月書店
・林博幸・安井喜行（2006）『社会福祉の基礎理論』改訂版，ミネルヴァ書房
・社会保障審議会（2011）『第12回社会的養護専門委員会資料』
・社会保障審議会（2012）『第13回社会的養護専門委員会資料』
・日本児童福祉協会（2007）『平成19年度版　児童保護措置費・保育所運営費手帳』
・堀場純矢（2013）『階層性からみた現代日本の児童養護問題』明石書店

第 2 章　戦後の社会的養護における養問研の活動　　145

全国児童養護問題研究会全国大会略年表

大会	大会テーマ	記念講演	基礎講座	分科会
1972年 (第1回) at.愛知 (日本福祉大学)	語り合おう職場の問題を、考え合おう養護問題の展望を	「集団生活をどう指導するか」(小川太郎) 「児童養護の諸問題」(浦辺史)	なし	・乳幼児問題 ・学童の問題 ・進路アフターケアの問題 ・施設従事者問題 ・養護施設の展望 ・職場からの報告
1973年 (第2回) at.愛知	児童の生存権と施設労働者の人権を守れ	「これからの児童福祉施設」(一番ヶ瀬康子)	・最低基準における行財政のしくみ ・保母の仕事 ・発達保障の理論 ・集団主義養護の実践と課題 ・養護における実践記録のとり方	・子どもの自治について ・子どもの学習・遊び・労働について ・子どもの健康と 食生活、乳幼児養護、問題のある子の指導をどうするか ・思春期の児童についての性教育 ・要養護児童と家庭崩壊 ・里親・家庭養育 ・施設と学校教育 ・地域と養護施設 ・子どものアフターケアのあり方 ・私達の要求する最低基準と運動 ・公私格差是正の運動 ・施設運営の民主化 ・施設労働者とボランティア ・福祉労働とは何か
1974年 (第3回) at.東京	施設の民主化をめざし、話し合いの輪を広げる中で、育ち合う子どもの未来を	「教育と子どもの実態」(深谷鋼作)	・行財政のしくみ ・労基法と施設労働 ・養護労働 ・保母の仕事 ・施設養護と遊び ・集団主義養護の実践と課題	・子どもの自治について ・子どもの学習・遊び・労働について ・子どもの健康と 食生活 ・乳幼児養護 ・問題のある子の指導をどうするか ・知恵おくれの子どもの指導 ・子どもの進路指導とアフターケア ・要養護児童と家庭崩壊 ・里親・家庭養育 ・施設社会と施設 ・私達の要求する最低基準と運動 ・公私格差是正の運動 ・施設運営の民主化 ・施設労働者とボランティア活動の連帯 ・福祉労働とは何か
1975年 (第4回) at.東京	生存権保障の努力—生活援助のあり方と改善、施設の民主的運営	「教育と福祉の統一」(小川利夫)	・保母の仕事—福祉労働を考える中で—(神田ふみよ)	・子どもの生活と集団づくり ・集団における乳幼児の発達と生活指導 ・集団における幼児 ・学童の発達と生活指導 ・児童の将来と進路指導 ・集団生活と児童の学力と学習 指導 ・親との結びつきを深めるには ・公私格差と最低基準の改善 ・養護労働と施設の改善 ・施設の社会的役割
1976年 (第5回) at.京都	児童処遇の特徴と充実のための視点	「教育と福祉人間教育と養護実践」(高浜介二)	・乳幼児の発達保障をすすめるために (秋葉英則) ・措置費の運用と公私格差 (渡辺茂雄)	・子どもの自主性と自治 ・学力遅滞と学習指導 ・文化と子どもの生活 ・乳幼児の発達と生活指導 ・子どもの健康と食生活 ・子どもの将来と進路指導 ・親との結びつきを深めるために ・公私格差と最低基準の改善 ・養護労働と施設の改善 ・施設の社会的役割

					・養育里親 ●退廃文化と克服実践（海の子学園中寮） ●調布学園—その発展と歴史—
1977年 （第6回） at.京都	養護施設をめぐる状況と施設の役割	「現代社会における人格形成について」（浦辺史）	・乳幼児の発達と養護をめぐって（竹中哲夫） ・児童福祉法の成立過程（土井洋一） ・施設における最低基準（村岡末広） ・福祉労働論（真田是）	・施設で育つ子ども ・養育家庭の子ども ・施設と地域 ・子どもの将来と進路指導 ●学習ノートⅠ「貧困と児童の問題」 ●学習ノートⅡ「歴史と現状」
1978年 （第7回） at.愛知	要養護児童をめぐる状況とそれをめぐる最近の状況	「子どもたちは、いま」（斉藤茂男）	・働きがいのある施設をつくるために（竹中哲夫） ・家庭崩壊と子どもたち（高島進） ・生きる力、育つ力としての文化（とちろぎゆきお）	・施設と家庭と地域との関係どうとらえるか ・社会的養護をどのように高めるか ・ごはんか、おやつか—集団性を高めるとりくみ ・創りあげる生活をめざして ・調査報告 W寮児童の家庭背景
1979年 （第8回） at.愛知	要養護問題とは何か	「国際児童年と世界の子どもたち」（櫛田ふき）	・保母の仕事（春日明子） ・現代の貧困と養護問題（鈴木政夫） ・今日の非行問題（山口幸男） ・子どもの発達・遊び・労働（森田甫三郎）	・子どもたちとその表現 ・陣とり遊びで子どもが変わった ・養護施設における進路指導 ・乳児院におけるクラス別保育実践 ・教護の実践 東京都児相センター ・遊びと文化
1980年 （第9回） at.神奈川	養護施設の現状と課題	「危機の中の人権」（高橋磌一）	・保母の仕事（竹崎桃子） ・乳幼児の施設養護とホスピタリズム論（竹中哲夫）	・養護施設への措置変更に際して乳児院と養護施設の合同保育の試み ・排泄指導と子どもの発達の記録 ・あすをきりひらく新聞づくりをめざして ・全園的自治活動 ・地域における施設の役割 ・地域づくり
1981年 （第10回） at.東京	養問研10年の歩みと主張	「映画を語る」（山田洋次）	「健康と子どもの生活」（長谷場夏雄）	・集団養護の実践 ・学習指導の実践 ●座談会「養護労働と職場づくり」
1982年 （11回） at.愛知	臨調・行革と養護問題	「黒い雨にうたれて」（中沢啓治）	・養護問題と施設（村岡末広） ・集団主義養護と実践のあり方（浅倉恵一） ・子どもの発達と施設養護（竹中哲夫） ・臨調行革と社会福祉（高島進）	・家庭を大切にした施設づくり SOS子どもの村 ・小説「愛に生き、子らに生き」(1) ・社会の中の施設の役割「一時預かり」 ・思春期、青年期への発達論—人生周期との出合い ・F・G・H 二葉学園 ・祖父江文宏
1983年 （第12回） at.愛知	養護施設児童の進路保障	「夕やけ小やけ」（西村滋）	・今日の養護問題（福島一雄） ・懲戒と体罰（牧柾名） ・子育て文化の貧困と地域の子育て（増山均） ・私が歩んだ35年（荻野弘子）	・親と理解しあうために ・小説「愛に生き、子らに生き」(2)(3) ・高校進学へのとりくみ ・養護労働 ・「集団主義養護」についての学習会
1984年 （第13回） at.愛知	集団主義養護のあらたな発展のために	「今、子どもたちのために」（山口勇子）	・今日の養護問題（杉園正人） ・ぼくたちの15歳（小川利夫） ・女子非行の世界（山本明弘） ・私が歩んできた15年（大塚哲朗）	シンポジウム「いま養護労働者としてどう生きるか」 ・乳幼児の発達と生活指導 ・児童期の発達と学習指導 ・少年期、青年期の発達と生活指導 ・集団づくりと自治 ・養護労働と職場づくり ・子どもの生活と最低基準、措置費 ・施設と地域社会 ・養護問題と親、社会との関わり

第 2 章　戦後の社会的養護における養問研の活動　147

1985年 (第14回) at.京都	今日の子どもと家族問題―戦後40年の現実	「くらしと子育ての福祉論―戦後40年を振り返って」(池上惇)	・集団主義養護論　(浅倉恵一) ・今日の養護問題　(鈴木政夫) ・日記、作文の指導 (橘睦子) ・今、乳幼児養護をどう考えるか (忠津玉枝) ・私が歩んできた道 (武田真雄)	・乳幼児の発達と生活指導 ・児童期の発達と生活指導 ・少年期、青年期の発達と生活指導 ・集団づくりと自治 ・養護労働と職場づくり ・子どもの生活と最低基準、措置費 ・施設と地域社会 ・養護問題と親、社会との関わり
1986年 (第15回) at.京都	施設養護のあらたな展望を探る―養護論と養護実践のいっそうの発展のために	「現代の教育問題―教育と福祉の課題」(小川利夫)	・集団主義養護論 (浅倉恵一) ・今日の非行問題 (佐野健吾) ・見える学力、見えない学力 (岸本裕史) ・私の歩いてきた道 (川口亭) ・施設養護のためのカウンセリング入門 (竹中哲夫)	・乳幼児の発達と生活指導 ・児童期の発達と学習指導 ・少年期、青年期の発達と生活指導 ・養護労働と職場づくり ・施設と地域社会 ・養護問題の現状と社会、家族との関わり ●記念シンポジウム　「養問研の15年を語る―積先生の歩みを振り返って」
1987年 (第16回) at.神奈川	施設養護の前進のために今が必要か―施設の積極的な意義と役割を求めて	「現代を語る」(野坂昭如)	・集団主義養護論　(浅倉恵一) ・今日の養護問題と措置制度 ・「低学力児の進路指導」(福島一雄) ・少年期・青年期の発達と生活指導 ・私の歩んだ道 (国時昭宏) ・施設養護のためのカウンセリング入門　その2 (竹中哲夫) ・いのち芽ぶく子どもたち (池島寮・大阪府盲学校)	・乳幼児の発達と生活指導 ・児童期の発達と生活指導 ・生活づくりと自治 ・養護労働と職場づくり ・施設運営と児童養護の制度、政策 ・施設と地域社会 ・養護問題の現状と社会、家族との関わり
1988年 (第17回) at.神奈川	青年期の生活を充実させるために	「子どもの歴史・子どもの人権」(堀尾輝久)	・今日の養護問題 (小坂和夫) ・法律学からみた親子関係―親権制度と児童福祉 (許斐有) ・子どもの発達と進路指導 (菊池良輔) ・私の歩んできた道　(長谷川眞人)	・乳幼児の発達と養護内容 ・乳幼児施設の制度、政策 ・学力問題と学習指導 ・遊び、労働、文化活動 ・青年期の人格形成と生活指導 ・子どもの進路と社会生活の指導 ・子どもの生活と集団づくり ・養護労働と職場づくり ・施設運営と児童養護の制度、政策 ・養護問題と社会、家族との関わり
1989年 (第18回) at.岐阜	施設養護において生活　指導とは何か	「現代っ子の実態とその対応」(若林繁太)	・スタートラインの養護 (神田ふみよ) ・高校生の生活指導 (山本明弘) ・施設に文化を (田中寛次) ・研究報告―児童福祉臨床の方法・技術論 (竹中哲夫) ・実践報告―私と乳児院の仕事 (中村文子)	・乳幼児の発達と養護内容 ・乳幼児養護の現状と今後のあり方 ・子どもの生活と集団づくり ・子どもの学力と学習指導 ・遊び、労働、文化活動と指導 ・青年期の人格形成と生活、進路指導 ・養護の仕事と生きがい ・施設の運営管理と社会的養護制度 ・養護問題と家族、地域、社会 ・自立援助ホームを巡って
1990年 (第19回) at.兵庫	養護問題の1990年代の研究課題―国連子どもの権利条約の制定にあたって―	「働くこと、生きること―いま耕そう　子育ての土壌」(寿岳章子)	・スタートラインの養護 (延原正海) ・思春期の子育て (高垣忠一郎) ・行政改革と福祉の課題 (小沢修司) ・子どもと本の出会い (高山智津子) ・研究報告―高学齢児養護 (神戸賢次)	・乳幼児の発達と養護問題 ・子どもの生活と集団づくり ・子どもの学力と学習指導 ・青年期の人格形成と生活、進路指導 ・児童養護の現状と展望を考える施設の運営・管理と社会的養護の討論から ・養護問題と家族、地域、社会 ・自立援助ホームをめぐって
1991年 (第20回) at.愛知	養護問題の現状をどう見るか―子どもの権利条約の視点から	「現代日本の児童問題と子どもの権利条約」(一番ケ瀬康子)	・スタートラインの養護 (加藤和彦) ・養問研20年―歴史と主張 (浅倉恵一) ・養護問題と子どもの権利条約 (野澤正子)	・乳幼児の発達と養護内容 ・乳幼児養護の現状と今後のあり方 ・子どもの生活、文化と集団づくり ・子どもの学力と学習指導

年次	テーマ	記念講演・シンポジウム	特別報告・研究報告	分科会
			・子どもと文化（祖父江文宏） ・高校生の発達と生活指導（山本明弘） ・研究報告―養護問題の今日的課題（黒田邦夫）	・中学生の人格形成と生活、進路指導 ・青年期の人格形成と生活、進路指導 ・養護の仕事と生きがい ・養護問題と家族 ・人形作りと演技の挑戦 ・パンとうどんの手作り
1992年 （第21回） at.兵庫	これからの施設養護をどう考えるか―定員割れが広がる中で	「輝く笑顔をこどもらにと―『住み方』から子育てを見つめる」（田中恒子）	・スタートラインの養護（源野雅代） ・子どもの権利条約と養護指針（浅倉恵一） ・幼児期と思春期をむすぶ（正津房子） ・非行少年に寄り添って（佐野健吾） ・児童虐待と子どもの人権（許斐有） ・学校の再生をめざして（森垣修）	・乳幼児の発達と養護内容 ・乳幼児養護の現状と今後のあり方 ・子どもの生活、文化と集団づくり ・子どもの学力と学習指導 ・中学生の人格形成と生活、進路指導 ・青年期の人格形成と生活、進路指導 ・養護の仕事と生きがい ・養護問題と家族 ・発達に問題のある子どもの養護
1993年 （第22回） at.東京	児童養護問題の現状と子どもの人権を守るための課題―国際家族年に向けて	「家族病理入門」（斎藤学）	・私と児童養護（鈴木美都子） ・これからの養護施設問題（福島一雄） ・性から生を考える（浅井春夫） ・高校生の学力と生（吉田和子） ・子どもの遊びを創造する（二本松はじめ） ・児童養護の枠組と考え方（竹中哲夫）	・乳幼児の発達と養護内容 ・乳幼児養護の現状と今後のあり方 ・子どもの生活、文化と集団づくり ・子どもの学力と学習指導 ・中学生の人格形成と生活、進路指導 ・青年期の人格形成と生活、進路指導 ・養護の仕事と生きがい ・養護問題と家族
1994年 （第23回） at.東京	子どもの権利の視点から児童擁護の将来を考える―国際家族年にあたって	〈シンポジウム〉「これからの児童養護を考える」（福島一雄、高橋重宏、浅倉恵一、竹中哲夫）	・私と児童養護（前田佳代） ・男と女のいい関係（坂本洋子） ・子どもの遊びを創造する（二本松はじめ） ・積惟勝の生涯と思想（浅倉恵一） ・施設養護の現状と将来構想（竹中哲夫） ・養護施設の高校進学・アフターケア（村井美紀）	・乳幼児の養護 ・子どもの生活、文化と集団づくり ・子どもの学力と学習指導 ・中学生の人格形成と生活、進路指導 ・青年期の人格形成と生活、進路指導 ・養護の仕事と生きがい ・養護問題と家族 ・養護問題の将来 ・治療的援助方法の検討
1995年 （第24回） at.愛知	21世紀を展望して―児童養護の課題をさぐる	〈シンポジウム〉「21世紀を展望して―児童養護の課題をさぐる」（藤野興一、青山隆英、竹中哲夫、神田ふみよ）	・スタートラインの児童養護（田中実生） ・丹下さんの遊び教室（丹下進） ・高校生の生活と援助（吉田豊） ・児童養護を語る（浅倉恵一） ・養護施設と法律問題（多田元） ・歴史で見る児童養護―日本児童育成園100年史より（神戸賢次）	・乳幼児の養護 ・子どもの生活、文化と集団づくり ・中学生の人格形成と生活、進路指導 ・青年期の人格形成と生活、進路指導 ・養護の仕事と「生きがい」 ・養護問題と家族 ・養護問題の将来 ・養護施設と治療的ケア
1996年 （第25回） at.愛知	新しい児童福祉を展望して―児童福祉法改正の動きの中で	〈シンポジウム〉「児童福祉改革をどう見るか」（福島一雄、山縣文治、竹中哲夫、石塚かおる、喜多一憲、浅倉恵一・神田ふみよ）	・スタートラインの児童養護―私の児童養護実践から（河野博明） ・児童福祉改革の動きと展望（竹中哲夫） ・児童養護と心のケア（牧真吉） ・フェミニズムとはどんな考え方か（原山恵子） ・児童養護の調査、研究報告（児玉俊郎、金子龍太郎）	・児童養護問題の実態と社会的養護のあり方 ・乳幼児養護と乳児院改革の課題 ・生活づくりといじめ問題 ・中学生の援助の方法と制度的課題 ・高校生の援助の方法と制度的課題 ・自立援助と養護施設の課題 ・家族援助と共同子育て ・被虐待児童の援助
1997年 （第26回） at.京都	児童福祉法「改正」を子どもたちのために	〈シンポジウム〉「わたしらしくあなたらしく」（原山恵子、桜谷真理子、松岡純代）	・スタートラインの児童養護（沖君子） ・いまどきの子ども（高垣忠一郎） ・今学校を考える―いじめ不登校（中西実） ・児童福祉法改正問題を考える（竹中哲夫） ・養護施設と子どもの人権、子どもの権利ノート（黒田邦夫、川岸祥泰）	・児童養護問題の現状 ・乳幼児の援助 ・学童の援助 ・中学生の援助 ・中卒児童、高校生の援助 ・家族の実情と家族の援助 ・児童養護と心のケア ・児童福祉法改正問題と児童福祉施設の将来

年	テーマ	講演	報告	分科会
1998年（第27回）at.大阪	改正児童福祉法をどう生かすか―改正法、政令、省令、児童福祉最低基準の検討	「変貌する社会と青少問題」（野田正彰）	・私の児童福祉実践―学童保育から（森崎照子） ・改正児童福祉法の評価と課題（野田正人） ・精神科医が語る児童、青少年のキーワード（長谷川弘子） ・児童福祉援助方法はどうあるべきか（三宅芳宏） ・コミュニケーションを拓く（団士郎）	・児童養護問題の現状―子どもと家族の姿 ・乳幼児と学童の援助 ・中学生の援助 ・中学卒業児童・高校生の援助 ・家族の援助、女性の援助 ・情緒障害児、非行児童の援助 ・児童相談のネットワークをめぐって ・児童福祉職員と対人関係
1999年（第28回）at.神奈川	社会福祉基礎構造改革と児童福祉の今後を考える	元気の出る子育て論―子どものこころとおとなの愛（尾木直樹）	・私の中の児童養護、今・昔（野崎明子） ・対人援助職のセルフケア（吉岡隆） ・気になる子、気になる親―子どもへの関わり方（村井美紀） ・子どもは大人のパートナー（坪井節子） ・社会福祉基礎構造改革と児童養護施設（福島一雄）	・現代の養護実践と家族の援助 ・子どもの権利と施設づくり ・児童虐待―子どもと家族の援助 ・自立へ向けた養護の取り組み ・障害をもつ児童への養護の取り組み ・児童相談所と児童養護 ●徹底討論！社会福祉事業法改正と児童福祉
2000年（第29回）at.東京	子どもの権利保障の21世紀をめざし、研究活動の活性化を	〈シンポジウム〉「児童養護の未来に向けて」（高橋重宏、坪井節子、伊藤裕子、黒田邦夫、喜多一憲）	・児童養護50年の歩みからのメッセージ（長谷川重夫） ・子どもの自己信頼感を生活・養護のなかに育む（坂本洲子） ・虐待を受けた子への援助（増沢高） ・社会福祉基礎構造改革と児童養護施設（浅井春夫）	・子どもの生活、文化と集団作り ・施設の子どもの人権と施設運営 ・虐待を受けた子どもへの援助 ・自立支援、処遇計画と実践 ・社会福祉法でどうなる児童福祉施設 ・中高生の人格形成と生活・進路指導 ・荒れる子どもと援助の模索 ・親、家族、地域と自立支援 ・施設運営を考える
2001年（第30回）at.愛知	児童福祉・児童養護の動きとこれからの実践（援助）を考える―21世紀の児童福祉・児童養護の展望を探る	「これからの地域と子育て」（近藤郁夫） 「ジェンダー論の視点から子どもと家族を語る」（須藤八千代）	・司法からみた子どもの権利擁護（山田万里子） ・発達障害、情緒障害、被虐待児と心のケア（西田寿美） ・子どもと家族の心理臨床（定森恭司） ・児童養護施設と児童虐待の援助（祖父江文宏） ・児童相談所と児童ソーシャルワーク（川崎二三彦）	・児童養護施設における心理職の役割とチームワーク ・子どもの権利擁護をどう進めるか ・児童虐待対応における児童相談所と施設の連携のあり方 ・児童虐待のケア ・乳児院、里親と子育て支援 ・子どもの変化と文化、生活、集団づくり ●特別講座Ⅰ「職員のメンタルヘルス」 ●特別講座Ⅱ「若松学園問題経過報告」
2002年（第31回）at.愛知	児童福祉・児童養護の動きとこれからの実践（援助）を考える―21世紀の児童養護の展望を探る	「家族の現在、家族の未来」（山田昌弘）	・子ども虐待問題の再検討（竹中哲夫） ・社会的児童養護のこれからと現場の対応（安川実） ・児童養護施設における苦情解決について（木全和己） ・施設職員のメンタルヘルスケアについて（増沢高）	・生活、文化づくり ・権利擁護制度等の現状と実践 ・児童虐待への援助① ・児童虐待への援助② ・児童虐待への援助③ ●子どもの現状と進路保障 〈シンポジウム〉児童虐待防止法をどう見直すか ・地域子育て支援と児童養護
2003年（第32回）at.京都	新たな児童福祉改革への視点―ポスト基礎構造改革への胎動	「現代社会と子ども達」（安斎育郎）	・児童虐待（家族統合論）（川崎二三彦） ・東京都の児童養護―里親制度の新しい動きを ふまえて（武藤素明） ・不況の長期化と進路保障（小野英貴、高橋冬彦） ・児童福祉法、児童養護はどう動いているか―2002〜2003の動きから（竹中哲夫）	・福祉文化と生活作り ・権利擁護・評価制度 ・児童虐待―ケースマネジメントネットワーク ・児童虐待―親への援助 ・児童虐待―子どもへの援助 ・進路保障 ・地域にねざす児童養護施設

年（回）・会場	テーマ	記念講演等	分科会・講座等（報告）	分科会
2004年 （第33回） at.京都	児童福祉・児童養護の新しい道を問う	〈シンポジウム〉「児童福祉・児童養護の新しい道を問う」（安保千秋、武藤素明、北川拓）	・これからの児童養護内容を考える（浅倉恵一） ・これからの社会的養護のあり方（野田正人） ・特別に支援を要する子供達への対応—専門家の視点（白石恵理子） ・社会へのスタートを支えて—私の第二のスタート（沖君子） ●〈特別講座〉「職員のメンタルヘルス」（三野善央）	・虐待を受けたこどもを支える集団づくり ・子どもの人権と生活 ・児童虐待・子育て支援とネットワーク ・児童虐待と家族への援助 ・児童虐待と子どもへの援助 ・児童養護施設における青年期の自立支援について ・地域に根ざす児童養護施設
2005年 （第34回） at.東京	現代社会と新しい福祉制度—新しい制度をどう捉え、どう実践するか	「現代社会と子どもの未来」（斉藤貴男）	・児童養護をめぐる制度の動きと課題（吉田恒雄） ・虐待する親の理解と対応—現在の虐待最前線を見て（広岡智子） ・扱いに困る子への対応—AD/HDを中心に（高山昭子） ・児童養護の新しい枠組み—変革の方向について（喜多一憲） ・子どもの権利擁護—施設内虐待を受けた子の救済は誰か（川村百合） ・児童養護施設のセラピスト（加藤尚子）	・子どもの生活を守る集団づくり ・対人関係のワークショップ ・地域連携で進める児童虐待への対応 ・児童虐待と家族支援 ・児童虐待と子どもへの支援 ・青年期の自立支援に取り組む ・これからの児童養護施設の方向と役割
2006年 （第35回） at.東京	思春期・青年期の自立支援をどのようにすすめるか—児童福祉「改革」の潮流の中であるべき社会的養護像を探る	「精神科医から見た現代の子どもたち」（奥山眞紀子） 〈特別講座〉「取材で出会った児童養護施設の子どもたち」（大久保真紀）	・これからの児童養護施設を考える（福島一雄） ・青少年の自立について（佐藤洋作） ・学校と児童養護施設の連携（玉井邦夫） ・私の出会った子どもたち（春日明子） ・特別な支援の必要な子どもたちをより深く理解するために—ペアレントトレーニングプログラムをもとに（伊藤香苗） ・福祉職場におけるチームワークとリーダーシップ、メンバーシップ（村井美紀） ・施設内で子ども同士の性暴力場面を発見した時（木全和己）	・青年期の自立支援 ・施設と学校との連携 ・対人援助関係のワークショップ ・ワークショップ、セカンドステップ ・施設改革と職員集団つくり—施設改善の取り組み ・施設・里親の連携—社会的養護の選択肢を増やすために ・軽度発達障害を持つ子への支援 ・児童虐待と家族支援
2007年 （第36回） at.愛知	子ども・青年の人権と発達保障を目指して—格差社会を克服するための福祉・教育の拡充を	「子どもの人権と青年期の自立」（新村洋史） 文化の夕べ「ドングリ山のやまんばあさん」（劇団うりんこ）	・チエちゃんの夢（鳴海賢三） ・青年期の自立支援（蛭沢光） ・発達障害児の支援（小川英彦） ・児童虐待と家族—修復と再統合をめぐって（石田公一） ・児童相談所の現状と児童相談ネットワーク（日江井幸治） ・少年法改正の問題と子どもの人権—いじめ・不登校・愛知学園問題を視野に入れて（多田元） ・施設小規模化の功罪—職員問題をめぐって（武藤素明）	・青年期の自立支援 ・児童養護施設と発達障害の支援 ・児童虐待への対応、家族関係修復・再統合の試み ・小規模グループケア・地域小規模施設の実践をどうすすめていくか ・子育支援・里親との連携 ・乳児院の現状とこれからの方向 ・心理担当職員の役割とチームワーク ・生活と文化と人権保障—人権侵害の発見と克服
2008年 （第37回） at.愛知	あらためて、ひとりが育ち、集団が育つ児童養護実践を—新しい制度の動向をふまえつつ	「若者と貧困—児童養護施設の子どもがしあわせになるために」（もやい事務局長湯浅誠）	・スタートライン（大塚涼子） ・青年の未来を拓く（喜多一憲） ・発達障害児への理解と支援（西田寿美） ・児童虐待対応の制度改正と家族修復・再統合をめぐって（二宮直樹） ・児童相談所と市町村の連携（石田公一） ・非行少年の支援と少年法の改正（八田次郎） ・児童養護問題の構造と家族の貧困・生活問題（堀場純矢）	・青年期の自立支援 ・児童養護施設と発達障害の支援 ・児童虐待への対応—家族関係修復・再統合の試み ・小規模グループケア・地域小規模施設の課題 ・子育支援・里親との連携 ・乳児院の現状とこれから ・心理担当職員の役割と施設内チームワーク ・生活と文化と人権保障—人権侵害の発見と克服

2009年 (第38回) at.京都	子ども・青年の未来を拓く制度改善と発達保障	「若者の生きづらさと自己肯定感」（立命館大学教授 高垣忠一郎）	「いつまでも一緒にいてね」のねがいを胸に―キャリア30年職員が語る、働き続ける素晴らしさと条件作り（鳴海賢三、森脇篤子、山川靖子、源野雅代） ・青年の未来を拓く（望月彰） ・発達障害のある子どもの理解と援助―相談例を通して具体的な配慮と支援を考える（池添素） ・児童養護施設の現場から―いまどきのちょっとした実践報告（浅利晋） ・児童相談所及び児童養護施設が行う家庭支援（前橋信和） ・社会的児童養護の制度と課題（武藤素明） ・文化の創造と実践（永井健）	・青年期の自立支援 ・発達障害の支援―生活日常ケア・アフターケア ・発達障害の支援―治療的ケア ・虐待への対応―インケア ・虐待への対応―家族ケア ・小規模グループケア・地域小規模施設の課題 ・地域における子育て支援・里親の現状と方向性 ・乳児院の現状とこれからの方向性
2010年 (第39回) at.大阪	子どもも大人も安心できる生活づくり―実践力をどう高めるか？	「貧困とこども（へ）の暴力」（ホームレス問題の授業づくり全国ネット 生田武志）	・児童養護施設職員として働く意味と働く環境づくり（武田曜、原田裕貴子、高橋ふき、吉迫宣俊） ・発達障がいの理解と支援（里見恵子） ・子どもの暴力問題を考える（遠藤由美） ・児童相談所と家庭支援（西山雅巳） ・なぜ職員は辞めるのか（黒田邦夫） ・文化の創造と実践（佐伯洋）	・義務教育修了児童へのリービングケア ・対応が困難な子どもの事例検討の仕方 ・施設運営の改善への取り組み―やめたい気持ちを超えた時 ・家族支援・共同子育て ・暴力克服に向けた取り組み ・新たな制度を活用した施設づくり ・地域における子育て支援・里親の現状と方向性 ・性について
2011年 (第40回) at.東京	時代が求める社会的養護の変革と新しい養護の創造を	〈シンポジウム〉「社会的養護―激動期の総括と将来展望」 ＊コーディネーター：喜多一憲（養問研会長） シンポジスト：村井美紀（東京国際大学准教授）・渡井さゆり（NPO法人 日向ぼっこ理事長）・武藤素明（二葉学園施設長）	・働き続けられる職場づくりと員養成（中山正雄） ・青年期の性（浅井春夫） ・発達障がい―児童養護施設で暮らす子どもの理解と支援（吉村譲） ・施設で育つ世界の子どもたち（岩崎浩三） ・児童相談所における虐待対応と機関連携―児童虐待防止法の10年（佐藤隆司） ・生い立ちを通して伝えたこと（佐野優） ・自立への取り組み―婦人保護施設にたどり着く女性たち（清水正夫） ・施設内暴力に対する職員の意識調査報告（北林等）	・青年期の自立支援 ・発達障がいをもつ子どもへのアプローチ ・施設運営改善への取り組み ・社会的養護の多様な担い手 ・子ども同士の関係へ支援 ・ワークショップ　軽度発達障がいの理解と対応 ・性教育の取り組み ・社会的養護経験者と支援が共に明日を考える
2012年 (第41回) at.東京	地域にいきる児童養護の創造―育ち合いと絆の生活づくり	「『3.11』から学ぶ日本の子ども・子育ての再考―子ども観・子育て観の転換」（早稲田大学文化構想学部 増山均）	・生活単位の小規模化と施設づくり（石井義久） ・生い立ちの整理（大野加代） ・児童虐待と発達障がい（玉井邦夫） ・居場所を失った子どもを守る子どもシェルターの挑戦（坪井節子） ・暴力のない施設づくり（浅井春夫） ・二つの震災に出会って（岩城利充） ・施設退所後の生活をどう支えるか（高橋亜美） ・児童相談所・一時保護所と児童養護施設との連携（茂木健司）	・生活単位の小規模化と施設づくり ・思春期・青年期の〝性〟 ・発達障がいをもつ子どもへのアプローチ ・社会的養護の多様な担い手 ・子どもの暴力への対応と施設づくり ・東日本大震災に学ぶ ・青年期の自立支援　児童養護施設大学進学者3名等 ・日々の「生活」を通じた支援

年（回）・場所	テーマ	シンポジウム	報告	分科会
2013年（第42回）at. 愛知	小規模化の流れのなかで、子どもと職員の権利の統一を	〈シンポジウム〉「小規模化の流れのなかで、子どもと職員の権利」 *コーディネーター：喜多一憲（養問研会長・中部学院特任） *シンポジスト：吉田隆三（アメニティホーム広畑学園施設長）・武藤素明（二葉学園 統括施設長）	・養問研への招待—仲間とつくる豊かな実践（永井健） ・発達障碍の臨床像と親子関係を考えてみる（江口昇勇） ・子どもの育ちといわゆる心の傷（牧真吉） ・施設内の問題行動や人権侵害にどう向き合うか（中山正雄） ・施設における性教育を定着させるために（木全和巳） ・自立を支えるための社会資源—社会的養護の当事者から学んだこと（長瀬正子） ・児童相談所と施設が連携して、当事者のパートナーとして子どもの安全をつくる（井上薫・井上直美） ・ケア単位の小規模化と施設機能の高度化における人材育成と職員集団づくり（黒田邦夫）	・子どもの集団づくり ・児童養護施設と発達障がい児への支援 ・子どもの生活を支える職員集団づくり ・子ども暴力への対応と施設づくり ・思春期・青年期の性 ・青年期の自立支援 ・里親支援・ファミリーホームの実践 ・生活単位の小規模化の取り組みと課題
2014年（第43回）at. 愛知	生活単位の小規模の流れのなかで、子どもと職員の権利の統一的保障を	「未来をになう子どもたちに 仲間とつくろう豊かな実践を」（愛知県立大学 望月彰）	・児童養護への招待（岡出多申） ・障がいのある子どもと社会的養護実践の課題（木全和巳） ・施設の置かれた状況とそこで働く職員のメンタルヘルス（江口昇勇） ・施設内暴力の根絶に向けた具体的な取り組み（早川悟司） ・大切な私・大切なあなた—権利教育から考える性教育実践（鎧塚理恵） ・当事者の語りからこれから社会的養護を描く（蛯沢光・浅井梨沙・加久保亮平） ・児童相談所と施設の連携（高橋和子） ・今、児童養護施設関係者は何をしなければならないのか（武藤素明）	・子どもの生活づくり ・治療的養護—発達障がい ・子どもの生活を支える職員の集団づくり ・豊かな人間関係を育てる ・親への支援 ・青年期の自立支援 ・子どもの生活を支える職員の集団づくり ・里親・ファミリーホームの実践 ・生活単位の小規模化
2015年（第44回）at. 兵庫	子どもと職員（支援者）の権利をともに護る—「家庭的養護推進計画」の流れのなかで	〈シンポジウム〉「子どもと職員（支援者）の権利をともに護る—『家庭的養護推進計画』の流れのなかで」 *コーディネーター：伊部恭子（佛教大学） *シンポジスト：安部慎吾（唐池学園 児童指導員）・今井紗知子（三光塾 児童指導員）・鈴木喜子（二葉学園 里親支援専門相談員）・早川悟司（子供の家 施設長）	・児童養護の実践現場で大切なこと（岩田正人） ・子ども虐待と発達障がい（樋口純一郎） ・ジェネラリスト・ソーシャルワークの考え方と支援のすすめ方（山辺朗子） ・施設内暴力の根絶に向けた実践（永井健） ・ライフストーリーワークの理念と実践（才村眞理） ・当事者の語り（佐藤走野／京都市）・畑山麗衣／神戸市） ・ファミリーホームの可能性とその課題—土井ホームの実践より（土井高徳） ・児童養護施設等の配置基準の改正と家庭的養護推進計画等について（武藤素明）	・子どもの生活づくり ・治療的養護—発達障がい ・子どもの生活を支える職員の集団づくり ・治療的養護—発達障がい ・豊かな人間関係を育てる ・子どもの生活を支える職員の集団づくり ・親への支援 ・豊かな人間関係を育てる ・青年期の自立支援 ・里親・ファミリーホームの実践 ・生活単位の小規模化
2016年（第45回）at. 大阪	子ども・親・職員（支援者）の人権保障と豊かな関係をめざし	子ども・親・職員（支援者）の人権保障と豊かな関係をめざして	・児童養護への招待（宮﨑正宇） ・児童虐待への支援で発達障害が見えると支援が豊かになる（幸田有史）	・子どもの生活づくり ・治療的養護—発達障害 ・子どもの生活を支える職員の集団づくり

第2章 戦後の社会的養護における養問研の活動

て―「家庭的養護推進計画」の流れのなかで	―「家庭的養護推進計画」の流れのなかで（北海道大学大学院松本伊智朗）	・働きがいのある職場づくり―誰のための誰の働きがいづくり（吉田隆三） ・児童養護施設における職員・子ども間の暴力をなくすために―法的視点から考察する（森本志磨子） ・中と養育の支援の基本と子どもの理解―里親、施設、ステップーファミリーの子どもが求めているもの（津崎哲郎） ・当事者の語り（蛯沢光、他） ・ライフストーリーワークの理念と実践（才村真理） ・家庭的養護推進計画及び都道府県推進計画について学ぶ（大橋和弘）	・豊かな人間関係を育てる ・親への支援 ・青年期の自立支援 ・他機関や地域との連携 ・家庭的養護推進計画の流れのなかで

出所：全国児童養護問題研究会（1987）『そだち合う仲間』№13, 42-45. をもとに項目を一部改変してその後を追加して堀場作成

全国児童養護問題研究会全国大会「テーマ」一覧

回数	開催年次	大会テーマ・基調報告など
第1回	1972年	語り合おう職場の問題を、考え合おう養護問題の展望を
第2回	1973年	児童の生存権と施設労働者の人権を守れ（大会宣言）
第3回	1974年	施設の民主化をめざし、話し合いの輪を広げる中で、育ち合う子どもの未来を
第4回	1975年	生存権保障の努力～生活援助のあり方と改善、施設の民主的運営～
第5回	1976年	児童処遇の特徴と充実のための視点
第6回	1977年	養護施設をめぐる状況と施設の役割
第7回	1978年	養護児童をめぐる状況とそれをめぐる最近の状況
第8回	1979年	養護問題とは何か
第9回	1980年	養護施設の現状と課題
第10回	1981年	養問研10年の歩みと主張
第11回	1982年	臨調・行革と養護問題
第12回	1983年	養護施設児童の進路保障基調報告（養問研の歩みと主張）
第13回	1984年	集団主義養護の新たな発展のために
第14回	1985年	今日の子どもと家族問題～戦後40年の現実～
第15回	1986年	施設養護のあらたな展望をさぐる～養護論と養護実践のいっそうの発展のために～
第16回	1987年	施設養護の前進のために今何が必要か～施設の積極的な意義と役割を求めて～
第17回	1988年	青年期の生活を充実させるために
第18回	1989年	施設養護において生活指導とは何か
第19回	1990年	養護問題1990年代の研究課題～国連子どもの権利条約の制定にあたって～
第20回	1991年	養護問題の現状をどう見るか～「子どもの権利条約」の視点から～
第21回	1992年	これからの施設養護をどう考えるか～定員割れが広がる中で～
第22回	1993年	児童養護問題の現状と子どもの人権を守るための課題～国連・国際家族年に向けて～
第23回	1994年	子どもの権利の視点から児童養護の将来を考える～国際家族年にあたって～
第24回	1995年	21世紀を展望して～児童養護の課題をさぐる～
第25回	1996年	新しい児童福祉を展望して～児童福祉法改正の動きの中で～
第26回	1997年	児童福祉法「改正」を子どもたちのために
第27回	1998年	改正児童福祉法をどう生かすか～改正法、政令、省令、児童福祉最低基準等の検討～
第28回	1999年	社会福祉基礎構造改革と児童福祉の今後を考える
第29回	2000年	子どもの権利保障の21世紀をめざし、研究活動の活性化を
第30回	2001年	児童福祉・児童養護の動きとこれからの実践（援助）を考える～21世紀の児童福祉・児童養護の展望を探る～
第31回	2002年	児童福祉・児童養護の動きとこれからの実践（援助）を考える～21世紀の児童福祉・児童養護の展望を探る～
第32回	2003年	新たな児童福祉改革への視点～ポスト基礎構造改革への胎動～
第33回	2004年	児童福祉・児童養護の新しい道を問う
第34回	2005年	現代社会と児童福祉諸制度の「改革」～新しい制度をどうとらえ、どう実践化するか～
第35回	2006年	思春期・青年期の自立支援をどのようにすすめるか～児童福祉「改革」の潮流の中であるべき社会的養護像を探る～
第36回	2007年	子ども・青年の人権と発達保障を目指して～格差社会を克服するための福祉・教育の拡充を～
第37回	2008年	あらためて、ひとりが育ち、集団が育つ児童養護実践を～新しい制度の動向をふまえつつ～
第38回	2009年	子ども・青年の未来を拓く制度改善と発達保障
第39回	2010年	子どもも大人も安心できる生活づくり～実践力をどう高めるか？～
第40回	2011年	時代が求める社会的養護の変革と新しい養護の創造を
第41回	2012年	地域にいきる児童養護の創造～育ち合いと絆の生活づくり～
第42回	2013年	生活単位の小規模化の流れのなかで～子どもと職員の権利の統一を～
第43回	2014年	生活単位の小規模化の流れのなかで～子どもと職員の権利の統一的保障を～
第44回	2015年	子どもと職員（支援者）の権利をともに守る～「家庭的養護推進計画」のながれの中で～
第45回	2016年	子ども・親・職員（支援者）の人権保障と豊かな関係をめざして～「家庭的養護推進計画」の流れのなかで～

注）全国児童養護問題研究会『そだちあう仲間』（各号）をもとに、堀場、遠藤作成

第3章

子どもと職員の人権保障と実践指針

第1節　家庭環境を奪われた子どもの権利保障と実践指針

望月　彰
（養問研監査／愛知県立大学教授）

1．子どもの権利保障をめざす児童養護の実践的蓄積
（1）家庭環境を奪われた子どもの養護

　現代すなわち第二次世界大戦終結後の日本における児童養護は、家庭環境を奪われた子どもを社会的に保護し、その生命への権利や個人の尊厳に立脚した生存・発達の確保をはじめとするさまざまな権利を保障するいとなみである。現代社会において、子どもは、「社会の基礎的な集団」としての家族に見守られながら産まれ、育ち、くらすことが望ましく、「その人権の完全なかつ調和のとれた発達のため、家庭環境の下で幸福、愛情及び理解のある雰囲気の中で成長すべきである」（注1）。しかし、現実にはさまざまな理由でそのような家庭環境を奪われることがある。主要な理由は、貧困などに基づく家庭生活や家族関係維持の困難であり、その背景には経済体制、労働環境、社会福祉・社会保障の未整備等の社会問題がある。直接的には実親の養育能力の欠如や事故・事件、災害など、私的・個別的な問題あるいは偶発的な危機があったとしても、それを補う子育ての共同性の衰退あるいは社会的支援システムの未整備が養育困難を生み出すことから、児童養護はこうした支援体制の未整備や運用実態における矛盾を内包しつつ、家庭環境を奪われた子どもを社会的に養育する制度であり、その機能および運用・実践であるといえる。

　この児童養護という概念に対して、社会的養護という概念がある。前述のように、児童養護は本来的に社会的な概念であり、従来、児童養護という場合、主として乳児院、児童養護施設および児童自立支援施設、母子生活支援施設等の児童福祉施設とそこでのいとなみが想定され、それらについてはさらに施設養護あるいは児童集団養護などの概念も用いられながら制度・政策、内容・方法論、職員論などが検討されてきた。このことに対して、里親や養子縁組を含め、また、グループホームやファミリーホームなどの小規模もしくは一般家庭に近い形態の児童養護の体系を含めて、家庭環境を奪われた子どもを養護する社会的なシステムを総称する概念として、あえて社会的養護の言葉が用いられるようになったといえる。

　社会的養護の言葉が使用されはじめたのは、1978年の東京都児童福祉審議会意見具申「新しい社会的養護計画に向かって―要養護児童をめぐるコミュニティー・サービス展開の方策―」、あるいは1985年に発表された資生堂社会福祉事業財団・社会的養護の今後のあり方に関する研究班「社会的養護の今後のあり方に関する提言」などが契機であると思われる（注2）。また2003年5月には、厚生労働省の社会保障審議会児童部会に「社会的養護のあり方に関する専門委員会」が設置され、社会的養護という概念は、こんにちでは行政用語としても定着している。ただし以

下では、乳児院、児童養護施設等児童福祉施設での実践・施設運営などに関して、主に全国児童養護問題研究会の果たしてきた要養護児童（家庭環境を奪われた子ども）の権利保障と実践指針策定および実践検討の経過に着目することから、ほぼ同義とはいえ、社会的養護という言葉ではなく、いわゆる施設養護における実践・施設運営等にやや傾斜した児童養護という言葉を用いることとする（注3）。

(2) 子どもの権利としての児童養護

　子どもの権利としての児童養護という考え方は、第二次世界大戦終結後、日本国憲法とこれに基づく児童福祉法が制定されてからのものである。それ以前の近代日本における児童養護は、零細農民や都市下層社会に暮らす貧しい人々の家庭事情あるいは飢饉や災害などに起因して家庭環境を奪われることとなった子どもの生命をたすけるところから出発した（注4）。それらの実践は、基本的には創設者たちの善意に基づく慈善事業としてのいとなみであり、また、国家としては、子どもを富国強兵のための「人的資源」とする立場からこうした事業をやがて社会事業（児童保護事業）として奨励したという側面はあったが、児童養護の創設者たちによる子どもの幸せと健全な育成を望んで取り組んだ実践には、子どもの権利保障という思想につながるヒューマニズムが底流していたといえよう。

　戦後日本の児童養護は、第二次世界大戦によって家庭環境を奪われた全国で1万2700人と推計されたいわゆる戦災孤児・「浮浪児」たちの保護からはじまった（注5）。1946年11月3日には、「政府の行為によって再び戦争の惨禍が起こることのないやうにすることを決意し」て日本国憲法が交付され、その第97条に「人類の多年にわたる自由獲得の努力の成果であって」、「侵すことのできない永久の権利」として銘記された基本的人権の精神に基づき、1947年12月に児童福祉法が制定された。日本国憲法には、「個人の尊厳」（13条）、「生存権」（25条）、「教育を受ける権利」（26条）をはじめ、子どもを含むすべての国民の基本的人権が明記された。児童福祉法には制定当初から2016年の法改正まで「権利」の言葉は用いられていなかったが、この憲法に基づいて制定されたことから、同法は子どもの権利を守るための基本法に他ならないといえる。

　戦後日本の児童養護は、戦後直後における戦災孤児などの緊急保護的な対策から出発し、その後の社会状況の変化に応じて、家庭環境を奪われた子どもの権利を保障するために家庭に替わり生命・生存・発達や健康で文化的な生活の場を保障することが期待されてきた。しかし、政府が定めた児童福祉施設最低基準は戦後直後の緊急保護のために必要な条件にすぎず、その後もそのような水準および理念を越えるものではなかったために、児童養護施設などにおける子どもの権利保障は困難な道を歩まざるを得なかった。

　しかしそのなかでも、豊かな児童養護実践を追求する施設や職員たちの努力が積み上げられてきた。とりわけ、「家庭に勝るとも劣るものではない」という高い理想を掲げ、集団生活を通して子どもたちの育ち合いを追求した積惟勝（1906-1983年）を施設長とする松風荘（沼津市に所在する東京都所管の児童養護施設）の実践（注6）は、全国の乳児院、養護施設をはじめとする児童福祉施設や児童相談所（以下、児相）などで子どもの権利保障をめざして奮闘している職員

たちに大きな刺激を与えた。1968年には、そうした職員たちを中心に「養護教育を高めるために、互いに手を結ぼう」という「呼びかけ」が出され、当初50名の賛同者により全国養護問題研究会（1998年から全国児童養護問題研究会に名称変更。略称、養問研）が発足し、岡山、千葉ついで愛知、神奈川などで支部づくりがはじまった。1972年9月には、第1回全国大会（於、日本福祉大学）がのべ500名の参加者で開催され、第1回総会において、規約および会の名称の決定、運営体制の確立が行われた。その後、毎年1回の全国大会や支部活動等を通して、実践の向上をめざした研究交流活動が展開されることとなった。

松風荘は、定員25名の比較的小規模な施設であったこともあり、家庭的な雰囲気を重視していた。一方で、行事や日課はもちろん生活上のさまざまな問題について職員と子ども全員参加の家族会議による話し合いで決めることを原則とし、新規入所措置の受け入れまでも子どもの意見を尊重して「決定」するなど、むしろ集団生活であることを活用して、子どもが主人公の施設生活づくりや民主主義社会における主権者に育てる実践を展開した。

全国の児童養護施設は、定員30名から60名規模が多く、中には定員100名を越える施設もある（表1参照）。生活単位が大きくなると、どうしても管理的側面が強くなり、子ども1人ひとりの気持ちや思いを酌み取りにくくなるが、その懸念を自覚することにより、集団生活のなかで子どもの権利を守り実現することが実践課題となる。子どもの権利を実現する実践の基本は、1人ひとりの子どもを権利の主体として認め、その意見を尊重することである。そのうえで、それぞれの子どもが抱えている発達上の課題に適切に応えていくこと、そのための職員の専門的資質の向上や施設運営の改善を実現する必要がある。養問研は、そのような課題意識を共有しながら研究交流（注7）を深めるとともに、子どもの権利を保障するための実践の具体的な指針を追求し

表1 定員別の児童養護施設の数

	総　数	公　営	私　営
総数	609	15	594
10人以下	7	-	7
11〜20	6	1	5
21〜30	72	4	68
31〜40	107	4	103
41〜49	78	-	78
（再掲）41〜45	48	-	48
（再掲）46〜49	30	-	30
50	61	1	60
51〜60	98	3	95
61〜70	61	1	60
71〜80	56	1	55
81〜90	22	-	22
91〜100	20	-	20
101〜110	9	-	9
111〜120	4	-	4
121〜150	6	-	6
151〜200	2	-	2
201人以上	-	-	-

＊出典：2015年社会福祉施設等調査（厚生労働省HP公開資料）

第3章　子どもと職員の人権保障と実践指針　159

てきた。

2．養問研「児童養護の実践指針」
(1) 実践指針策定の現実的要因

　養問研は、子どもの権利を保障する児童養護実践をめざし、1987年から児童養護の実践指針の検討を開始し、1989年にはこれをとりまとめ「養問研施設養護指針（第1版）」を発表した。また同年末に国連総会で子どもの権利条約が採択されたことをふまえて「第2版」を作成し、そのうえで「子ども版実践指針」を作成した。さらにその後に改訂を重ね、現在は1997年9月発表の「〈施設養護における子どもの権利のための指針〉『児童養護の実践指針』（第4版）」および「子ども版実践指針（第2版）『あなたの権利はどう守られるか：子どものための手引き』」が提起されている。

　養問研が実践指針の策定に取り組んだ現実的要因として、1つには、1980年代に相次いで児童養護施設などに関わる衝撃的な事件が続発するという事情があった。1983年には東京の乳児院、児童養護施設で育った少年が起こした練馬女子大生殺害事件があり、裁判を通して施設内での子ども同士による凄惨な暴力やそれを放置してきた施設の実態が浮き彫りになった（注8）。1985年には名古屋市児相で一時保護所中の児童が宿直職員を殺害して逃走する事件が起こり、また1986年には大阪の児童養護施設で中学3年の入所児童らが小学1年の女児をリンチによって死亡させる事件が起こった。この大阪の事件を通して、施設職員による「体罰」をはじめ子どもの人権を無視し侵害する施設運営が、少なくない児童養護施設で日常的に行われている実態が問題とされた。

　こうした事態をふまえ、1986年には、養問研東京支部と児童相談所問題研究会および日本社会福祉労働組合東京支部の三者共催でシンポジウム「子どもの人権と養護施設」（注9）が開催された。その案内チラシには、「荒廃する社会の中で、その矛盾を一身に背負って生きている子どもの人権を守り、その正しい成長を支えるために、施設養護はどうあるべきでしょうか。また、いま、関係者は何をしなければならないでしょうか。ぜひ、一緒に考えてみたい」と訴えている。事件をきっかけに児童養護の実情を改めて見つめ直し、子どもの人権を守るとともに、その権利を積極的に保障するための児童養護実践のあり方が重大な課題として自覚されることになった。

　いま1つは、1980年代後半以降の行政改革および社会福祉制度改革により、措置制度の解体化と国庫負担金の削減、国の人権保障行政（機関委任事務）の自治体への権限委譲（団体委任事務化）など、人権保障に対する国家責任が大きく後退するなかで、児童養護施設の安定的運営、したがって施設における子どもの権利保障のための実践の基盤を脅かすこととなった政策動向があげられる。また同時に、1986年に資生堂社会福祉事業財団の「社会的養護の今後のあり方に関する提言」、東京都福祉局児童部の「東京都ファミリーグループホーム試行制度に関する最終報告」など、施設養護に対する批判的な提言が打ち出されたことも現実的要因であった（注10）。いずれにしても、そうした動向は、現実に施設養護のもとでくらしている3万人を超える子どもの権利保障にとって危機的状況に他ならないとの認識があった。養問研は、施設養護に携わる専

門職集団としての立場から、子どもの権利を守り保障するための積極的な指針を提起する必要に迫られたといえる。

(2) 養問研による実践指針の提案

養問研による実践指針の検討は、1987年の第16回養問研全国大会に始まる。同大会の基調報告で、「施設養護の前進のために今何が必要か」という命題に対して、「養問研施設養護基準（第1試案）」が提案され、その後1997年の「児童養護の実践指針（第4版）」に到るまで多くの議論が交わされることとなった。その推移を整理すると下記の通りである。

① 1987年6月第16回全国大会で「養問研施設養護基準（第1試案）」発表（注11）。
② 1988年6月第17回全国大会で「養問研施設養護基準（第2試案）」提案。
③ 1988年9月に「養問研施設養護指針（第2試案―修正版）」発表。
④ 1989年6月第18回全国大会で「〈子どもの施設養護における人権宣言をめざして〉『養問研施設養護指針（第1版）』―乳児院・養護施設の養護はいかにあるべきか―」提案（注12）。
　※同年11月　国連総会で子どもの権利条約採択。
⑤ 1990年6月第19回全国大会で「養問研施設養護指針（第2版）」提案。
⑥ 1991年2月　「〈施設養護における子どもの権利〉― Children's Rights in Residential Care―『児童養護の実践指針（第2版―修正版）」提案（注13）。
⑦ 1993年6月第22回全国大会で「あなたの権利はどう守られるか：子どものための手引き（参考資料）」を発表。
⑧ 1994年4月　「〈施設養護における子どもの権利のための指針〉― A Guideline of Children's Rights for Residential Care ―『児童養護の実践指針』（第3版）」および「あなたの権利はどう守られるか：子どものための手引き（第1試案）」を発表。同年6月第23回全国大会で提案（注14）。
　※同年4月22日、国連子どもの権利条約を日本政府が批准（5月22日発効）。なお、この年は国際家族年。
⑨ 1995年10月に「あなたの権利はどう守られるか：子どものための手引き（第1版）」（略称：子ども版実践指針）発表。
⑩ 1997年9月　「〈施設養護における子どもの権利のための指針〉― A Guideline of Children's Rights for Residential Care ―『児童養護の実践指針』（第4版）」および「あなたの権利はどう守られるか：子どものための手引き（第2版）」（略称：子ども版実践指針）発表（注15）。
　※同年6月　児童福祉法改正（1998年4月施行）。養護施設が児童養護施設に改称され、保育所入所が措置制度から外されるなど大幅な改正。

養問研による実践指針の検討経過の背景には、国連子どもの権利条約の採択と日本政府による批准、児童福祉法改正など重要な出来事があり、実践指針の内容もそれに応じて再検討されてき

第3章　子どもと職員の人権保障と実践指針　　161

た。特に、1994年の日本政府による国連子どもの権利条約の批准は、子どもの権利のための「児童養護の実践指針」を、当事者である子ども自身にもわかる形で示す必要を提起したものであり、これに応えて「あなたの権利はどう守られるか：子どものための手引き（第1試案）」が提案されている。

　また、国連子どもの権利条約批准を契機に、児童養護施設入所時に児相の担当ワーカーから子どもに手渡される「子どもの権利ノート」の作成・配付が始まり、児童養護施設にはそこに明記された子どもの権利に即した施設運営や養護内容が求められるようになった。自治体のなかで最も早く1995年12月に「子どもの権利ノート」を作成した大阪府では、1998年11月に「児童施設援助指針」を策定し、「子どもの権利ノート」を併用しつつ、これを施設入所措置決定時に児相が作成する「援助計画」および受け入れ施設が作成する自立支援計画や入所後の援助内容に反映させる取り組みを進めた。なお、大阪府の「児童施設援助指針」の策定には、施設職員だけでなく大阪府福祉部児童福祉課職員や大阪府子ども家庭センター（児相）のケースワーカーも加わり、さらに、養問研の実践指針の策定に携わった大阪府立大学の許斐有（1951-2001年）が中心的役割を果たした。

(3) 実践指針における原則規定の展開過程

　ここで、養問研による実践指針の検討経過において、その内容がどのように変化発展したかを概観するために、最初に問題提起された1987年の《第1試案》と、これに対する多くの議論をふまえて提案された1989年の《第1版》、国連子どもの権利条約採択後の《第2版─修正版》、日本政府批准時の《第3版》における原則規定を中心に、その展開過程を振り返ってみたい。

《1987年　養問研施設養護基準（第1試案）》

「A．施設養護の原理」の次に、「B．施設養護の原則的基準」として次の8項目を揚げている。
①すべての児童は施設養護において人としての尊厳を守られる。
②すべての児童は自己実現（人間性の発展）の機会を保障される。
③すべての児童は健康で文化的な生活を保障される。
④すべての児童は孤立や本人が望まない孤独から守られ、適切な規模の集団生活が保障されかつ集団のなかで発達する権利を有する。
⑤すべての児童は自主性を尊重され、個性と個人性（プライバシーの権利）が尊重される。
⑥すべての児童はその発達の到達点にふさわしい処遇上の配慮を受け、かつその発達が援助される（発達保障）。
⑦すべての児童は義務教育はもとより、可能な限り後期中等教育および高等教育を受けるように援助される。
⑧すべての児童は養護処遇においてその親や家族との結び付きを尊重される。

　《第1試案》は、この「原則的基準」の後に「具体的基準」をCとDの2節に分けて提案してい

る。まず「C. 具体的基準①」では、「児童自身の発達や個性や情緒の状態に応じた処遇」など19項目が提案され、一貫して子どもの個別ニーズへの対応を基本としつつ、「小規模で適切に編成された集団生活」の必要性と子どもの自治および基本的人権保障の重要性が示されている。また「D. 具体的基準②」では、「児童の養護請求権」「不服申し立て」「教育を受ける権利」「アフターケア」「最低基準の遵守と向上努力」「施設職員の権利と義務」の6項目が提案されている。

《1989年　養問研施設養護指針（第1版）》

Aを「『施設養護の原則』の基盤」に改め、「B. 施設養護の原則」として次の8項目を揚げている。

①養護に欠けるすべての児童は、公的責任において適切な養護を受ける権利（養護請求権）を有する。

②すべての児童は施設養護において人としての尊厳を守られ、自由で主体的な主権者として、あるいは社会人としてふさわしい人格の発展の機会を保障される。

③すべての児童は、一貫した人間関係が維持され、かつ心のよりどころとなる愛情に満ちた環境に置かれ，情緒の安定が得られるよう配慮される。

④すべての児童は孤立や本人が望まない孤独から守られ、適切な規模の集団生活が保障され、かつ集団のなかで発達する権利を保障される。

⑤すべての児童はその発達の到達点にふさわしい処遇上の配慮を受け、かつその発達が援助される。これらの配慮のなかには、児童が将来社会人として充実した生活をするために必要な体験・学習などに対する指導・援助が含まれる。

⑥すべての児童は、その発達の到達点に応じて自らの行為を主体的に選択する機会を保障される。私たちは、試行錯誤的行為やその理解力のおよぶ範囲で一定の危険を冒すことも児童にとって重要な体験であることを認める。

⑦すべての児童は、義務教育はもとより、幼児期の教育、後期中等教育および高等教育を受けるように経済的教育的その他の面から周到に援助される。

⑧すべての児童は養護処遇においてその親や家族との結び付きを尊重されると同時に、親権の濫用から守られる。

《第1版》は、1987年の《第1試案》から、《第2試案》、《第2試案—修正版》を経て提案され、その間、「養護に欠ける」をはじめ基本的用語の検討などを重ねてきた結果の暫定的な提案とされる。《第1試案》の原則から大きく変わったこととしては、《第1試案》では「具体的基準指針」に掲げられていた養護請求権が原則の第1に位置づけられたことであろう。児童養護が、何よりも権利主体としての子ども観に根ざしたいとなみであることを前面に打ち出した形の提案としたといえる。また、「具体的基準」についても、試案段階の2節立てはC＝①、D＝②、E＝③の3節立てとなり、①は「主として日常処遇上の指針」として〈施設入所についての説明と同意〉など16分野45項目を揚げ、〈個と集団への援助〉分野では「生活指導」の位置づけを子どもの自治

との関係から提起している。②は「児童の権利を具体化するための幾つかの手続的・運営的条項」として養護請求権など8項目をあげている。また③として「施設職員の権利と義務」を独立させ、職員会議の重要性やチームワークの意義を提起している。

《1991年　児童養護の実践指針（第2版―修正版）》
　1989年11月の国連総会における子どもの権利条約採択を反映して修正された提案。「B. 施設養護の原則」は、項目数が10項目に増えるとともに、それぞれ項目名とその解説によって構成される形式になった。以下は、その項目名である。
　①無差別平等、子どもの最善の利益の保障、養護請求権の承認
　②人権の尊重、人としての尊厳にふさわしい保護と援助
　③情緒の安定と自己意識・帰属意識の尊重
　④個別性と個性への援助、自己実現・社会的人格形成への援助
　⑤個と集団への統一的な援助・育ちあう関係の形成への援助
　⑥主体的選択の保障
　⑦意見表明の権利の保障
　⑧教育を受ける権利の保障
　⑨親・家族と育ちあうことの保障および親権の濫用からの保護
　⑩社会生活の準備の保障と社会生活への参加の援助

　上記の各項目に解説が付されたことによって、原則の意味がより厳密かつ豊かになっている。子どもの権利条約第12条の意見表明権の保障と、アフターケアを含む社会生活への参加の援助が新たに原則に加えられたことは、国連子どもの権利条約を反映したものといえる。また、それまで3つに分節化されていた「具体的基準」は、「C. 生活指導・援助の具体的指針」として59項目にまとめられ、必要な項目には国連子どもの権利条約の根拠条項を示す形にしている。さらに、それまで「具体的基準」の1つであった職員に関する事項が、「D. 施設職員の権利と義務に関する指針」として独立した。

《1994年　児童養護の実践指針（第3版）》
　《第3版》は、国連子どもの権利条約を日本政府が批准した1994年4月と同時期に発表されている。内容は基本的に《第2版－修正版》をベースとしているが、それまでの「A.『施設養護の原則』の基盤」と「B. 施設養護の原則」をまとめて「A. 施設養護の原則」とし、「B. 施設養護の具体的指針」、「C. 施設職員の権利と義務に関する指針」の3章立てとなった。
　「A. 施設養護の原則」においては、第2項と第9項に若干の修正・追加があり、それぞれ、「②人権の尊重、人としての尊厳にふさわしい生活条件と援助、プライバシーの尊重、ノーマライゼイション」、「⑨親・家族と育ちあうことの保障および親の恣意的なふるまいからの保護」となった。また、「B. 施設養護の具体的指針」においては、従来第1分野に掲げられていた〈施設入所

についての説明と同意、兄弟姉妹への配慮について〉に「アドミッション・ケア」の用語が充てられ、施設入所後の不安軽減や適応のための援助に関する項目が追加されて5項目になった。また新たに〈個別の援助計画の策定と子ども・家族の関与〉に関する5項目と、〈リービング・ケア、施設退所・措置変更等についての考え方と援助〉に関する6項目が追加され全69項目になるとともに、「アドミッション・ケア」「イン・ケア」「リービング・ケア」「アフター・ケア」という入所から退所後にわたる一貫した援助の流れに即した「施設養護の枠組」が提起された。

なお、児童福祉法が1997年6月に改正されことを受けて、《第3版》に必要な修正が行われ、同年9月に《児童養護の実践指針（第4版）》が発表されたが、基本的に《第3版》の内容を変更したところはない。

3. 家庭環境を奪われた子どもの権利保障に関する国連の指針
(1) 国連子どもの権利条約と「児童養護に関する指針」

国際連合は、2009年12月18日の第64回総会において、「児童養護に関する指針」（UN Guidelines for the Alternative Care of Children、以下、国連指針と略す）を採択した。この国連指針は、1989年11月に国連総会で採択された子どもの権利条約の20周年に合わせて協議・決定され、同条約の児童養護関連条項について詳細な解釈を提示したものであり、家庭環境を奪われた子どもの権利保障に関する国際的な認識の到達点を示している。また国連指針は、基本的には各国政府に向けたものであり、国の責任を明記するとともに、家庭環境を奪われた子どもの権利保障のための政策・行政の指針を提起したものであるが、「児童福祉に携わる全ての者の方針、決定及び活動の指針」とすることも要請している。

そもそも国連子どもの権利条約において児童養護に直接関わる条文は、第20条（家庭環境を奪われた子どもの養護）であり、次の3項が規定されている（日本政府訳）（注16）。

1　一時的若しくは恒久的にその家庭環境を奪われた児童又は児童自身の最善の利益にかんがみその家庭環境にとどまることが認められない児童は、国が与える特別の保護及び援助を受ける権利を有する。
2　締約国は、自国の国内法に従い、1の児童のための代替的な監護を確保する。
3　2の監護には、特に、里親委託、イスラム法のカファーラ、養子縁組又は必要な場合には児童の監護のための適当な施設への収容を含むことができる。解決策の検討に当たっては、児童の養育において継続性が望ましいこと並びに児童の種族的、宗教的、文化的及び言語的な背景について、十分な考慮を払うものとする。

ここには、家庭環境を奪われた子どもは「国が与える特別の保護及び援助を受ける権利を有する」こと、国はこの権利を保障する責任を有すること、また、家庭に替わる養育の場として、里親委託、養子縁組および必要な場合には「適当な施設」がその権利を保障する手立てとされることなどが定められている。日本の児童福祉法に定められる里親（第6条の4）や児童福祉施設（第

7条）のうち乳児院、児童養護施設などは、この権利に対応する制度であるといえる。日本政府は、里親委託、養子縁組を拡充するための施策を一層進めるとともに、施設養護についても子どもの養護のためのより「適当な」施設環境（suitable institutions for the care of children）を整備する法的責任が国際法上明記されたことに留意すべきである。

　国連子どもの権利条約が採択され、また日本政府が批准した際に、上記の条文における里親委託、養子縁組、施設入所の優先順位や関連が問題になったが、この点について国連指針は基本的な観点を提起している。たとえば第22、23、および第123パラグラフでは次のように述べている（一部略または意訳。以下の引用において同様）。

22. 年少児童特に3歳未満児のためには、里親委託や養子縁組のような家庭養護（family-based settings）が原則である。例外としては、きょうだいの分離を防止するための場合や、緊急または非常に限られた期間の場合ですぐに家庭復帰や他の適切な長期の児童養護の措置が実現できる場合である。

23. 施設養護（residential care facilities）と家庭養護は、相互に補完しあって子どものニーズを満たすべきものであるとしても、大規模施設が残っているところでは、明確な到達目標と方針を持ってそれらの施設の発展的解消を念頭に入れ、全体として脱施設化の方向に展開すべきである。そのため国は、個別的な養護や小生活単位など、子どもの発達を保障する養護の質と条件を確保するための基準（care standards）を策定すべきである。また、既存の施設については、この基準に照らして評価すべきである。児童養護施設の新設や設置認可に関する決定は、公立と私立を問わず、基本的にこの脱施設化の方針と計画に基づいて行われるべきである。

123. 施設養護は、家庭的あるいは小生活単位を可能な限り追求しつつ、小規模かつ子どもの権利とニーズを包みこむようなしくみによって提供されるべきである。施設養護は、基本的に、一時保護的な養護措置において、また、子どもの家族再統合にとって非常に有効な場合であって養子縁組など地域性に応じたその子に対する安定的な養護を確保することが不可能な場合に、提供されるべきである。

(2) 国連子どもの権利委員会による日本審査と勧告

　国連子どもの権利委員会（United Nations Committee on the Rights of the Child。以下、CRCと略す）は、国連子どもの権利条約に基づき、締約国における条約実施状況について定期的な審査を行っている。2016年現在、日本審査は3回にわたり実施されている。そこでは、日本の児童養護に関わる子どもの権利の問題点も審査され、重要な指摘や勧告がなされている。

　第1回日本審査に基づくCRCの指摘（1998年6月）では、日本の児童養護のしくみが子どもの権利を保障するうえで全般的に不十分であることに懸念が示され、次のような勧告がなされた（日本政府訳）。

39. 委員会は、締約国が、特別な援助、養護及び保護を必要とする児童のための家庭環境に代わる手段を提供するために設けられた枠組みを強化するための措置をとることを勧告する。

また、個別には、プライバシーの保護、虐待された子どもの早期発見と保護、リハビリテーションの確保、施設における体罰の法律による禁止などが勧告された。

第2回日本審査に基づくCRCの指摘（2004年2月）では、これらに加え、子どもの権利条約第12条の意見表明権を施設においても確保することが強調された。

さらに、第3回日本審査に基づくCRCの指摘（2010年6月）では、日本政府が子どもの意見表明権を促進するための措置を強化すること、体罰等の法律による明示的な禁止とその実効的な実施および非暴力的な指導に関する対話プログラムの実施などを重ねて勧告するとともに、「不利な状況下に置かれた子どもと家庭に対して社会サービスを優先し、適切な財政的、社会的、心理的援助を提供すること、および、子どもの施設収容を防止することを勧告」している。そして、「親のケアを受けていない子ども」について次のように指摘している。

52. 本委員会は、親のケアを受けていない子どものための家庭養護に関する政策が欠如していること、家庭から引き離されてケアを受ける子どもの数が増加していること、小規模および家庭的養護を提供するための努力にもかかわらず、多くの施設において基準が不適切であること、および、児童養護施設における子どもの虐待が蔓延していると伝えられていることに留意し、懸念する。本委員会は、これに関連して、不服申立手続が創設されたにもかかわらず、残念ながらそれが広く実施されていないことを懸念する。本委員会は、里親の研修が義務化され、手当が増加したという事実を歓迎するが、一定類型の里親には財政的な支援がなされていないことを懸念する。

53. 本委員会は、第18条に基づいて以下のことを締約国政府に勧告する。
(a) 里親またはグループホームなど、家庭養護および家庭的養護を推進すること。
(b) 里親委託含む児童養護の質を定期的に監視すること、また、すべての児童養護が適切な最低基準に合致することを確保するための措置を取ること。
(c) 児童養護のもとでの子ども虐待の加害者を調査、訴追すること。虐待の犠牲者が不服申立手続、カウンセリング、医療的ケアおよびその他の適切な回復のための援助を利用することを確保すること。
(d) すべての里親への財政的援助の提供を確保すること。
(e) 児童養護に関する国連指針（国連総会決議64/142）を考慮すること。

CRCは、日本の児童養護について、施設養護に偏っており、里親等家庭養護の拡充策とともに、グループホーム化の促進など施設における生活単位の小規模化、さらにいえば脱施設化が基本的な課題であるととらえている。また、施設養護における子どものプライバシーの確保や意見表明権の保障が不十分であり、加えて、里親や施設職員による体罰や虐待などに対して適切な対応が

表2：施設機能の地域分散化の姿

〈現在〉	〈想定される将来像〉		
施設9割、里親など1割	本体施設・グループホーム・里親などをそれぞれ概ね3分の1に		
本体施設	本体施設	乳児院	3,000人程度
		児童養護	11,000人程度
		計 14,000人 程度	
		（37％）～（32％）	
	グループホーム	地域小規模児童養護	3,200人程度
		小規模ケアのグループホーム型	9,000人程度
		計12,200人程度	
		（32％）～（28％）	
グループホーム	家庭的養護	里親	7,100人程度～12,500人程度
		ファミリーホーム	5,000人程度
家庭的養護		計12,100人程度～17,500人程度	
		（32％）～（40％）	
	児童数合計	38,300人～43,700人	
		（人口比例で1割縮小の場合）（縮小しない場合）	

＊出典：社会保障審議会児童部会社会的養護専門委員会とりまとめ概要　2011年7月

とられていないことを一貫して問題視している。

　日本政府は、これまで児童福祉法改正により「被措置児童等虐待の防止等」（第2章第7節）の条文化を行うとともに、里親委託の促進、ファミリーホームやグループホームの拡充により施設養護の割合を3分の1程度にすることなどを政策目標として掲げている（表2参照）。その背景には、こうしたCRCによる国連勧告も少なからず影響しているものと思われる。ただし、政策が描く将来像は、たんに児童養護体系の割合の目標を想定したもので、国連勧告にある「すべての児童養護が適切な最低基準に合致することを確保するための措置」、とりわけそのための財政的措置、さらに施設職員や里親等の資質・専門性や処遇などの向上を含む子どもの権利を保障し得る児童養護システムの運用条件の改善に直結するものとはいえない。

4. 教育と福祉の統一による「育ちあい」の保障
(1) 児童養護問題と教育福祉論

　積惟勝の思想と実践さらに熱意を出発点として展開した養問研の活動は、積が日本福祉大学の教授であったこととも関わって、学問的にも児童福祉研究の分野において貴重な貢献を果たしてきた（注17）。

　また、施設における「育ちあい」の実践の成果は、教育学研究の分野においても注目されてきた（注18）。特に児童養護施設等における教育保障をめぐる問題、さらに、子どもの発達の基盤となる国民生活の現実とそこにおける貧困問題および子育ての困難に関わる家族問題、すなわち児童養護問題への着目から、教育と福祉の統一を志向する研究を促した。その先鞭を切ったのは、名古屋大学教授の小川利夫（1926－2007年）であった。小川は、養問研の副会長としても活躍し

つつ、児童養護問題を教育学研究の中に取り込み、「社会福祉とりわけ児童福祉サービスそのものの性格と機能の中に、いわば未分化のままに包摂され埋没されている教育的機能ならびに教育的条件整備の諸問題」(注19)を全体として教育福祉問題という言葉でとらえることにより、問題を歴史的構造的に明らかにしようとした。

小川による問題提起は、子どもの教育と福祉のあり方を根本的に問い直そうとするものであった。すなわち、児童養護施設をはじめとする児童福祉の現実をふまえ、そこでくらしている子どもの発達保障のための原理、法制度、政策・行政、実践・運動のあり方を問い直すことを求めるとともに、学校教育をはじめとする教育の現場に対して、「教育の機会均等」原則の貫徹や施設でくらしている子どもの現実とその将来の自立のための支援を教育現場と福祉現場の有機的連携の下で統一的に実施することの重要性に目を向けさせるものであった。

養問研における児童養護の実践研究の蓄積は、施設最低基準の制約による施設経営、職員配置と待遇確保などの困難をかかえながらも、「育ちあい」を原理とする実践の展開の可能性を切り開いてきたといえる。さらに、積や小川の理論的貢献により、そして何よりも養問研自身の研究運動を通して、児童養護問題に凝縮される親・国民の生活実態とそこにおける課題解決の展望を「教育と福祉の統一」の視点から切り開いてきたといえる。

(2) 小規模化の展開の中での「育ちあい」の保障

施設形態における生活単位の小規模化や家庭養護、家庭的養護の推進は、家庭環境を奪われた子どもの権利保障に関わる国連子どもの権利条約や国連指針からみて、歴史的・必然的な流れであると言わざるを得ない。ただし、この流れの底流には、家庭環境を奪われた子どもの「最善の利益」を志向する児童養護実践の展開とそのための条件が確保されていなければならない。

養問研の半世紀に及ぶ実践研究を通して、子どもの「最善の利益」を志向する実践の基本理念は「育ちあい」にあることが確かめられてきた。「育ちあい」は、直接的には、集団生活を通しての「子ども同士の育ちあい」に他ならないが、子どもを指導・援助する立場から民主的な共同討議に基づいて援助計画を立案・実践・検証していくことを通して実現する「職員同士の育ちあい」、その職員が子どもと関わることを通して実現する「子どもと職員の育ちあい」、および、子どもが復帰すべき家庭を支援することを通して実現する「親と子どもの育ちあい」である。さらに、学校や児相、保健・療育機関、民生委員、近隣住民など、子どもや職員が地域の関係機関・団体・住民との連携や関わりを通して実現する「地域における育ちあい」である。

生活単位の小規模化の推進を提言する国連指針や日本政府の施策が進むことにより、養問研の実践交流・研究運動の中で確かめられてきた児童養護における「育ちあい」の可能性や実践基盤が脆弱化するおそれがあることは否定できない。家庭環境を奪われた子どもにとって、まず必要なことは、安心してくらすことのできる生活環境であり、その中で職員や里親とのしっかりとした愛着関係を築くことが求められる。そのうえで、現在および将来における民主主義社会の権利主体として自立するための支援が求められる。そのためには、他者との関係構築によってのみ築かれる「育ちあい」の実践が不可欠である。生活単位の小規模化を進めつつ、「育ちあい」を保

障する実践とそのための条件整備の展望を切り開くことがいま強く求められている。

〈注〉
1 国連子どもの権利条約（1989年11月国連総会採択）前文。なお、同条約前文では、家族が「児童の成長及び幸福のための自然な環境として、社会においてその責任を十分に引き受けることができるよう必要な保護及び援助を与えられるべきである」と述べており、家庭支援を子どもの権利保障の大前提に位置づけている。
2 竹中哲夫『児童集団養護の実際—人格の発達と集団へのアプローチ』ミネルヴァ書房、1987年、pp.183-191
3 戦後日本の法制度において、「養護」の概念は、児童福祉法に基づく養護施設だけではなく、教育職員免許法に基づき学校の保健室で子どもの保健・健康管理に携わる養護教諭や、学校教育法に基づき障害児教育を行う養護学校（2007年度以降は特別支援学校）、さらに、老人福祉法に基づく養護老人ホームおよび特別養護老人ホームにおいても用いられている概念であり、必ずしも児童福祉分野だけではなく、また子どもだけを対象としているわけではないことも、ここで児童養護という言葉を用いる理由である。
4 近代日本の児童養護は、主にカトリック教徒によって、横浜の仁慈堂（1872年）、長崎の浦上養育院（1874年）、神戸女子教育院（1877年）、函館の聖保禄女学校（1878年）、東京の日本聖保禄育児部童貞院（1879年）、長崎県の鯛之浦養育院（1881年）などの開拓的施設が開設され、仏教でも、東京の福田会育児院（1879年）、善光寺育児院（1883年）、愛知育児院（1886年）があり、さらに、東京市養育院の小児部（1878年ごろ）、石井十次による岡山孤児院（1887年）などが開設され、1922年末には114の育児施設があったとされる。糸賀一雄・積惟勝・浦辻史編『施設養護論』ミネルヴァ書房、1947年、p.30
5 1945年9月20日次官会議決定「戦災孤児等保護対策要綱」、1946年4月15日厚生省社会局長通知「浮浪児その他児童保護等の応急措置実施に関する件」、1946年9月19日厚生次官通知「主要地方浮浪児等保護要綱」、1948年9月閣議決定「浮浪児根絶緊急対策要綱」などにより施設への収容保護の措置がとられた。
6 積惟勝の実践は、『集団に育つ子ら』（新評論社、1956年）、『生活を創る子どもたち』（講学館、1965年）、『はだかの教育』（洋々社、1966年）、『集団養護と子どもたち』（ミネルヴァ書房、1971年）などで紹介された。
7 養問研の実践検討を中心とした研究交流活動は、各施設などでの日常活動を基本に、各都道府県などにおける月例会などの支部活動、東日本、中部日本、西日本の3ブロックでの研修活動、そうした活動を集約する形で年1回開催される全国大会を節目に、またそれらの準備や調査研究部、編集部等の専門部活動を通して展開されてきた。なお、1974年9月に開催された第3回全国大会（於、よみうりランド）では、基調報告の冒頭で、「養問研運動の共通認識」として次の3点をあげている。これはこんにちにおいても通用する認識であろう。
　　一、施設労働者と子どもの権利保障・要求を実現し、施設（養護）の展望をきりひらく。
　　一、福祉と教育の統一をめざす。
　　一、専門的領域（養護）を深める中で、児童福祉運動の統一を追求する。
8 横川和夫『荒廃のカルテ—少年鑑別番号1589』共同通信社、1985年
9 1986年9月8日、東京都社会福祉総合センターにて開催。養問研編・発行『日本の児童問題』No.2、1987年5月にその内容が掲載。
10 第16回（1987年）全国養護問題研究会基調報告「施設養護の前進のために今何が必要か—『養問研施設養護基準（第1試案）』の提案」養問研編集部『そだちあう仲間』No.13、1987年、pp.28-29
11 『そだちあう仲間』No.13、pp.29-33
12 『そだちあう仲間』No.15、1989年、pp.20-41
13 『そだちあう仲間』No.17、1991年、pp.21-45
14 『そだちあう仲間』No.20、1994年、pp.37-68、および、養問研発行の別刷冊子『施設養護における子どもの権利指針』1998年4月
15 養問研・全国児童相談所問題研究会編『日本の児童福祉』No.13、1998年6月、pp.227-251、および、養問研発行冊子『養問研への招待—養問研を知っていただくために』2008年1月に収録。
16 児童養護に関連する条文の解説については、望月彰『自立支援の児童養護論—施設でくらす子どもの生活と権利』ミネルヴァ書房、1994年参照。
17 養問研は、機関誌『そだちあう仲間』に加え、毎年理論誌を発行して研究成果を公表している。理論誌は、養問研の歴史とともにその名称が改訂されており、整理すると下記のようになる。
　　・1976年〜1985年：『日本の養護』（1976年養問研全国大会報告集）〜（『日本の養護 '81 教育と福祉の統一をめざして』）〜『日本の養護 '85　教育と福祉の統一をめざして』

・1986年～1996年：『日本の児童問題』№1～11
・1997年～2007年：『日本の児童福祉』№12～22。№13（1998年）から全国児童相談所問題研究会（翌1999年から全国児童相談研究会に改称）と共同編集
・2008年～現在：『子どもと福祉』Vol.1～。『子どもと福祉』編集委員会編、明石書店発行。
また、養問研が編集に関わった文献として下記のものがあり、これら以外に養問研の研究活動をベースにした文献も数多い。
・全国養護問題研究会編『明日をきずく子どもたち―日本の児童養護―』ミネルヴァ書房、1981年
・小川利夫・村岡末広・長谷川眞人・高橋正教編著『ぼくたちの15歳―養護施設児童の高校進学問題―』ミネルヴァ書房、1983年
・全国養護問題研究会（神田ふみよ編集代表）『春の歌うたえば―養護施設からの旅立ち―』ミネルヴァ書房、1992年
・全国養護問題研究会編『児童養護への招待 ―若い実践者への手引き―』ミネルヴァ書房、1996年
・全国児童養護問題研究会編（喜多一憲・長谷川眞人・神戸賢次・堀場純矢編集代表）『児童養護と青年期の自立支援―進路・進学問題を展望する―』ミネルヴァ書房、2009年

18 たとえば、矢川徳光『教育とは何か』（新日本出版社、1973年）の中で松風荘の実践が紹介され、集団生活を通しての子どもたちの「育ちあい」の教育的意義が指摘されている。

19 小川利夫「児童館と教育の再構成―『教育福祉』問題と教育法学」小川利夫・平原春好編著『教育と福祉の権利』勁草書房、1976年、p.5

第2節　養問研実践指針を生かした施設養護実践

永井　健
（元岐阜支部事務局長）

はじめに

　養問研『児童養護の実践指針（第4版）』（以下、『養問研実践指針』）をいまだに施設づくりの水先案内書として活用していると書くと、とても時代遅れに感じられるかもしれないが、この『養問研実践指針』には、次から次へと新たな発見がある。また、時として大人と向き合えない子どもたちと出会い、支援の方向がぐらつく時、対処療法に走ってしまうこともあるが、『養問研実践指針』を読み返すことにより原点に立ち返り、軌道修正を図ってきたことも少なくない。

　しかし、『養問研への招待』に掲載されている第4版は絶版である。今まで多くの施設職員や、社会的養護を志す学生の教材として一緒に学んできたが在庫がなく、新版をつくることが急務である。また、施設養護実践に「子どもの権利条約」を生かすための環境づくりの1つとして、いつでも手にとって見られるように、ポケット版『子どもの権利ノート』（子どもの権利・教育・文化全国センター刊）の普及にも努めてきた。

　『養問研実践指針』がすぐれているのは、①子どもの権利条約をベースに書かれていること、②民主主義が貫かれ、子どもを主人公にした支援方法の具体化がなされていること、③施設職員の権利と義務に触れていること、④施設養護の枠組みを「アドミッション・ケア」「イン・ケア」「リービング・ケア」「アフター・ケア」とし、それぞれを意味づけていること等である。

　この2冊は、施設養護のあり方を考え、よりよい実践を行うためにとても大切な学びを提供してくれる。また、施設内の会議やカンファレンスにも大いに役立てることができる。

　筆者が児童養護施設に配属になった年は、児童虐待防止法の改正がなされた2000（平成12）年で、1997（平成9）年の法改正により虚弱児施設が廃止され、児童養護施設に種別変更となって間もない時期であり、幾多の施設が経験したように、戸惑いも多くあったようで、支援についても十分な検討がなされないまま、日常の生活支援に追われる日々であった。暴力問題が発生すれば、児童相談所に掛け合い、一時保護所を経て他の児童養護施設や自立支援施設に措置変更することに解決策を見出そうとしていたケースが多かった。

1. 子ども自治会づくりの実践

　養問研実践指針からの学びは、まず子どもたちの話し合いの場をもつことから始まった。2001（平成13）年9月11日に起きた世界貿易センタービル爆破テロ事件の映像を見ていた子どもたちから、「これ本当なの？」「何が起きたの？」という疑問と衝撃が沸き、私を含め同席した職員が事件について説明をすると、「私たちに何かできることない？」という声が聞かれた。

　10人ほどで集まって話し合いをし、この年の学園フェスティバルでみんなの気持ちをアピー

ル文にして発表しようと、意見がまとまった。子どもたちがまとめた文面には、親が犠牲になった子どもを「私たちのように施設にいく子が増える……」と同化して捉えている下りがあった。

その年の11月3日の学園フェスティバルで、代表となった子ども数人がステージで観客を前に発表し、大きな拍手をもらった。拍手はフェスティバルに来られた家族、大勢の地域や関係者、学校の先生等からいただいた、堂々と自分たちの意見を発表したことへの報酬であり、どの子も心地よい思いに浸った。「できたよ、できたよ」「すごい拍手だったよ」と口々に親や職員や学校の先生らに話す姿が印象的であった。これが自治会活動の始まりになっていった。

話し合うことへの抵抗感や自分の意見を言うことに対する苦手意識などもあり、まとまる話し合いもまとまらない話し合いもあったが、定例の会議のほかにも何かあったら話し合い、自分たちで決めていこうという風潮は次第に定着していった。消灯時間や他の居室にあそびに行ってもいい時間、入浴時間、食事の時間なども話し合って決めた。職員は、話し合いのルールに「どの子にもフェアに」という考えを入れていく役割を担った。

また、フェスティバルそのものを意見表明の場と捉え、毎年子どもたちが話し合って決めたテーマに沿って壁画をつくることや、各展示やあそびのコーナー、模擬店の係や販売もすべて「私たちの施設へようこそ、歓迎します」という気持ちを込めた意見表明とした。

今でも学園フェスティバルを覗きに行くが、高学年や中学生を中心に子どもたちがアピール文を発表し、それぞれ役割をもって模擬店や受付など運営に関わっている姿を目にすると、子どもたちが意見表明を大切なことと捉えて実践していること、そしてそれを支える職員の存在を頼もしく思う。

2．子どもの発達を理解し、温かい眼差しを向ける

小学生の入浴は、大浴場で1年生から6年生までがまとまって入っていた。6人の子どもたちの入浴中に、新しく入所した2年生の子に水をかけるという手荒な歓迎があり、6年生が先導してやっていたことが明らかになった。

その子たちを集めて話し合いを開いた。「"いまのお風呂"でどんなことが起きているか、紙に書いて」と問いかけると、「お風呂に冷たい水を入れる」「喧嘩をする」「みんなが水をかけてくる」「お湯をかけてくる」と、歓迎をこえた無法ぶりが言葉と絵で示された。今度は、「"とってもいいお風呂"を書いてみよう」と問いかけると、「みんなが肩まで浸かっている絵」や「バスタオルで体を拭いている絵」があり、「水をかけない」中心になっていた6年生は、「みんなに水をかけないよう声をかける」と明言した。それからしばらくの間、ここで確認した「とってもいいお風呂」を守ることができた。

職員が叱ることは時として必要であるが、この事例の場合、問題解決をみんなで考えて行うことが強調されている。職員はファシリテーションを行い話し合いを進行した。

ここに登場した6年生は、子どもたちに自分の力を誇示し目を向けさせようとしたのだろう。家庭や施設に来てから、この子が自分の良さを見つけ、感じることができるような支援がもっとできたら、低学年で新入生である子を弱者と捉え、馬鹿にすることもなかったであろう。1人ひ

とりの発達を促す支援が展開できるほど職員数に恵まれていない現状がある。

　施設職員には、子どもを発達的にとらえる視点が求められる。まずは、0歳からの子どもの発達の連続性と節目節目の特徴を捉えて、年齢や学齢ではない質的な支援について学ぶことが大切であろう。そして子育て感をもち、温かい眼差しで子どもと向き合いながら1人ひとりの発達を見つめていく。子どもは、幾多の失敗を重ね、仲間と一緒に多くのことを学び育っていく。その幾多の失敗を治療や生活教育で括って叱ることや大人の考えだけで修正させようとしていたのでは、自己肯定ができない子になってしまうのではないか。

　少ない職員、目まぐるしい多忙さではあることは承知しているが、「赦す」というおおらかな気持ちを頭の隅に置いて支援にあたることが何より大切なことであると訴えたい。

3. 子どもとあそび

　別府は、子どもとあそびについて次のように記している。

　学童期はあそびが大きく発展する時期であり、それに伴って生活や社会性の発達も遂げる。しかし、現代の子どもが置かれている状況は、こうした発達を保障していくあそび環境自体が貧困であることが指摘される。それは、あそび文化自体が商品化され、消費文化のなかで、ゲームや画一的キャラクター物であそびの中身が支配されている現状である。これは、学童保育指導員向けの教材として書かれたテキストであるが、社会的養護下の子どもたちも含めて、同様の環境で過ごしてきている。

　私たち、施設労働者も今のあそびが子どもの発達を促すものとは思えず、貧困な環境にある。子どもの権利条約第31条は、子どもが休息及び余暇についての児童の権利と年齢に適したあそび及びレクリエーションの活動を行い、文化的な生活及び芸術に参加する権利を認め、適当かつ平等な機会の提供を奨励している。

　『養問研援助指針』の「施設養護の具体的指針20　休息、余暇、遊びの自由と保障」では、「子どもたちは、休息しかつ余暇を持つ権利、その年齢にふさわしい遊び、文化的活動及び適度のスポーツを含むレクリエーション的活動を自由に行う権利を有します。施設職員は、教育的目的からであっても、子どもたちの休息や余暇の権利を剥奪しないよう十分配慮します。施設職員は、子どもに特定の遊びやレクリエーションを強制しないように十分配慮します」としている。

　施設にいるほとんどの子どもが、幼稚園、小学校、中学校に通う。放課後は、子どもたちの自由時間である。この大切な時間に子どもたちは、あそび、たわむれ、お互いを知り合い、受け入れあっていくことを学ぶ。あそびは子どもたちが夢中になりながら次第に友だちづくりをし、小さな社会づくりを学ぶ大切な人間発達の時間である。ここに、宿題が入り込み、塾やゲームが入り込むと、子どもたちは人間関係や社会を学ぶ機会を逸してしまう。

　大切なのは、この消費文化のなかの金がかかる画一的なあそびではなく、子どもたちが人間関係や社会、自然や環境への働きかけ、地域の伝統文化を学ぶ、伝承あそびを高学年や大人から学ぶなど、あそびがもつ要素を大人が忘れずに大切なこととして子どもたちに伝えあい、その実践を企てていくことではないだろうか。

泥だんご、こま教室、凧づくり、びゅんびゅんごま、竹馬教室、陣取り、Sケン、缶蹴り、影ふみ、こおり鬼、お手玉等々、大人から伝え、高学年から技を学び継承していくことが、大人と子ども、子ども同士の心を通わせ、つながっていくための格好の材料となる。施設の仕事は「子育て」と前記したが、あそびを育むことは子育ての大切な要素なのである。

4. 家族応援会議

　子どもの権利条約前文には「家族が、社会の基礎的な集団として、並びに家族のすべての構成員特に、児童の成長及び福祉のための自然な環境として、社会においてその責任を十分に引き受けることができるよう必要な保護及び援助を与えられるべきである……」としている。援助指針の「施設養護の具体的指針46」は、「……施設は、家庭生活の条件の向上、子どもの人格形成の援助を通して、家族と子ども双方に望ましい条件を生み出すよう援助する必要があります」としている。私が現在勤務している児童心理療育施設桜学館の実践で大切にしているのが家族支援である。できる限り、入所と同時にスタートし、退所後のアフター・ケアにつなぐ支援形態をつくることが重要である。

　情緒障害児短期治療施設運営指針の「社会的養護の原理④」は、「こうした子どもや親の問題状況の解決や緩和を目指してそれに適格に対応するため、親とともに、親を支えながらあるいは親に代わって、子どもの発達や養育を保障していく包括的な取り組みである」としている。

　家庭のなかで起きた虐待や、子から親への暴力などで家族関係が歪んでしまったとしても、家族の孤立感や、施設入所が悪しきことと捉えられるマイナス感情のままにして見過ごすのではなく、なぜこういう事態になってしまったのかを見つめ、もともとある家族のエンパワーメントが再び引き出せるよう「家族応援団」を組織し、孤立させない支援が必要である。

　Sonja Parkerは「家族応援会議」について、「"安全パートナリング（Partnering for Safety）"のケースワーク全体を通して、すべてのアセスメントとプランニングの段階で家族とその応援団を巻き込む仕組みとして使われる手法です」と解説している。

　入所を良い機会と捉え、子どもが家庭に帰って安心して暮らせるように支えるために、家族と関係者が参加して行なう取り組みである。

　大切にしてきたことは、

・家族を支える「安全の輪」をつくり、地域から孤立しない環境をつくる。
・子どもが考える「安全ルール」をつくる。
・親が考える「安全ルール」をつくる。
・定期的（週1回〜月1回）に応援会議を開催する。
・子と親にとって、私たち専門職はパートナーという横並びの関係をつくる。
・児童相談所、市の職員、施設職員、地域の児童委員や学校の先生等も参加できるよう配慮する。
・子や親が「嫌だ」という人は支援者にしないことを原則とする。
・ホワイトボードなどを使い可視化する。

・子や親が、次回も参加したいという気持ちになれるよう、メンバーは家族を応援するという意識を大切にする。

5. 職員とチームワーク

　施設における子育ては、他職種の協働で行われる。その職種の職員も、子育てに関わる一員として、ケアに関するアセスメントとプランニングに参加することが求められる。他の職種を尊重し、各職種からの出されたプランを大切にして生かしていく。大人同士が支え合う環境をつくることが、子どもたちが良好な関係づくりを学ぶことにつながっていく。

　どの職員も、子どもの支援に魅力を感じ、社会的養護という大変な世界に入ってきているのであるから、まずその事実を認め、協働する気持ちを磨くことを大切にしたい。自分の意見を通そうとするあまり、他の職員の意見を寄せ付けないことがあるのも事実であるが、他のメンバーの意見を「自分では気づかなかった貴重な意見」としてその違いを捉えることで、会議はより深みを増す。こうした営みが、相手を理解する力を身につけ、子ども理解につながるのではないか。

　筆者は、安心感のある施設づくりのために確認できたこととして「子どもの社会的養護内容」に次のように記した。（一部加筆修正）

①どの職員もその職種（調理、業務、事務、心理担当、生活担当、管理職等）を通して、子どもたちに、何を起こすことができるのかを話し合うこと。
②子どもが気持ちを語る場が日常的に保障され、子どもと語り合い向き合う環境があること。
③生活上のルールは、子どもたちが話し合って自分たちでつくること。
④職員は、親と協働して子育てを行うという意識をもつこと。
⑤基本的な共通理解の上で、職員の個性は大いに生かすべき。

　これらを基本にして、1人ひとりの子どもの良さを認め、ケースカンファレンスをふんだんに行い、今できる子どもへの支援を確認し合い行動に移すという循環をつくると、施設の安心のサイクルはぐんと高まっていく。

　2015年度より児童養護施設などにおける直接処遇職員の配置基準が上がり、今までよりも質の高い支援をと願うのであるが、困難を抱えた入所児童の増加のほかに、新卒者が集まらない、中途退職者が多いなどの実情を抱える施設も少なくない。また、施設の小規模化と高機能化、家庭的養護推進計画に沿った地域型施設（地域小規模児童養護施設やファミリーホームなど）の推進も大きな取り組みである。

　こうした状況ではあるが、職員のチームワークで、子育ての基本に立ち返った支援を、子どもにも家族にも行うことが、子どもたちの伸びやかなケアと家庭復帰に向けた家族支援、あるいは退所後の子どもの自立支援へとつながっていくのではないだろうか。とりわけ、子どもの発達を理解し、子どもの権利条約に沿った支援を、養問研実践指針等を通して具体化し、施設マネジメントや日々の支援に生かしていく考え方を大切にしたい。

〈参考文献〉
- 別府悦子（2015）「子どもの発達理解」特定非営利活動法人学童保育指導員協会（編）『放課後児童支援員のための認定資格研修テキスト』第4章　かもがわ出版
- 永井健（2013）「ケース会議を通した職員集団づくり」堀場純矢（編著）『子どもの社会的養護内容』第3節　福村出版
- 井上直美（監訳）（2015）『家族応援会議　Family Safety Conferencing Sonja Parker』安全パートナリング研究会
- 子どもの権利・教育・文化　全国センター（2010）『ポケット版 子どもの権利ノート10 改訂』

※永井健さんは2016年7月27日に永眠されました。

実践指針を活かした施設養護

安部慎吾

（神奈川支部長）

1.『子どものための手引き』1995（平成7）年発行

　1994（平成6）年、日本が子どもの権利条約に批准した頃、筆者が所属する児童養護施設唐池学園（以下、学園）の職員で条約について学ぶなかで、子どもへの養育・支援にどう活かしていくかが課題であった。そこで全国児童養護問題研究会（養問研）が『児童養護の実践指針』の「子ども版」として策定した『子どものための手引き（第1試案)』をもとに、職員間で協議し、子どもに意見を聞き、学園版の権利ノートである『子どものための手引き』（以下、『手引き』）を1995（平成7）年3月に発行した。

2.『手引き』の役割

　『手引き』の役割を表す対象・目的・方法は、大きく3点あると考える。
　1点目は、子どもに対して、子どもの権利保障や学園生活と養育・支援のあり方を情報開示することであり、契約的な意味合いをもっている。具体的には、入所前の見学時などに子ども（および家族）に『手引き』を用いて説明し、入所前の不安の軽減や施設入所に対する納得がなるべくできるように努めている。入所中は毎年、小学生・中学生・高校生に分けて職員と『手引き』を読み合わせ、子どもたちが職員とともに学園生活や養育・支援のあり方を振り返る機会を設けている。
　2点目は、職員が子どもを養育・支援する上で、共通に認識している基本指針になっていることである。『手引き』の作成過程では、日頃の養育・支援の考え方やあり方を出し合い、チームとして養育・支援の客観化・可視化を進めた。あるべき養育・支援を協議した後、最終的には標準化して文章にし、今後の養育・支援のあり方を共有した。チーム全体で養育・支援を評価して改善していく土台ができたのである。

第3章　子どもと職員の人権保障と実践指針　177

　3点目は、児童相談所など関係機関や一般社会に向け、養育・支援の内容を情報公開することである。いわば公約である。『手引き』は、子どもと職員と社会を繋ぎ、理論と実践の質を高め合うツールともいえる。

3. 『手引き』2007（平成19）年大幅改訂

　『手引き』を発行してから10年が経った。この間、学園では虐待ケースの入所急増に伴い、対応が困難な子ども及び家族が増え、子ども間の不適切な関わりも発生して、職員が振り回される事態が多くなり、養育・支援の抜本的な見直しが迫られた。また、当初の『手引き』の作成に関わっていない職員が増えてきて、『手引き』の理解に温度差が生まれてきている。

　一方、社会的養護の動向にも大きな変化があった。国レベルでは社会福祉基礎構造改革があり、児童福祉法の改正や児童虐待防止法の施行などがなされた。県レベルでは「かながわ子ども未来計画」が策定され、ケア基準や権利ノートなどに関する子どもの権利擁護事業が始まった。

　このような状況と『手引き』の内容を照らし合わせると、『手引き』の全面的な見直しの必要性は高かった。そこで改訂委員会を立ち上げ、子どもとの生活や養育・支援などの現状を振り返り、文章の変更や削除、追加を行い、改訂案を作成した。次に低年齢の子どもには分かりにくい文章なので、小学生向けの項目文を問答形式で加えた。さらに『手引き』の項目文を、どの職員でも一定の説明ができ、養育・支援の標準化を促すために、職員向けのガイドラインを作成し、さらに詳細があればポイントとして落とし込むという3段階の区分をした。そしてタイトルを「子どものための手引き」だけでは子どもや一般市民には分かりにくいので、「みんなの約束〜子どものための手引き〜」と改訂した。

　改訂に際しては、児童養護施設分園型のグループホームを運営していた故・鈴木力聖徳短期大学部専任講師（当時）に改訂案を添削していただいた。また子どもの権利擁護をテーマにした園内研修の講義を2度していただき、職員は権利擁護や養育・支援のあり方について共通認識を深めた。

　2007年7月に改訂案を取りまとめ、子どもに意見を聞き改訂した。その後も随時、細かい改訂を重ねて現在に至っている。

4. 『手引き』をめぐる2015（平成27）年の現状と課題

　『手引き』を発行してから20年が経った。この間、学園に入所しているケースは虐待ケースがほとんどになり、発達障害のある子どもも増えた。一方、社会的養護の動向では、被措置児童等虐待を法制化した児童福祉法の改正や児童福祉施設最低基準における人員配置の向上、家庭的養護推進計画の実施などがなされた。

　学園は現在、本園が小規模グループケアを実施している8名定員の部屋2つと、8〜9名定員の部屋4つ、6名定員の地域小規模児童養護施設2つで構成されている。子どもの部屋構成は男女混合で、幼児から高校生がいる縦割りである。総定員が66名であるが、今年度は暫定定員65名となり、11月現在入所している子どもが54名であることから、来年度はさらに定員が下がる見

込みである。

　内訳は幼児が8名、小学生が19名、中学生が11名、高校生が16名であり、特徴的なのは特別支援級に所属している小学生が7名・中学生が3名、養護学校に通う高校生が3名もいることである。2002年文部科学省「通常の学級に在籍する特別な教育的支援を必要とする児童生徒に関する全国実態調査」によれば、特別支援学級に在籍している小・中学生の割合は全国平均で約1.1％であるから、驚異的な割合の高さである。その他に境界線級の障害や標準値の知能がある発達障害のある子どもも多くいる。

　子どもが学園・学校などで生活を営む上でのサポートがより多く必要になっていて、11月現在定期的な通院が17名・定期的な通所が20名おり、学校や児童相談所、病院などとの話し合いの機会も増加している。

　子どもが虐待から守られ安心できる生活のなかで、自分が大切にされていると実感しながら、職員や他の子どもとの信頼関係を築き、自立していくための力をつけていける養育・支援（施設・生活単位の小規模化と施設機能の高度化）が求められている。

　子どもは誰もがもっている権利を行使する主体者であり、子どもとして守られる権利ももっている。そんな「当たり前」（一般性）で、「その子なり」（個別性）の権利擁護もまた求められるといえる。

5.『手引き』をめぐる今後の展望

　施設に入所している子どもの多くが、家庭で虐待を受けてきている。家庭内での虐待とは、主には親権者による親権の乱用であり、子どもの権利への侵害である。子どもが権利侵害されることによって、本来的に成長・発達できる機会が阻害され、心に傷を負い、適切に物事を認識したり対人関係をとったりすることが困難になるリスクが生じる。

　自宅で家族から虐待を受けて学園に入所しているある子どもは、「親に殴られてもいいから家に帰りたい」と言い、またある子どもは「性虐待って、セックスされることだけかと思っていた」と言ったことがある。家族との関わりについて言いたくても言えなかったり、言語化できず葛藤がうごめいていたりする子どももいるはずである。

　各々の子どもの年齢・成熟度や家族との関係性によって働きかけは異なるが、あるべき子どもの権利とは何かを、『手引き』などを通じて子ども自身が理解して、職員と共有しておくことは、職員との信頼関係を築き、子どもの成長・発達を促す上でも重要である。

　『手引き』を活用してより良い養育・支援を行うためには、子どもと職員の間でも職員同士でも話しやすい雰囲気があり、外部からの指摘にも職員が傾聴できることが大事である。特に虐待を受けて入所してきた子どもには、虐待による支配的な人間関係から話し合いによる民主的な人間関係への転換を図り、より良い生活を創りあげるために話し合うという文化を浸透させていくことが大切である。

　子どもと職員が『手引き』をともに改訂することが学園生活と養育・支援の質を高めることになり、ひいては権利擁護の質を向上させることにつながるはずである。今年の中学生たちと職員

で行った『手引き』の読み合せでは、発達障害のある子どもの増加による影響か、小学生版の項目文も難しいという意見が初めて出た。子どもが権利について理解していなければ『手引き』は意味がないので、より分かりやすい表現や説明の方法を検討している。

しかし『手引き』を改訂すれば事が足りるのではなく、養育・支援のレベルアップをいかに継続していくかが肝要でなる。そのためには、チームがめざす根底にある理念や使命を共有して、その上で養育・支援の標準化を推進すべきである。基準がなければ、各々の職員の異なった価値観に大きく委ねられた養育・支援となり、子どもにとっては関わる職員が替われば、別の価値観をもつ職員のもとで養育・支援がなされることになり、一貫性の乏しい養育・支援に合わせるように生活していかなければならなくなる。標準化を行うことによって、自己流ではなく基準に基づいた養育・支援がなされ、ノウハウが蓄積することで養育・支援の質が向上し、チームのなかでの権限と責任や職員育成の基準が明確になる。

だが、画一的で硬直した養育・支援やチームをめざしているわけではない。利用者である子どもの立場に立った養育・支援を共通認識し、基準をベースに柔軟に自律的に考え、より良い養育・支援を創造していけるようになることが最終的な目標である。

また養育・支援の現状を的確に把握して、課題を整理し、理念や使命を実現させるための最適な目標設定をした上で、Ｐ（計画）・Ｄ（実施）・Ｃ（評価・見直し）・Ａ（改善）サイクルを回していくことを習慣化・システム化していく必要もある（P181図解参照）。そのサイクルではチームと各職員の強みと弱みが認識されることになろう。強みを伸長し、弱みを克服できるよう、各職員が役割を果たし、チームとして力量が上がるようにマネージメントしていかなければならない。『手引き』はＯＪＴ（職員現任育成）にも活用できるのである。

子ども・家族との関わり、関係機関や地域などとの連携、会議や記録などに超過した時間と労力が投入されている現状はあるが、『手引き』の改訂を養育・支援の質を向上させる重要な業務として明確に位置づけ、効率良く成果を上げるべきである。

近年、施設形態の小規模化が本格的に推進されているが、生活単位を小規模化すれば養育・支援のチームも分散・小規模化するので、前述のようにチーム全体として理念や使命を共有し、標準化された養育・支援の質をさらに高めるＰＤＣＡサイクルを継続して回していけるかが課題になるだろう。

子どもの権利条約第3条にある「子どもの最善の利益」を保障するために、今後も子ども・職員・社会とともに、『手引き』をもとに養育・支援の質を向上させていきたい。

おわりに

子どもの権利擁護とともに、職員の権利擁護もまた重要であると考える。それは施設における子どもへの養育・支援と職員の職場環境は密接な関連があり、職員のマンパワーへの依存度が高い養育・支援の質は職場環境に左右されるといっても過言ではなく、高い資質をもった職員が長く勤続できる職場環境は、子どもに対して一貫性・継続性のある生活環境や人間関係を保障することになり、「子どもの最善の利益」につながるからである。

また、職員のチームワークは養育・支援のための1つの手段であるが、大人同士の人間関係が良好であることは、子どもの成長に良い影響を与えることになり、不全感のある家族関係のなかで生きてきた子どもの回復にとって、ことさら効果的な意味をもつ。職員のチームワークは養育・支援の手段でもあり目的にもなるのである。

職員のキャリアやノウハウの有無にかかわらず、初めて関わる子どもと信頼関係を構築していくためには、時間が絶対的に必要である。職員の職場定着率の高低が子どもとの信頼関係のあり方を左右し、ひいてはその子ども自身が他者と人間関係を結ぶことに対して影響を及ぼすことに

『みんなの約束〜子どものための手引き』の目次

はじめに
1. 権利項目
   (1) 私物の扱いについて
   (2) プライバシーについて
   (3) 通信について
   (4) 健康（医療・食事）について
   (5) 職員の不適切なかかわりについて
   (6) 子ども間の不適切なかかわりについて
   (7) 学校・進学について
   (8) 地域活動（塾・習い事・ボランティア）について
   (9) 性教育について
   (10) 卒園後の社会生活について
   (11) 家族とのつながりについて
   (12) 生い立ちについて
   (13) 意見・思いの表明について
   (14) 子どもの支援計画について
   (15) 信教について
   (16) 多文化について
2. 責任項目
   (1) 学園のルールについて
   (2) 子ども間の不適切なかかわりについて
   (3) 外出・外泊について
   (4) 学習について
   (5) 健康について
   (6) 社会のルールについて
3. 相談項目
   (1) 学園関係（他の子ども・部屋のリーダー・学園子ども自治会の会長・担当職員・他の職員・園長）
   (2) 家族
   (3) 児童相談所の担当職員
   (4) 学校の先生
   (5) 学園元担当職員
   (6) 学園の第三者委員

繋がる。

　さらに子どもの家族や地域住民に対する支援の一貫性・継続性や職員育成の体制などについても、職員の職場定着率が影響を与えると考えられる。つまり、組織的に育成された資質のある職員が働きやすく長期に勤続でき、職員の人間関係が良好であれば、養育・支援の質はかなり確保できるはずである。職員の仕事と家庭の調和（ワーク・ライフ・バランス）の視点も含めて、職員個人や各施設の努力だけでなく、社会的養護の業界全体による人材の確保・育成・定着に対する実効的な取り組みがさらに必要であると考える。

【「みんなの約束～子どものための手引き～」の機能の図解】

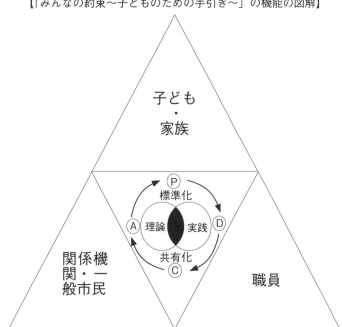

<注釈>
　　古いデータではあるが、当園では2005年度、ファミリーソーシャルワーカーと小規模グループケアの加算による2名増員をきっかけに、支援のあり方を見直す基礎情報収集を目的として、直接処遇職員17名の年間実働時間を調査した。宿直回数は1人月10回程度で、宿直時間含む月平均実働時間は323.6時間、宿直時間を含まなくとも268.3時間という長時間勤務の実態が数値で示された。しかしこれでも適切な養育・支援を行うには時間と人員が足りていない。児童養護施設における養育・支援の質的な問題だけでなく、量的な問題も看過することはできない。

<参考文献>
・児童養護問題研究会（1996）『児童養護への招待～若い実践者への手引き』ミネルヴァ書房
・安部慎吾「より良い支援を行うために『子どものための手引き』改訂について」全国児童養護施設協議会（2006）『季刊　児童養護』Vol.36　No.3　pp.5-8
・全国児童養護問題研究会神奈川支部運営委員会（2011）『社会的養護を要する子どもとその家族に長く寄り添い支援できる大人を増やすために～主に仕事と家庭の調和（ワークライフバランス）の視点から、児童養護施設職員が長く働き続けることのできる職場環境の構築に関する考察と提言～Ⅰ』
・全国児童養護問題研究会神奈川支部運営委員会（2012）『社会的養護を要する子どもとその家族に長く寄り添い支援できる大人を増やすために～主に仕事と家庭の調和（ワークライフバランス）の視点から、児童養護施設職員が長く働き続けることのできる職場環境の構築に関する考察と提言～Ⅱ』

第3節　養問研と養護労働

堀場純矢
（養問研編集部長／日本福祉大学准教授）

　全国児童養護問題研究会（以下、養問研）は、前章までにみてきたように、創設当初から全国大会や支部学習会において、児童養護問題（以下、養護問題）や養護労働などの本質的なテーマを軸に、子どもと職員双方の人権保障を大切にした研究活動に取り組んできた。とくに近年は、全国大会の講座・分科会にみられるように、里親・ファミリーホームなどの家庭的養護も含めた研究活動に取り組んでいる。そこで本節では、養問研が取り組んできた活動のうち、「養問研の実践指針と政策提言」、「養護労働」を中心に取り上げたうえで、「職員の労働実態」と「職員養成の課題」について述べる。

1. 養問研の実践指針と政策提言
(1) 政策提言の背景と意義

　本項では、養問研が取り組んできた活動のうち、「施設養護基準」「実践指針」や、政府への「要望書」「アピール」などの政策提言の背景と意義についてみていく。養問研は1983年の「養護問題研究の長期計画」をふまえて、1987年の第16回全国大会で「養問研施設養護基準」（第1試案）を発表し、1988年の第17回大会で第2試案を提案した。そして、大会での議論をふまえて、同年に「養問研施設養護指針（第2試案修正版）」を発表し、1989年6月の第18回全国大会で「養問研施設養護指針（第1版）を公表した（養問研1990）。

　さらに同年、国連で「子どもの権利条約」が採択されたことをふまえて、その趣旨を生かすため、1990年の第19回大会で「児童養護の実践指針（第2版）」を発表した。ここでは、子どもの権利に関わる事項に加えて、「施設職員の権利と義務に関する指針」として、職員の労働条件の向上や研修の保障、職員集団のあり方などが示されている（養問研1990）。

　その後、1994年には「養問研の基本姿勢（案）」を作成するための作業に取り組み、そのなかで「子どもの発達と人権保障」と合わせて、「施設職員論の重視」として、民主的な施設づくりや職員と子どもが育ちあう関係を追求することが示された。そして、1996年に「養問研のしせい」として正式決定された（養問研1994）。

　また、それと合わせて、1994年に「施設養護における子どもの権利指針（児童養護の実践指針（3版）」と、「あなたの権利はどう守られるか：子どものための手引き（第1次試案）」を発表した。ここで養問研が作成したこれらの指針や手引きは、時代に合わせて改訂を重ねており、現在も見直しが進められている。これらは、全国の施設協議会で初めて策定された1994年の「北海道養護施設ケア基準」や、各地の「子どもの権利ノート」などに影響を与えた点で大きな意義がある。

さらに1997年には厚生省に対し、児童福祉法の大幅改正に向けて、児童福祉の関係団体と共同して「1次要望書（1997年1月）、補足説明（同年3月）」「2次要望書（同年2月）」「3次要望書（同年3月）」の提出や、「児童福祉法改正問題を考える交流集会アピール」を採択した。このうち、「1次要望書・補足説明」（1997）では、職員配置基準の改定案として定員50名の施設を基準に、①子どもの健やかな発達に即したグループの適正規模（4～8名）、②週休2日制・1週1回夜勤体制、労働時間、休日、③専門的機能の拡充の3つの視点から、子ども1名：職員1名以上の配置が望ましいが、当面、同1名：同2名以上の職員配置を算出し、要望している。

その後の「3次要望書」では、子どもの権利委員会の設置や保育制度、里親や乳児院など、関連する施策についての提案を行った。この要望書に挙げられている事項は、現場の実態や客観的な根拠をふまえて作成されており、その後の政策に反映されているものが多く、重要な政策提言であったことがわかる（自立支援、家族支援、里親手当の改善、里親支援専門相談員など）。そして、児童福祉法の大幅改正の前（1997年5月）に、「児童福祉法改正問題を考える交流集会アピール」を、広範な児童福祉関係者140名が集う交流集会で発表した。これは、保育所における措置制度の堅持や児童福祉施設最低基準の大幅引き上げ、領域ごとの要望事項を記したものである（養問研1997）。

養問研はそれ以降も、節目ごとに全国大会などで「アピール」を採択しており、2013年6月の第42回全国大会では「生活単位の小規模化の流れのなかで 子どもと職員の権利の統一を求めるアピール」を、戦後70年目の2015年9月には安保法制の動向もふまえて、「平和を願うアピール」を出すなどの活動も行ってきた。このように養問研は、子どもと職員双方の人権保障を大切にしながら、施設だけではなく関係団体とも連携して、制度の改善に向けたソーシャルアクションに取り組んできている。

(2) 養護労働とは何か

次に「養護労働」についてみていく。これは養問研の研究活動の特徴ともいえる重要なテーマである。児童養護施設（以下、施設）はその成り立ちから、宗教を背景とした民間の同族経営が多く、歴史的に職員が長時間労働や住み込みなど、自己犠牲的な働き方が推奨されてきた経緯がある。そのため、施設で働く職員自身も労働者という意識が希薄であり、「養護労働」についてほとんど議論されてこなかったといえる。そのため、ここでは「養護」と「養護労働」について、改めて定義したうえで取り上げたい。

まず、「養護」とは、資本主義社会で大多数を占める労働者が抱えている社会問題としての生活問題の一環として引き起こされる養護問題に対する、国・自治体行政の責任による最終的な制度・施設・サービスの総称である。具体的には、児童福祉法のもとで認可された児童福祉施設（または里親）と、そこで雇用された職員による養護問題を抱えた子どもの生命・健康・生活、心身の発達と自立に向けたケア、およびその家族や退所者へのケアを含めた概念である（堀場2013）。

次に「養護労働」についてである。職員は雇用労働者だが、営利企業の労働者とは異なり、子

どもの生存権保障の最後の砦である施設において、彼らの生命・健康・生活をトータルに支える、極めて公共性の高い公務労働を担っている。

「養護労働」のような対人ケアの労働は、「コミュニケーション労働」（注1）といわれるが、施設は同じ児童福祉施設である保育所や児童発達支援センターなどの通所施設とは、その役割と位置づけが異なる。それは、通所施設が家庭から親子が通いで利用するのに対して、施設は、家庭生活の維持が困難になった子どもがくらす生活の場という違いである。さらに、施設は深刻な養護問題を背景にもつ、幅広い年齢層の子どもたちのトータルなケアを担っているという意味で、その責任や心身の負担が重い労働といえる。つまり、「養護労働」とは、子どもの生存権保障の最後の砦としての施設において、そこで雇用された職員による子ども（家族や退所者へのケアを含む）の生命・健康・生活をトータルにケアする労働である。

また、施設は社会の矛盾が集約・体現されているのに加えて、職員の業務は多岐にわたり、その総合性が職員の専門性の1つといえる。このように「養護労働」は、子どもに全人格的に関わり、常に感情のコントロールが求められるため、ストレス性の疲れが残りやすい（重田2010）。さらに、施設は生活の場であるため、職員の成育歴が出て価値観がぶつかりあうことが多く、職員との関係においてもストレスを抱えやすい。特に近年は、施設の小規模化・地域分散化（以下、小規模化）によって、職員の孤立や労働環境の悪化を背景とした早期離職などの問題が指摘されている（子どもと福祉編集委員会2010）。

したがって、子どもと職員双方の人権保障の視点を大切にした民主的な施設運営がなされていないと、職員が安心して働き続けることが困難となる。このことから、筆者は小規模化が進む今だからこそ、養問研が取り組んできた「養護労働」について改めて問い直す必要があると考える。そこで次項では、筆者が行った調査から、職員の労働実態についてみていく。

2. 児童養護施設職員の労働実態——5施設の調査から
(1) 職員の労働条件・労働実態

本項では筆者が行った調査から、近年の職員の労働実態について述べる。前項で述べたように、施設では近年、小規模化が進められている。その最大のメリットは、「家庭的な雰囲気のなかで子どもたちをていねいにケアすることができる」と言われている。しかしその一方で、長時間勤務や宿直の増加、それに伴う早期離職など、職員の労働環境が悪化している。したがって、職員の労働条件・労働環境と、それを改善するための労働組合（以下、労組）や職員集団づくりを含めた小規模化の議論を抜きにしては、子どもの最善の利益に立った真の施設運営は実現しないだろう。

このような問題意識をいだいていた筆者は、5施設の職員（91名、2009～2010年）に対して、労働実態を明らかにする調査を行った（堀場2013）。ここでは、それをもとに職員の労働実態をみていく。まず、職員の「年齢」は「20代」が40％で、「勤続年数」は「5年」以下が55％であった。「賃金」は「正規」の平均年収が約511万円で、関連職種（保育士：約328万円、福祉施設介護員：約304万円、看護師：約461万円〔厚労省2010a〕）と比較して低くはない。しかし、「非

表1　児童養護施設職員と関連職種の賃金

民間給与所得者[1]	保育士[2]	福祉施設介護員[3]	看護師[4]	公務員（地方）[5]	児童養護施設職員[6]
年406万円 （平均44歳）	年328万円 （平均34歳）	年304万円 （平均38歳）	年461万円 （平均36歳）	年638万円 （平均43歳）	・全体平均 　　年451万円 　　（平均35歳） ・正規：年511万円 　　（平均36歳） ・非正規：年268万円 　　（平均33歳）

注：各項目の職種の年収は、基本給・諸手当・賞与から算出した。
　1）民間給与所得者については、国税庁（2010）「平成21年度・民間給与実態統計調査結果」から算出。
　2）3）4）保育士・福祉施設介護員・看護師の平均年収は厚生労働省（2010）「賃金センサス―平成22年賃金構造基本統計調査」第3巻、労働法令から算出。
　5）総務省（2007）「平成19年地方公務員給与実態調査結果の概要」から算出（賞与は4.5カ月で計算）。全職種の平均値。ただし、超過勤務手当が含まれていない。
　6）2009～2010年の調査（5施設、堀場〔2013〕）の年収から算出。施設は措置制度が堅持されていることが影響して、関連職種と比較して賃金水準が相対的に高い。これは介護や保育の分野で、措置制度が解体されたことにより、結果としてそうなったということである。

正規」の年収は約268万円で、「正規」も公務員（約638万円、総務省2007）と比較すると格差がある（表1）。

「週当たりの実労働時間」は、「50～60時間」が28％と最も多く、「60～70時間」以上も計10％いた。また、「有給休暇（以下、有休）」の「取得日数」は、58％が「5日」以下に留まっていた。「仕事上の不安、悩んでいること」は、「休暇がとりにくい」（40％）、「給与が安い」（36％）、「サービス残業が多い」（35％）の順に多い。「仕事をやめたいと思ったこと」は「ある」が65％で、その理由の「自由記述」には、「先がみえない」「労働時間が長い」「精神的に疲れた」などの意見があった。このような労働実態を反映して、職員の健康状態は深刻である。「自覚症状」は「どこも悪いところがなく、健康である」が僅か2％で、「精神的ストレス」も93％が抱えていた。

労組については、「必要性」を「感じる」と答えた職員が53％いた。労組の有無別でみると、「感じる」で「労組あり」が93％と高いが（「労組なし」34％）、「労組なし」の職員からは、自由記述で「よくわからない」という意見が多くみられた。一方、「労組あり」の職員の自由記述には、「職員の権利が守られている」「国・地方自治体に現場の声を届けるために必要」などの意見があり、労組や社会運動の必要性についても認識していた。また、労組がある施設の職員は、ない施設と比較して、学歴・正規雇用率・勤続年数などが高いことに加えて、職員集団もまとまっていることがわかり、施設で労組が果たす役割を一定程度示すことができた。

その他、職階別の聞き取り調査では、職員が仕事にやりがいを感じている一方で、「管理職」「中堅」「初任」のすべてが労働環境の厳しさや、職員との人間関係に悩みを抱えていた。そのようななかでも、支えになっているのは職員集団で、それが職員の働き続ける意欲に大きく影響していることがわかった。このように本調査では、職員の労働条件は相対的に安定しているものの、有休消化率の低さや自覚症状・精神的ストレスの高さなど、雇用と働き方の視点からみると問題があることが明らかとなった。さらに、職員が安心して働き続ける条件を整備するには、労組や

表2　労働組合の組織率

分野	全労働者[1] (2010年)	公務労働者[2] (2010年)	医療・福祉労働者[3] (2010年)	児童養護施設労働者[4] (2011年)
組織率	18.5%	43.7%	7.7%	2.3%

注：1) 2) 3) 厚労省（2010）「平成22年 労働組合基礎調査」。
　　2011年調査は東日本大震災のため、推定組織率が公表されなかったため、2010年の数値となった。
　　4) 全国福祉保育労働組合（2011）『全国福祉保育労組 児童養護部会一覧』をもとに堀場作成。

職員集団のあり方が重要であることも浮き彫りとなった。

施設は労組の組織率が2.3％（全労働者18.5％、公務43.7％、医療・福祉7.7％、厚生労働省〔2010b〕、表2）と低いが、労組の有無にかかわらず、職員の労働条件・労働環境はケアの質にも影響するため、その改善が課題である。この点について施設では、職員配置が手薄なため、「人がいないからできない」という議論になりがちである。しかし、休憩や有休の確保に向けて、「必ずする」という姿勢で業務内容や勤務を再点検し、現状を変えていく必要がある（重田2010）。

施設は子どもの生活の場であるため、多少の超過勤務はやむをえない面もある。しかし、職員が自らの権利すら守られていない状態におかれていては、子どもの権利を守ることはできない。そのため、国際労働機関（ILO）が提唱するディーセントワークの視点をふまえて、子どもと職員双方の人権を一体的に保障するしくみを、早急に整備する必要がある。

(2) 施設における労働組合の役割

前項でみたように、施設は労組の組織率が低く、社会的な影響力が強いとはいえない。しかし、労組がないと施設の経営者と対等に交渉し、職員の労働条件・労働環境を改善することは困難である。また、先の調査結果に加えて施設では、①措置費の限界から賃金・労働条件の過度な要求は考えにくいこと、②制度の改善は労使双方の課題であること、③職場の要求が一本化され、職員集団もまとまりやすいことから、労組は労使双方にとってメリットがある。

さらに、労組は労働者の自治にもとづく、経営側へのチェック機能や異議申し立て機能、「職場での細かい世話役」「苦情処理活動」（設楽・高井2010）により、職員の不満が吸収され、仕事面の意欲や勤続年数の向上につながるなどのメリットもある。そのため、労組は施設においても必要な存在といえる。また、施設は労働者性が否定されやすい職場だからこそ職員が団結し、労働条件や施設の運営に関する事項について、経営者と対等の立場で交渉することができる労組の役割が重要である。

本項で述べたように、職員の人権を守ることが子どもの人権を守ることにもつながるため、施設の小規模化は、その点をふまえて進める必要がある。実際に職員にゆとりがないのに、子どもに適切なケアをすることは困難である。また、筆者はそれと同時に、職員が自らの権利すら守られていない状態におかれていては、子どもの権利を守ることはできないと考える。

3. 職員養成の課題

 前項までに養護労働とその実態をみてきたが、本項では職員の養成課程（社会福祉士、保育士）の課題についてみていく。それは職員の労働条件だけではなく、施設におけるケアの担い手の質や専門性に大きく関わる事項だからである。

 まず、日本の施設は、欧米諸国（Courtney and Iwaniec 2009、資生堂社会福祉事業財団2008）と比較すると、職員配置基準や里親委託率などは低いが、職員の学歴は低くはない（堀場2013）。しかし、大学・短大・専門学校などにおける社会福祉士・保育士の養成課程（以下、養成課程）で、専門的な力量を十分に身につけられているとはいえない。

 この点について野澤（1980）は、養護理論研究が戦後、保母養成のなかで、施設養護における技術主義的な視点を中心に展開されてきたと指摘している。野澤の指摘については、社会福祉士の養成課程においても、近似した状況がある。

 例えば、近年の状況をみると、社会福祉士及び介護福祉士法改正によって、2009年度から「児童福祉論」が「児童や家庭に対する支援と児童・家庭福祉制度」に名称変更され、時間数が半減した。その一方で、「地域福祉」とともに「相談援助」系の科目や時間数が増加するなど、前述した点がさらに強化されてきている。それに加えて、保育士・社会福祉士の指定科目には、資本主義社会（以下、社会）のしくみの基礎を学ぶための経済学がない。また、前項で取り上げた職員の労働問題を改善するための労働法や労組について学ぶ機会も皆無に近い状況にある。しかし、社会のしくみのなかで構造的に引き起こされる養護問題の本質や、子どもと職員双方の人権保障の重要性を理解するには、経済学や法学の知識が不可欠である。

 この点について藤田（福祉新聞2015）は、日本のソーシャルワーク教育が制度の解説や面接技術など、ミクロレベルの技術に傾倒してきた点を問題視し、マクロレベルの制度や社会の変革をめざすソーシャルアクションの必要性を指摘している（藤田2015）（注2）。筆者もソーシャルアクションを重視した教育・研究活動に取り組んできたが、藤田が指摘するように、社会福祉学の領域ではそうした議論が極めて少ない。

 このような養成課程の状況や子ども虐待の深刻化を背景として、近年の施設における関心は心理ケアに偏りがちである（保坂 2007）。施設がおかれた状況を考慮すると、それ自体はやむをえないことだが、養護問題の背景には社会のしくみのなかで構造的に引き起こされる親の労働・生活問題の深刻化がある（堀場2013）。したがって、そのことを職員が理解しているのとそうでないのとでは、親子へのケアの質にも大きく影響する。

 一方、施設は子どもの生命・健康・生活をトータルにケアする場でありながら、それを学ぶ機会も十分とはいえない。そのため、「全人的ケア」（野村2005）の視点をふまえて、養成課程のあり方を再検討する必要がある。野村（2005）は「全人的ケア」を、「時間をかけて、患者・クライアントと全面的に向き合うケア」と定義し、医師や看護師が専門分化して患者の全体像がみえなくなった点を指摘している。この点については、末松（2008）も子どもは身体面だけではなく、心理面や社会面を含めて全人的にみていく必要があると述べている。

 しかし、職員の養成課程（社会福祉士、保育士）における医学系指定科目は、社会福祉士で

「人体の構造と機能及び疾病（講義2単位）」、保育士で「子どもの保健Ⅰ（講義4単位）・Ⅱ（演習1単位）」のみである。そのため、筆者は職員の養成課程について、実態に即した検証が必要と考える。

養成課程や資格制度について、すぐに抜本的な改善をすることは難しいが、当面の方策としては一部の大学で行われているように、社会福祉士と保育士を併修して取得できるカリキュラムのコースを設置することが考えられる。また、一部の施設で取り組まれているように、施設で働き始めた後、職員が施設からの補助を得て、通信制の大学や大学院に通いながら、資格の取得や専門性を高めるためのチャレンジがしやすい環境を整備していく必要がある。

その他、現任研修についても、近年は公的・私的な研究会が増加し、情報や機会は少しずつ増えている。しかし、その多くは親子への心理ケアが重視される傾向にあり、養問研のなかでも貧困問題や職員の労働問題など、養護問題の本質に関わる社会科学的な視点を学ぶ機会が少なくなってきている。そのため、養問研が歴史的に取り組んできた養護問題の本質に関わる研究の重要性を、改めて喚起する必要があると考える。

4．今後の課題

本節でみてきたように、養問研は発足当初から、ケアの受け手（子ども・親）と担い手（職員）双方の人権保障を大切にした研究や、制度の改善に向けたソーシャルアクションに積極的に取り組んできた。この点について日本は、「すべり台社会」（湯浅2008）と言われるほど、生活保障制度が脆弱なため、とくに重要なことである。

養護問題を防ぐには、児童福祉だけではなく、雇用・住宅・医療・教育を含む体系的な制度・施策の保障や、職員の労働条件・労働環境の整備・拡充が不可欠である。そのためにも、養問研が一貫して取り組んできた職員の労働条件・労働環境の改善や、労組の重要性を改めて喚起する必要がある。

翻って近年、養問研を以前から知る参加者から、全国大会で「近年、養問研が一般化して参加しやすくなった」という意見があった。これは養問研が評価されてきたというよりも、特徴であった「養護労働」や「運動的な側面」が後退し、他の研究会と差がなくなってきたという意味もあるといえる。全国大会については、参加者数は増加傾向にあるものの、出張で参加しているケースが増えており、継続的に支部活動や運営委員を担う会員が少なくなっている点も今後の課題である。

本節で述べた点をふまえると、養問研は時代や施設における課題の変化に柔軟に対応しながらも、45回大会を迎えた今、養問研ならではの視点を改めて大切にする必要があると考える。

〈注〉

1　二宮（2005）は，福祉労働は「精神代謝労働」であるとし、これはコミュニケーションをつうじて他者に働きかけ、他者とのコミュニケーション関係のなかで自らの変革が進むことを意味しており、そこでは「相互了解・合意」が大きな意味をもっていると述べている。そして、人間を相手にした仕事は必ずコミュニケー

ションがあり、このような労働では相互了解・合意が何のトラブルもなく、円滑に進むものではなく、コミュニケーション固有の苦悩や摩擦があるのが通常で、それを許容する職場環境・条件が必要と指摘している。
2 藤田は、別の論文（2014）において、支援者がミクロレベルの支援にとどまり、マクロレベルへの介入に至らない点について、「やさしい暴力」と述べている。「やさしい暴力」とは、藤田によると「社会システムからの疎外として生み出される当事者をミクロレベルの支援やケアで包摂する一方、必要にもかかわらず、マクロレベルの政策や社会に変革を与えない支援者の態度や姿勢」である。

〈参考文献〉
・子どもと福祉編集委員会（2010）『子どもと福祉』vol.3 明石書店
・厚生労働省（2010a）「賃金センサス−平成22年賃金構造基本統計調査−第3巻」労働法令
・厚生労働省（2010b）「平成22年 労働組合基礎調査」
・重田博正（2010）『保育職場のストレス』かもがわ出版
・資生堂社会福祉事業財団（2008）『第33回資生堂児童福祉海外研修報告書』
・末松弘行（2008）「心身医学の視点からみた子どもケア」井形昭弘『ヒューマンケアを考える』ミネルヴァ書房
・全国児童養護問題研究会（1990）『そだちあう仲間』No.16
・全国児童養護問題研究会（1994）『そだちあう仲間』No.20
・全国児童養護問題研究会（1997）『そだちあう仲間』No.23
・総務省（2007）「平成19年・地方公務員給与実態調査結果の概要」
・設楽清嗣・高井晃（2010）『いのちを守る労働運動』論創社
・二宮厚美（2005）『発達保障と教育・福祉労働』全障研出版部
・野澤正子（1980）「養護と養護問題」『社會問題研究』30巻2・3・4号 大阪府立大学
・野村拓（2005）「全人的ケアの歴史」『いのちとくらし』10号 非営利・協同総合研究所
・藤田孝典（2014）「貧困（剥奪）に向き合うために」『季刊 福祉労働』145号 現代書館
・藤田孝典（2015）『下流老人』朝日新聞出版
・『福祉新聞』（2015年）11月16日付記事
・堀場純矢（2013）『階層性からみた現代日本の児童養護問題』明石書店
・保坂亨（2007）『日本の子ども虐待』福村出版
・湯浅誠（2008）『反貧困―すべり台社会からの脱出』岩波書店
・Mark E. Courtney. and Dorota Iwaniec（2009）Residential care of Children：Comparative Perspectives, Oxford University Press（岩崎浩三・三上邦彦〈監訳〉『施設で育つ世界の子どもたち』筒井書房）

第4節　児童養護の未来を展望する

武藤素明

（養問研副会長／二葉学園・二葉むさしが丘学園・トリノス統括施設長）

はじめに

　全国児童養護問題研究会（養問研）は、2016年に創立45周年を迎えた。私が養問研に関わり始めたのは30年ほど前からではあるが、養問研がこれまでに大切にしてきた理念を私なりに解釈すると、まず、児童養護の日々の実践を高めるための研究活動を構築すること、子どもを常に主人公に据え、権利の主体として位置付け支援すること、また、それを支える職員（養育者）自身の人権や労働環境がしっかりと保障されること、そのためには施設などで民主的な運営が保持されていること、子どもや職員が個として大切にされると共に、集団のなかでの育ち合い、育て合いをとおして成長していくということ、児童福祉的視点だけでなく教育理論や関わりを大切にすることなどであろう。

　現代も子どもが貧困や虐待など厳しい状況下におかれ、そこに寄り添う職員（養育者）も労働環境など相変わらず厳しい条件下あり、ますます養問研の掲げた理念や目的を前面に打ち出した実践と研究と運動が求められている時代である。

　今後も、時代の変化（ながれ）や求め（ニーズ）を的確につかみながらの養護実践の積み重ねや制度充実をめざす研究活動やソーシャルアクションを行っていく必要がある。

1. 児童養護（社会的養護）は今

（1）あらためて児童養護施設等の歴史的背景を振り返る

　現在、児童養護施設は602施設、乳児院は134施設、その多くが第二次世界大戦の戦災孤児の受け入れを目的に1946（昭和21）年以降に開設され、現在創立70周年を迎えようとしている施設が多い。児童養護施設のこれまでを振り返ってみると、戦後は戦災孤児のために衣食住を満たし生きていくことを目的に、集団生活としての施設の機能を果たしてきた。高度成長期には都市化などにより、親の離婚や家出など家族崩壊などによる家庭養育が困難な児童が多く入所してきた。現在は親の養育基盤の脆弱化により児童虐待にて入所する児童が増加し、発達上の課題を多く抱える児童の入所が顕著である。

　よって、近年の子どもを取り巻く社会変化や入所理由の変化に適切に対応できる社会的養護の受け皿が必要である。しかし、受け皿そのものがそれらの役割を十分に果たし得るべき状況になり得ていないのが現状であり、子どもや家族、社会的背景により刻一刻とそのニーズが変化するものであり、その変化にマッチしたハード面やソフト面の整備やそのための制度設計が常に求められているのである。

(2) 子どもたちは今、（子どもの虐待問題、子どもの貧困問題など）

　わが国は近年、少子高齢化時代を迎え、そのなかで核家族化、都市化へと変貌し、離婚の増加も含めて多様かつ複雑な社会病理が進行している。そのなかで特に子どもには大変厳しい受難の時代を迎えているといっても過言ではない。

　日本の学校制度の過度な競争などがいじめや不登校の状況を生み、学校などでの暴力の増加、子どもの自殺の増加につながっている。子ども自身が将来へ希望がもてない、自分が幸せだと感じないと思う子どもが多く、児童養護の現場に関わる1人として「こんな社会に誰がした！」と叫ばざるを得ない。

　子どもの貧困問題も深刻であり、わが国の子どもの貧困率は16％と言われ、6人に1人が貧困状態で放置されている現状にある。社会が一定豊かになり、一般的な生活水準が上がっているのに対し、その水準から落ちこぼれてしまっている子どもが多くなり、格差社会がいっそう広がっている。とくにそのなかでもひとり親世帯の子どもの貧困率は世界的に見ても最悪の状況である。社会全体の格差社会を何とかしなければならないが、とりわけ子どもはどんな家庭や親元で生まれても育ちや健康や成長・教育・進路や社会的自立などに格差があってはならない。

　児童虐待も増加の一途をたどっており、2015（平成27）年度の児童相談所の相談件数は10万3260件にのぼり、虐待死した児童も毎年60名以上に達している。児童虐待防止法が成立して15年になるが児童虐待が減少するどころか増加し続けている。しかし、虐待の相談や通告の窓口となる区市町村の対応や児童相談所の機能の充実もまったく追いついていない。とくに都市部においては深刻な状態が放置されている現状にあり、児童相談所もそこに関わる児童福祉司や児童心理司もまったく足りず、支援に関わる人たちも疲弊しきっている現状にある。一時保護所も児童養護施設や乳児院、里親などもまったく足りない状況になっており、すべてが後手後手になってしまい悪循環に陥っている状況である。

　児童虐待は近年の動向を踏まえると残念ながら減ることは考えられない。むしろ増えていく実態にあり、適切かつ着実に短期的、長期的体制整備を公的責任として国全体、地方自治体あげて抜本的かつ大規模な政策を講じなければならない現状なのである。

(3) 近年の制度的充実策について

　国はようやくこのような状況を何とかすべきと子どもの貧困対策、ひとり親家庭への支援や対策、子ども子育て施策に着手し始めた。2015（平成27）年より少子化社会対策大綱に基づき、「少子化に歯止め」「子ども・子育て施策の充実」「きめ細かな少子化対策」を実施するとし、2020（平成31）年までの数値目標を定め取り組んでいくこととした。具体的に少し掲載すると、「出生率を上げる」「保育設備の増加」「放課後児童クラブの増加」「子育て世代包括支援センターの全国展開」などが挙げられている。

　しかし、真に子どもや女性のための施策ではなく、景気対策、労働力向上としての女性の社会進出化としての子ども子育て施策の量的拡充策であり、真に子どもを大切にする質的拡充策につながっていないのが問題点である。

とくに社会的養護分野においては2007（平成19）年度に児童虐待防止法の2回目の見直しについて検討された際、「政府は社会的養護体制の充実に向けた検討と措置を講じること」と規定され、その決議に基づき「社会保障審議会児童部会社会的養護専門委員会」が開催された。そこでは社会的養護の現状の分析が必要とのことで、3年間に亘り社会的養護の受け皿のあり方について検討したものの、「施設機能の見直し、施設類型の見直し、人員配置基準や措置費算定基準の見直し」については十分な検討などが行われずに、とくに「職員配置基準の見直し」についての審議は不十分なまま推移する結果となった。

2011（平成23）年度に入り、年度末から年始にかけて、タイガーマスクの名前で全国各地の児童養護施設などに善意の寄付が相次ぐ現象が起こったことを契機とし、社会全体で社会的養護が必要な子どもたちに対応していくことが必要だという社会的機運を背景に、残された課題について提起すべきであろうということになり、今後の社会的養護のあり方を早急にまとめていくこととした。2011年1月、「児童養護施設等の社会的養護の課題に関する検討委員会」を設置し、短期的に改革すべき課題と中長期的に改革すべき課題を明確にしながら、社会的養護について集中的に検討し、同年7月に「社会的養護の課題と将来像」としてまとめたところである。

2．「社会的養護の課題と将来像」について
(1) 評価と改善課題

「社会的養護の課題と将来像」は、その中長期的目標をかかげ取り組もうとしていることは、これまでの歴史からすると画期的と評価すべきであるが、「社会的養護の課題と将来像」にはさまざまな課題や問題点を抱えていることも事実である。まず第一に、社会的養護の理念や基本的考え方において「家庭的養護」や「あたりまえの生活」などが強調されているが、そのめざすべき姿が曖昧なままその方向性が強調されている。そういう意味では、「社会的養護を必要とする子どもたちの成長にとってどんな関わりや関係性が必要なのか」など、もっと養育の質を向上させるための議論を重ね、そのための手立てや基盤整備について検討していく必要がある。自立支援策の向上、児童の権利擁護、生活の安全安心の確保、職員との安定的な関係づくりなど、充実策を国全体としてもまだ十分な支援体制になっていないのが現実である。

また、里親養護（家庭養護）の拡充にしても、しだいに児童の抱える問題が重篤化していく傾向にあるが、現在の里親支援策だけでは里親不調などが多くなってしまう。里親として孤立感や疲弊感のなかで養育の行き詰まりを減らすためのさまざまな支援についても、また里子の権利擁護施設にしても、不十分な部分が多く、さらなる里親支援策の抜本的対策を講じることが急務の課題としてある。

また、社会的養護を限定的に捉えている現状から脱皮し、社会的養護の潜在的ニーズへの対応策が必要であり、要保護児童となる前の要支援児童への支援策の充実が必要であろう。さらには社会的養護のあり方を考えると、市町村の子ども家庭支援の充実策や要保護対策地域協議会（要対協）の機能強化策や児童相談所の機能強化は絶対的条件として進めていかなければならない。

2014（平成26）年9月、厚生労働省は「社会保障審議会児童部会児童虐待防止対策のあり方に

関する専門委員会」を立ち上げ、要対協や児童相談所の強化策の検討を進め、2015（平成27）年、「新たな子ども家庭福祉のあり方に関する専門委員会」を設置し、児童福祉法の理念や目的、国や都道府県・市町村の責任と役割、児童福祉の対象年齢など、社会的養護だけでなく広く子ども家庭福祉のあり方そのものの抜本的な改革案づくりに着手した。

そしてその提言を受けて、2016（平成28）年5月27日に児童福祉法の一部改正に関する法律が成立し、翌月6月3日に公布され、現在、2017年度（平成29年4月1日）からの施行にむけて、細部に亘る事項の検討が4つの検討会やワーキングにおいて審議されているところである。

(2) 家庭的養護推進計画と都道府県推進計画の進捗状況

「社会的養護の課題と将来像」の実現に向けて、2011（平成23）年度からさまざまな制度改革を行ってきたが、児童養護施設においては施設規模や生活単位の小規模化や地域分散化を推進し、将来的には本体施設1／3、グループホーム1／3、里親養護1／3という数値的目標を打ち出し、それらを「家庭的養護推進計画」及び「家庭的養護推進計画」として、各施設法人が立案したものを各都道府県において集約し、2015（平成27）年度を始期とし、15年間の推進計画が開始された。

ほとんどの都道府県、指定政令都市においてその計画が発表されているが、その計画が多様であり、国の数値的目標に対して、里親養護偏重県・市は宮城・仙台市、香川県、滋賀県であり、施設養護偏重県・市は兵庫県、愛知県、高知県、徳島県、川崎市、島根県、鹿児島県であり、ほぼ国の数値目標通り設定している県・市は山形県、栃木県、山口県、佐賀県、熊本県（市）、京都市である。

15年計画ではあまりにも長いので、5年ずつその計画の見直しを行うこととしたが、これまで社会的養護のニーズは社会や経済、政治、国際状況などによっても大きく変化することもあり、その変化を十分考慮しながら社会的養護の質と量のあり方について今後も十分に検討しながら進めていくべきである。

さらに、家庭的養護推進計画は「児童養護施設等の小規模化や地域分散化、里親・ファミリーホームの推進等を具体的かつ計画的に推進する」ことであるが、施設の形態を変更するだけでなく、それに伴う「専門的ケアの充実及び人材確保・育成」「自立支援の充実策」「家庭支援及び地域支援の充実策」「子どもの権利擁護の推進策」も計画の中に盛り込むようにしているが、現在まで立案された都道府県推進計画を見ると、それらの計画が十分に盛り込まれていない。児童養護の受け皿としての形態のみを変える計画になっている自治体が多く、これでは不十分であり欠陥計画と言わざるを得ない。「家庭的養護推進計画」や「都道府県推進計画」を実効性あるものにするために、都道府県ごとにそれらを推進するため行政と社会的養護の現場が協同して「ワーキングチーム」や「プロジェクトチーム」を設けて、各施設、法人任せにすることなく、その目標達成のための具体的手段や方法の立案や、そこから発生するさまざまな課題へ主体的に対処するべきだと考える。また、現在児童福祉法改正の具体化に向けて検討が行われているが、そのなかにおいてもこれらについての実行性のある施策が検討されるべきである。

(3) 制度や予算の十分なる活用を

　近年、社会的養護や子ども子育て施策の充実が叫ばれ、以前に比べるとさまざまな施策が充実してきており、また、予算も次第につくようになっており、職員の配置基準も今年度改善した。しかし実態からすると職員配置基準は改善したものの職員確保ができないという施設も多い。国あげて人材対策を講じなければならないが、職員の専門性確保のための研修助成費や実習生受け入れ経費である人材確保対策事業、環境整備費の制度さえ十分活用されていない実態である。仮に制度や予算の活用がしにくい状況にあれば、制度や要綱を変えればよい。

　最低基準についても近年、地方分権施策により国全体で決めるのではなく各都道府県ごとにさまざまな基準を決める方向へと転換している（私たちはその方向は都道府県ごとに格差が生じるので反対運動はしたが、残念ながらその方向で進められた）。したがって、各都道府県、指定政令都市ごとの運動も重要になるが、地方分権策が格差拡大につながっているのも事実である。その改善に向けて現場からもっと積極的発信と大胆なソーシャルアクションが求められている。

(4) 現在の児童養護の課題と3年後の見直しに向けて

　さまざまな制度改革や予算の充実が、真に子どものためや社会的養護の発展につながっているのかを十分に検証しながら進めていくことが重要である。量的検証は目に見えて明らかになるが、質的計測はなかなか難しいものがあるのは事実である。しかし、質的充実策についても第三者評価などを活用しながら点検、分析しその振り返りをしながらの拡充していくことが必要である。どんな制度的充実をしたとしても、すべてが解決することにはならないことであろう。何といっても最も大切なのは、これからも絶え間ない努力と養護実践の積み上げ、制度充実の継続的改善が必要であろう。また、課題と将来像の3年後の見直しを待たず、今回の児童福祉法改正時にさまざまな改善策が講じられるべきであろう。

3. 児童養護の未来を展望する
(1) 真に子どもの人権を保障するために
①理念や子どもたちへ向き合う基本的姿勢のあり方

　児童養護の質的担保のために第三者評価制度が社会的養護施設に義務付けされてから3年が経ち、ほとんどの施設がこの3年間で第三者評価を受審した。そのなかで評価がもっとも高い項目として、「とても立派な理念や目標を掲げていることが素晴らしい」と評価された。しかし、理念や方針を実際の日常生活のなかで実践するのは容易なことではない。大切なことは、日々の生活において真の子どもの人権を保障するための具体的取り組みがなされることが重要なのである。社会的養護を必要とする子どもたちは入所前、最も信頼関係にあるべき親などから虐待されて入所する子どもたちも多く、その子どもたちへの支援に際し、安全安心を担保しながら大人との愛着関係を修復していくことの実践が重要である。虐待された子どもたちはあらゆる「ためし行動」を行い、子どもによってはさまざまな問題行動を起こす子どもも多い。そんな子どもたちへ

の支援の基本として、日常生活において子ども自身が意見表明する場を十分に保障し、1人ひとりの要求や思いが大切にされなければならない。また、子ども1人ひとりの思いや願いが組み込まれた個別の支援計画が立案され、その支援計画に則り、日常の生活やさまざまな支援が展開されるべきである。

そのほか、家族とのつながりを重視し、進路や社会的自立をするためのさまざまな支援が保障されることが重要ある。1人ひとりの支援計画に沿った養護実践、またその振り返り、分析・再評価し、具体的支援計画が立案されることが重要であり、家庭で暮らす一般の子どもたち以上の日常生活支援、教育支援、家族支援、自立支援が保障されるべきだと考える。

今回の改正児童福祉法理念や内容をいかに具現化するかについて、施設内、地域、市区町村、都道府県で、今一度「子どもの権利条約の中身」についてしっかりと学び直す作業が必要な時である。もし、子ども1人ひとりのさまざまな権利保障がなされていないとすれば、だれがどんな責任をとるかが未だにあいまいなままであり、それらへの対応が必要である。

②被措置児童など、虐待事案はなくならないか。

被虐待児童など、社会的養護を必要とする子どもたちが施設入所や里親委託された後に、不適切養育や再虐待体験をすることは絶対にあってはならないことである。しかし、現実は毎年毎年、社会的養護の施設などで虐待事例が起きている。もちろん不適切な養育を受けてきた児童は適切な人間関係を作ることが苦手で、素直に大人のいうことを聞くことができない児童が多く、再虐待を起こす（引き出す）要因をもっていることは事実である。しかし、児童養護施設などで子どもに関わる職員（養育者）として、そのようなときに適切な対応とはどんな対応で、どう支援するべきかを常に学びながら、日々の実践のなかで身に着けていかねばならない。

また、里親家庭においても困難を抱える児童のケースも近年多くなり、里親として養育の行き詰まりを感じ、孤立感や疲弊感から虐待につながっているケースもみられる。里親についても子どもの行動理解や専門機関への相談や里親への直接的な支援も十分でない。さらなるネットワークの強化と里親支援策の抜本的対策を講じることが急務の課題である。

身体的な虐待だけでなく、心理的虐待など広くとらえると社会的養護現場において虐待はなくならないと思う。しかし、減らすことはできる。国としても現在この5年間に起こった被措置児童などの虐待事案を分析し、なぜ起こったのか、なぜ起こりやすいのか、起こさないためにはどうすべきかなど分析し、日常的な支援のあり方、職員の研修、施設や里親などの支援のあり方、施設運営のあり方、生活の基礎集団のあり方、職員配置のあり方など多角的に分析をしているところである。施設などで起こる事件事故や被措置児童などの虐待事案を分析するなかで、養護実践課題や制度のあり方の課題が見えてくるものである。

③当事者活動の充実と活性化

児童養護の未来を展望するとき、また、子どもの人権を真に保障するためには社会的養護を体験した人の思いや願いを十分に反映した制度づくりが求められる。国や都道府県の審議会や検討会には学識経験者や施設長などが入り、さまざまな制度の検討がなされているものの当事者の意見や要望が十分に組み込まれていない。また、施設内においても大人や職員間ですべてが決めら

れ、子どもの意見や主体性が尊重されていないことが散見される。また、日々の生活のなかで、子どものためにという視点が強すぎて職員（養育者）が疲れてしまっていることがよくある。職員（養育者）が生活場面において子どもと一体となって生活づくりをしていくことが重要であり、その一体感や民主的な運営が、子ども自身の成長につながり、子どもが親になった時、その子どもたちへ良き養育方法として伝承されていくものと考える。そのために最も大切なのは大人と子ども（当事者）とのパートナーシップであり、あらためて養問研が培ってきた理念を今後も大切にしていくべきだと考えるところである。

④職員（社会的養護に関わるすべての人）の専門性、力量、人的確保、育成、定着（継続）策の重要性

現在、児童養護施設等では生活単位の小規模化、地域分散化を進めようとしており、そのためには職員のよりきめ細かな人材確保、育成、定着策をしっかりと盛り込むべきである。生活単位の小規模化、地域分散化は職員の労働制（労基法違反対策等）の担保・保証が必須であるにもかかわらずその保障が明確でなく、長期的に働いていけるためのさまざまな条件に不安を抱えて将来に展望がもてないという声が挙がっている。子どもの養育を強調することは大切なことだが、強調するあまりに職員の労働権が蔑ろにされて時代に逆行することのないように注視することが重要であろう。子どもの安全安心をしっかり担保できる場の保障とともに職員が長期的かつ安定的に関われる質的かつ量的拡充策が求められるとともに、長期的労働性の保障だけでなく、子どもが虐待を受けて抱えている哀しみや怒りや、やり切れなさに寄り添う職員の学びや人間的成長の過程の保障が必要であろう。

昨年度、児童養護施設などは職員配置の改善がなされ、今年度より家庭支援門相談員の複数配置の予算化もなされ、今後、自立支援担当職員の配置も検討されている。専門職も含めた職員配置が成されていくなか、今後労働者不足が深刻化するわが国において、児童養護界において、将来的にも人材確保、育成、定着策が重要なポイントとなる。児童養護の未来を展望する時、この人材確保、育成、定着策を十分に取り組んでいる施設と従来通り職員の使い捨て、ブラック企業的施設に終始している施設との差が大いに出てくるであろう。人材確保、育成、定着策を怠っている施設に未来はない。

⑤職員集団づくりと児童養護

入所児童の多くは大人同士がよくない関係の下で過ごしてきた児童が多い。しかし、人間関係の良き作り方を大人が率先して日常生活のなかで実践していかなければならない。笑顔での会話、しっかりとしたコミュニケーション、協力連携の場を見せるだけでも社会的養護の現場では重要な支援となる。逆の状態ではどうか？　職員同士がお互いの人権を保障し合うことなしに、子どもの人権を保障することはできない。子どもだけでなく実習生が施設実習を行う際に、職員同士の関係の良さが「こんな施設で働きたい」と思う動機につながり、逆に職員関係が良くない施設は職員の定着性も悪く、新卒者や応募者からも敬遠され、常に職員の定員割れ状況にある施設もある。

また、生活単位の小規模化や分散化は職員の孤立化や独善化を生みやすい。職員の孤立化や独

善化をさせない取り組みを行うことが必要であり、組織化や日常的連携を図る取り組みが重要である。そのために有効な会議のあり方、運営の仕方、専門職との連携協働、職員の価値共有の仕方など、さまざまな工夫を行うことが必要となり、職員の成長や個性が生かされる職員集団になれるような高度な職員集団づくりをめざすべきである。

　さらには、施設運営、法人運営においても、よく「風通しのよい運営」というが、「風通しのよい運営」とは何か？　いかにして風通しのよい運営を実現するかについて常に取り組むとともに点検をすることが重要であろう。職員がどんな思いで子どもたちに対応しているのかを施設長や理事長なども十分に把握でき、直接ケアにあたる職員への充分なサポートができるシステムづくりも必要であろう。

(2) 児童虐待の予防対策としての地域子育て支援への転換を
①子ども家庭福祉全体の充実体制

　「新たな子ども家庭福祉のあり方に関する専門委員会」において、児童福祉法の理念や目的、国や都道府県・市町村の責任と役割、児童福祉の対象年齢など、社会的養護だけでなく広く子ども家庭福祉のあり方そのものの検討を行い、「国や都道府県・市町村の責任と役割の明確化」を改正児童福祉法に盛り込んだ。国が何をするのか、地方公共団体（都道府県や市町村）が何をするべきかを明確化したが、現状では虐待などの酷い状態にならないと介入しないといった状態になってしまい、結果的に手遅れになってしまっており、最終的には虐待死する児童が後を絶たない状態を放置してしまっている。

　そういう意味では、虐待の予防策や要支援家庭への積極的支援をもっと抜本的に行っていくシステムづくりが急務の課題である。それは、現在、身近な市町村で行うことにはなっているが、そこに関わる職員配置や専門職の配置など不十分な中で行き届いた支援が行われるはずがない。

　社会的養護の現場は、要保護児童の支援に終始することなく、地域や都道府県下の子育て支援策に力を入れていくべきで、そのために「社会的養護の課題と将来像」で示している「すべての児童養護施設や乳児院に児童家庭支援センターを標準装備（附置）し、地域の子育て支援やアフターケアや里親支援等を十分にできる、拠点としての地域子育て支援センターとして発展させていくこと」が今後必要であろう。

　法律を改正しても、具体的現場での改善が無いと法律はただ理念などを規定しているだけで、現場は改善されないとすれば法律改正の意味が無い。

②子どもだけでなく親や家族も入所できる施設や制度づくりへの展望

　社会的養護を必要とする子どもの支援と同時に親支援も重要であることはこれまでも言われてきたことではあるが、親支援は基本的には児童相談所の役割としてきた歴史がある。これだけ児童虐待という理由で入所する児童が多くなり、支援が困難な親も多くはなっているが、児童相談所も関与しながらも親の支援計画を立案し、親も子どもとともに成長していく過程が重要であろう。そのためには親も一時的に宿泊できる場、育児トレーニング事業などのアイデアも必要であろう。子どもも含み親や家族一体となった支援を行える機能を施設がもつことも、今後重要だと

考える。

(3) 他福祉分野や教育、医療等との一層の共同連携（ネットワーク化）を

　他福祉分野や教育、医療などとのいっそうの共同連携の必要性はこれまでも云われてきたところではあるが、現場実践のなかでも、重要視してきたものの地域から孤立している施設や迷惑施設的存在となってしまっている施設もある。先に述べた地域の拠点としての役割や虐待の予防策に機能を果たすとすれば、今まで以上にケアワーク中心の機能からソーシャルワーク、コミュニティケアの視点や機能を持って取り組める方向への転換が必要であろう。

　地域の資源の活用、児童家庭支援センターの活用、ボランティアの活用など地域や社会資源の活用や共同がこれまで以上に重要な時代を迎えることになるであろう。小規模化された地域小規模児童養護施設においても安定的なグループホーム制度づくりをするためにも、地域との関係づくりは欠かせない課題である。地域化の拡充策についての強化が必要であり、地域のなかで里親との連携協働も成される必要がある。

　さらに、自治会、消防、警察、地域団体、病院、商店との連携は全体に欠かせない。また、今日実施されている社会福祉法人改革としての社会福祉法人の地域貢献、社会貢献活動の責務化を考えるとケアワーカーがそのすべてを行うには困難であるので、それらを実践する専門職（コミュニティーソーシャルワーカー等）の配置も必要になっている。また、卒園生にも手伝いに入ってもらうなどの工夫もあってもよいと考える。

(4) 児童の成長にとって必要なことをもっと社会発信することが重要

　数年前に起こった「タイガーマスク現象」またテレビドラマ「明日、ママがいない」の放送に対して、児童養護施設の現場から意見を出させていただいたが、そこであらためて、児童養護施設や社会的養護下におかれている子どもたちや施設のことが十分に社会に理解されていないことを痛感した。

　戦後、戦災孤児のためにできた施設から児童養護施設はかわいそうな児童が入所している施設として見られ、私たちも子どもや家族のことを考慮し積極的に情報発信をしてこなかった過去がある。しかし、児童虐待や子どもの貧困や社会的養護、しいて言えば子ども子育ての厳しい実態は社会全体の問題でもある。入所してくる子どものかかえる問題を個人的問題とせずに、児童養護の現場から見えてくる社会問題や経済問題、政治的課題、国際問題、平和問題などの改善について大いに発信していくべきだと痛感しているところである。

(5) 真に子どもの発達や成長を保障する環境整備を

　子どもは本来、自分らしく成長しようとする力をもっている。しかし、その支援が十分でなかった子どもたちへさらに成長して行こうとする意欲を育て、さまざまな側面的支援をし、成長を願うのが私たち社会的養護に携わる者の役割である。そのためにも親子の絆を尊重するとともに、子ども自身が成長できる場を十分に保障し、学校や地域や社会において1人ひとりが尊重さ

れる世の中づくりが必要である。これまでわが国は経済性や利便性を第一義に優先してきた歴史を振り返りながら、真に子どもや家族や人の絆が大切にされる世の中づくりのために必要なことを大いに児童養護施設から発信していかなければならないと考える。

4. 子どもの未来は、まさに社会や人の未来

　元養問研の副会長であり、わが二葉学園の園長であった村岡末広は、岩波書店から1983年に発刊された『これからどうなる日本・世界・21世紀』という本に、「21世紀こそ子どもの世紀に」というテーマで寄稿した。そこで村岡は、「児童は周囲や他から保護され愛護される存在ではなく、自ら主体的に地域社会の中で活動する立場があらゆる場面で保障される。21世紀が国民の英知によって、放縦、競争の社会から、民主的に秩序ある社会になり、『児童は歴史の希望』という言葉を人類の発展として21世紀には掲げたいものである」と結んでいる。

　「子どもが未来に希望をもてない国に未来はない！」

　子どもの未来は、まさに社会や人類の未来であり、社会や人類の安定や発展のためにも子ども自身が未来に希望をもち生きていける世の中を創造していくことが必要である。そのために、子ども子育て施策や教育などもっと真に子どもにとって必要な対策を惜しむことなく大胆に取り組んでいくことが求められている時代である。

第4章

資料編

■養問研歴代体制

● 1972年　＊第1回総会
・代表者：積惟勝（松風荘／日本福祉大学）
・代表委員
　　運営委員会担当：菊池和男（宇佐美児童園）
　　事務局担当：豊田八郎（東海高等家政学校）
　　研究部担当：高島進（日本福祉大学）・中村國之（大野慈童園）
・会計監査：東海龍毅（誠心寮）・平嶋康正（甘木山学園）

● 1973年～
・会長：積惟勝（松風荘／積教育福祉研究所／日本福祉大学）
・副会長：中村國之（大野慈童園）・春日明子（調布学園）・大塚恵一（清心学園）
・事務局長：豊田八郎（松風荘）
・研究部長：高島進（日本福祉大学）
・編集部長：福井満雨（大和荘）

● 1976年～1977年
・会長：積惟勝（松風荘／積教育福祉研究所）
・副会長：村岡末広（二葉学園）・小川利夫（名古屋大学）・長谷川眞人（若松寮）
・事務局長：豊田八郎（松風荘）
・事務局次長：小田春枝（宇佐美児童学園）
・常任運営委員：北原善郎（安房児童学園）・大塚憲治（仙台キリスト教育児院）・春日明子（調布学園）・小田東雄（誠明学園）・村上文穎（宇佐美児童学園）・神田ふみよ（小山児童学園）・武田真雅（徳島児童ホーム）・小酒井好春（調布学園）・浅倉恵一（日本児童育成園）・久保田厚美（ひばり荘）・山本耕三（つばさ園）

● 1978年～　＊第7回大会
・会長：積惟勝（松風荘／積教育福祉研究所）
・副会長：小川利夫（名古屋大学）・村岡末広（二葉学園）・浅倉恵一（日本児童育成園）
・事務局
　　事務局長：神田ふみよ（小山児童学園）
　　事務局次長：小田東雄（誠明学園）
　　事務局員：中村久人（神奈川）
・組織部
　　組織部長：春日明子（調布学園）
　　組織部員：大塚憲治（仙台キリスト教育児院）・長谷川眞人（若松寮）・竹崎桃子（愛仁園）・山本耕三（つばさ園）

・調査研究部
　　　調査研究部長：豊田八郎（松風荘）
　　　調査研究部員：小酒井好春（調布学園）・大塚哲朗（唐池学園）・小田春枝（宇佐美児童学園）
・編集部
　　　編集部長：鳴海賢三（池島寮）
　　　編集部員：竺原邦彦（和光寮）・杉園正人（高鷲学園）
・大会実行委員
　　　大島卓朗（玉葉会乳児院）・神戸賢次（日本児童育成園）・橋本栄子（名古屋市若葉寮）・山口薫（合掌苑）

● 1981年～1982年
・会長：積惟勝（松風荘／積教育福祉研究所）
・副会長：小川利夫（名古屋大学）・村岡末広（二葉学園）・浅倉恵一（日本児童育成園）
・事務局
　　　事務局長：神田ふみよ（小山児童学園）
　　　事務局財政：春日明子（調布学園）
　　　事務局員：小林英義（上里学園）
・組織部
　　　組織部長：大塚哲朗（唐池学園）
　　　組織部員：原田道芳（七窪思恩園）・板垣信子（宇佐美児童学園）・豊田八郎（松風荘）
・編集部
　　　編集部長：長谷川眞人（若松寮）
　　　編集部員：山口薫（合掌苑）・大島卓朗（玉葉会乳児院）
・調査研究部
　　　調査研究部長：杉園正人（高鷲学園）
　　　調査研究部員：鳴海賢三（池島寮）・竹崎桃子（愛仁園）・武田真雅（宝田寮）・入江靖子（つばさ園）

● 1983年～1984年
・会長：積惟勝（松風荘／積教育福祉研究所）
・副会長：村岡末広（二葉学園）・小川利夫（名古屋大学）・浅倉恵一（日本児童育成園）・神田ふみよ（小山児童学園）
・事務局
　　　事務局長：杉園正人（高鷲学園）
　　　事務局員：上河原雅代（池島寮）
・調査研究部
　　　調査研究部長：神田ふみよ（小山児童学園）

調査研究部員：竹中哲夫（日本福祉大学）・川口亨（神愛ホーム）・板垣信子（宇佐美児童学園）
・組織部
　　　組織部長：大塚哲朗（唐池学園）
　　　組織部員：原田道芳（七窪思恩園）・山川靖子（つばさ園）・竹崎桃子（愛仁園）
・編集部
　　　編集部長：長谷川眞人（若松寮）
　　　編集部員：山口薫（合掌苑）・田中美和子（照光愛育園）

●1986年～
・会長：浅倉恵一（日本児童育成園）
・副会長：村岡末広（二葉学園）・小川利夫（名古屋大学）・神田ふみよ（小山児童学園）
・事務局長：山口薫（合掌苑）
・調査研究部長：竹中哲夫（日本福祉大学）
・編集部長：長谷川眞人（若松寮）

●2006年～2007年　＊＝常任委員
・名誉顧問：小川利夫（名古屋大学名誉教授）
・顧問：浅倉恵一（日本児童育成園）
・会長＊：喜多一憲（名古屋文化キンダーホルト）
・副会長＊：関東：武藤素明（二葉学園）・中部：山口薫（桜学館）・関西：石塚かおる（つばさ園）
・事務局
　　　事務局長＊：石塚かおる（つばさ園）
　　　事務局次長＊：芦田徹（つばさ園）
・組織部
　　　組織部長＊：武藤素明（二葉学園）
　　　組織部次長（総務）＊：山口薫（桜学館）
・調査研究部
　　　調査研究部長＊：竹中哲夫（日本福祉大学）
　　　調査研究部次長＊：遠藤由美（名古屋造形芸術大学）
　　　調査研究部員：安形元伸（名古屋養育院）
・編集部
　　　編集部長＊：長谷川眞人（日本福祉大学）
　　　編集部次長＊：堀場純矢（中京女子大学）
　　　編集部員：神戸賢次（愛知東邦大学）・木全和巳（日本福祉大学）
・監査：春日明子（調布学園）・望月彰（大阪府立大学）
・全国運営委員

大塚涼子（ラ・サール・ホーム／宮城支部）・安部慎吾（唐池学園／神奈川支部）・伊藤貴啓（名古屋芸術大学短期大学部／愛知支部）・芦田徹（つばさ園／京都支部）・前田佳代（広島修道院／広島支部）・河野博明（森の木／大分支部）・長ヶ部和子（錦華学院／東京支部）・山本圭介（大野慈童園／岐阜支部）・小塚光夫（天理教三重互助団／三重支部）・尾道敦子（高鷲学園／大阪支部）・竹崎桃子（愛仁園／高知支部）・千坂克馬（竜陽園／乳児院）

●2008年〜2009年　＊＝常任委員
・顧問：浅倉恵一（日本児童育成園）・竹中哲夫（日本福祉大学名誉教授）・長谷川眞人（NPO法人「こどもサポートネットあいち」）
・会長＊：喜多一憲（中部学院大学）
・副会長＊：関東：武藤素明（二葉学園）・中部：山口薫（桜学館）・関西：石塚かおる（つばさ園）
・事務局
　　事務局長＊：石塚かおる（つばさ園）
　　事務局次長＊：芦田徹（つばさ園）
・組織部
　　組織部長＊：武藤素明（二葉学園）
　　組織部次長（総務）＊：山口薫（桜学館）
・調査研究部
　　調査研究部長＊：遠藤由美（日本福祉大学）
　　調査研究部員：永井健（岐阜県立白鳩学園）・安形元伸（名古屋養育院）・早川悟司（目黒若葉寮）
・編集部
　　編集部長＊：堀場純矢（中京女子大学）
　　編集部員：神戸賢次（愛知東邦大学）・古閑瞳（名古屋文化キンダーホルト）・吉村美由紀（日本福祉大学）
・監査：望月彰（大阪府立大学）・春日明子（調布学園）
・全国運営委員
　　大塚涼子（ラ・サール・ホーム／宮城支部）・安部慎吾（唐池学園／神奈川支部）・伊藤貴啓（名古屋芸術大学短期大学部／愛知支部）・岡出多伸（高鷲学園／大阪支部）・四井博邦（清浄園／大分支部）・黒田邦夫（クリスマス・ヴィレッジ／東京支部）・山本圭介（大野慈童園／岐阜支部）・芦田徹（つばさ園／京都支部）・前田佳代（広島修道院／広島支部）・井上幸子（名古屋市若葉寮／乳児院）

●2010年〜2011年　＊＝常任委員
・顧問：浅倉恵一（日本児童育成園）・長谷川眞人（NPO法人「こどもサポートネットあいち」）
・会長＊：喜多一憲（中部学院大学）
・副会長＊：関東：武藤素明（二葉学園）・中部：山口薫（桜学館）・関西：石塚かおる（つばさ

園）
- 事務局
    - 事務局長＊：石塚かおる（つばさ園）
    - 事務局次長＊：芦田徹（つばさ園）
- 組織部
    - 組織部長＊：武藤素明（二葉学園）
    - 組織部次長（総務）＊：山口薫（桜学館）
- 調査研究部
    - 調査研究部長＊：遠藤由美（日本福祉大学）
    - 調査研究部員：永井健（岐阜県立白鳩学園）・安形元伸（名古屋文化学園保育専門学校）・早川悟司（目黒若葉寮）
- 編集部
    - 編集部長＊：堀場純矢（日本福祉大学）
    - 編集部員：神戸賢次（愛知東邦大学）・古閑瞳（名古屋文化キンダーホルト）・吉村美由紀（日本福祉大学）・井上幸子（名古屋市若葉寮）
- 監査：望月彰（大阪府立大学）・春日明子（第二調布学園）
- 全国運営委員
    - 大塚涼子（ラ・サール・ホーム／宮城支部）・安部慎吾（唐池学園／神奈川支部）・伊藤貴啓（名古屋芸術大学短期大学部／愛知支部）・岡出多伸（高鷲学園／大阪支部）・四井博邦（清浄園／大分支部）・黒田邦夫（二葉むさしが丘学園／東京支部）・山本圭介（大野慈童園／岐阜支部）・芦田徹（つばさ園／京都・滋賀支部）・前田佳代（広島修道院／広島支部）・宮﨑正宇（子供の家／高知支部）・原田裕貴子（すみれ乳児院／乳児院）

●2012年〜2013年　＊＝常任委員
- 顧問：浅倉恵一（日本児童育成園）・長谷川眞人（NPO法人「こどもサポートネットあいち」）
- 会長＊：喜多一憲（中部学院大学）
- 副会長＊：関東：武藤素明（二葉学園）・中部：山口薫（合掌苑）・関西：石塚かおる（つばさ園）
- 事務局
    - 事務局長＊：石塚かおる（つばさ園）
    - 事務局次長＊：芦田徹（つばさ園）
- 組織部
    - 組織部長＊：武藤素明（二葉学園）
    - 組織次長（総務）＊：山口薫（合掌苑）
- 調査研究部
    - 調査研究部長＊：遠藤由美（日本福祉大学）
    - 調査研究部員：永井健（岐阜県立白鳩学園）・安形元伸（倉敷市立短期大学）・早川悟司（子

供の家）
- 編集部
    - 編集部長＊：堀場純矢（日本福祉大学）
    - 編集部員：吉村美由紀（東海学院大学）・井上幸子（名古屋市若葉寮）・大森信也（若草寮）
- 監査：望月彰（愛知県立大学）・春日明子（第二調布学園）
- 全国運営委員
    大塚涼子（ラ・サール・ホーム／宮城支部）・安部慎吾（唐池学園／神奈川支部）・岩田正人（名古屋文化キンダーホルト／愛知支部）・岡出多伸（高鷲学園／大阪支部）・四井博邦（清浄園／大分支部）・黒田邦夫（二葉むさしが丘学園／東京支部）・山本圭介（大野慈童園／岐阜支部）・芦田徹（つばさ園／京都・滋賀支部）・前田佳代（広島修道院／広島支部）・宮﨑正宇（子供の家／高知支部）・原田裕貴子（すみれ乳児院／乳児院）・貝田依子（三光塾／兵庫支部）

●2014年〜2015年　＊＝常任委員
- 顧問：浅倉恵一（日本児童育成園）・長谷川眞人（NPO法人「こどもサポートネットあいち」）
- 会長＊：喜多一憲（名屋文化福祉会理事）
- 副会長＊：関東：武藤素明（二葉学園）・中部：山口薫（合掌苑）・関西：石塚かおる（つばさ園）
- 事務局長＊：芦田徹（つばさ園）
- 組織部長＊：早川悟司（子供の家）
- 調査研究部
    - 調査研究部長＊：遠藤由美（日本福祉大学）
    - 調査研究部員：永井健（桜学館）・安形元伸（倉敷市立短期大学）・片岡志保（日本福祉大学）
- 編集部
    - 編集部長＊：堀場純矢（日本福祉大学）
    - 編集部員：吉村美由紀（名古屋芸術大学）・大森信也（若草寮）
- 監査：望月彰（愛知県立大学）・吉田祐一郎（四天王寺大学）
- 全国運営委員
    大塚涼子（ラ・サール・ホーム／宮城支部）・安部慎吾（唐池学園／神奈川支部）・岩田正人（名古屋文化キンダーホルト／愛知支部）・岡出多伸（高鷲学園／大阪支部）・宮﨑祐介（別府平和園／大分支部）・黒田邦夫（二葉むさしが丘学園／東京支部）・山本圭介（大野慈童園／岐阜支部）・芦田徹（つばさ園／京都）・前田佳代（広島修道院／広島支部）・宮﨑正宇（子供の家／高知支部）・原田裕貴子（すみれ乳児院／乳児院）・貝田依子（三光塾／兵庫支部）

●2016年〜2017年　＊＝常任委員
- 顧問：浅倉恵一（日本児童育成園）・長谷川眞人（NPO法人「こどもサポートネットあいち」）
- 会長＊：喜多一憲（名屋文化福祉会理事）
- 副会長＊：関東：武藤素明（二葉学園）・中部：山口薫（桜学館）・関西：石塚かおる（つばさ

　　　　　　園）
・事務局長＊：芦田徹（つばさ園）
・組織部
　　組織部長＊：早川悟司（子供の家）
　　組織部次長（総務）＊：山口薫（桜学館）
・調査研究部
　　調査研究部長＊：遠藤由美（日本福祉大学）
　　調査研究部員：永井健（桜学館）・安形元伸（倉敷市立短期大学）・片岡志保（日本福祉大
　　　　　　　　学）
・編集部
　　編集部長＊：堀場純矢（日本福祉大学）
　　編集部員：吉村美由紀（名古屋芸術大学）・大森信也（若草寮）
・監査：望月彰（大阪府立大学）・吉田祐一郎（四天王寺大学）
・全国運営委員
　　大塚涼子（ラ・サール・ホーム／宮城支部）・安部慎吾（唐池学園／神奈川支部）・岩田正人
　　（名古屋文化キンダーホルト／愛知支部）・岡出多伸（高鷲学園／大阪支部）・宮﨑祐介（別
　　府平和園／大分支部）・黒田邦夫（二葉むさしが丘学園／東京支部）・山本圭介（大野慈童園
　　／岐阜支部）・芦田徹（つばさ園／京都支部）・前田佳代（広島修道院／広島支部）・宮﨑正宇
　　（子供の家／高知支部）・原田裕貴子（すみれ乳児院／乳児院）・貝田依子（三光塾／兵庫支部）

　　　　　　　　　　　　　　　　　　　　　　※資料で確認できる年度の体制を掲載しました。

■支部活動の記録

●埼玉支部

『さいたまのようご』第2号

編集:全国養護問題研究会 埼玉支部

〈目次〉

- 埼玉養護の現状と方向性——埼玉養護施設の展望……林博（子供の町指導員）
- 養護問題の現状と課題……出野与作（川越児相）

〈実践記録〉

- 乳幼児の発達と生活指導……細井まさ子（富士見乳児院保母）
- S男の入所から退所まで——成績遅滞児の進学……堀江清人（子供の町指導員）
- 一時保護所の実態と事例について……三島典子（浦和児相・一時保護課）
- 小学生男子寮における実践……川口享（神愛ホーム指導員）

〈スポット〉

- 養護施設児の高校進学問題について……北沢文武（上里中学校）

〈現場よりの報告〉

- 登校拒否児を担当して……中島久美子（上里学園保母）
- 養問研埼玉支部のあゆみ

〈記念講演より〉

- 講演「養護実践のあり方」……村岡末広（二葉学園長）
- 講演「私たちの養護実践」……神田ふみよ（都立小山児童学園）

●京都支部

『京都の児童福祉』第1号

編集:全国養護問題研究会京都支部

編集委員会:井上三佐夫・石山洋子・葛田千枝子・竺原邦彦・長井伸江・藤間由美子・山本恵子・山本耕三・

カット:石井和子

発行日:1977年8月15日

発行:養問研 京都支部

印刷:尚文堂

〈目次〉

- 乳幼児の発達の基本（上）……清水民子（京都府立大学助教授）
- 対談「全障研のあゆみと私のとりくみ」——全障研京都支部長酒井秀夫さんに聞く……酒井秀夫（全障研京都支部長）・竹中哲夫（京都市青葉寮）

- 公的扶助研究運動と福祉事務所変革の課題……今村雅夫（京都市左京福祉事務所）
- たのしい寄宿舎づくりをめざして（上）——子どもらに生きる力を……石山　久
- 養護の総括、方針のとりくみ……山本耕三（つばさ園）
- 養問研京都支部結成のころ……井上修（半田更正園／結成時事務局長）
- 「全国養護問題研究会」京都支部規約

『京都の児童福祉』第2号

編集：全国養護問題研究会 京都支部

編集委員会：古賀百合子・竺原邦彦・長井伸江・畠山一夫

カット：石井和子

発行日：1978年7月1日

発行：養問研京都支部

〈目次〉

- 施設養護について（上）……積惟勝
- 乳幼児の発達の基本（下）……清水民子（京都府立大学助教授）
- たのしい寄宿舎づくりをめざして（下）——子どもらに生きる力を……石山 久
- 七年間をふり返って思うこと……藤間由美子（迦陵園）
- 私の職場便り……葛田千枝子（小鳩幼児院保母）
- さまざまな問題をもつ子どもの施設での処遇……竹中哲夫（京都市青葉寮）
- 未来をきりひらく労働者を育てるために　その1……山本耕三（つばさ園）・畠山一夫（つばさ園）

●東京支部

『とうきょうのようごしせつ』第2号

編者：小田東雄

発行者：春日明子

発行日：1974年9月10日

発行：全国養護問題研究会 東京支部

印刷：（有）きょうぶん社

〈目次〉

- 東京都における児童相談所の現状と課題……大塚勇治（立川児童相談所）
- 民主的職場づくり——49年度体制をどうつくりあげたか……吉田路子（調布学園）
- 労働条件改善と民主的職場づくりについて—錦華学院の場合—……小関明良（錦華学院）
- 教護院をめぐる問題……誠明学園グループ
- 児童の自治について——小学生グループ会議……奥野謙介（二葉学園）
- 学習指導について——横割学習会のとりくみ……本間俊美（調布学園）

- 養護施設労働者の課題……小酒井好春（日社労組東京支部）
- 東京の養護問題・その実態──どうして困っているのか、今後どうしたらいいのか……鈴木政夫（墨田児童相談所児童福祉司）

『とうきょうのようご』第3号
　編集：全国養護問題研究会 東京支部
　編集：東京集会実行委員会
　発行責任者：春日明子
　発行日：1976年9月16日
　発行：全国養護問題研究会　東京支部
　印刷：平河工業社
　〈目次〉
- 記念講演「私が歩んだ道と施設職員に期待するもの」……養問研会長　積惟勝
- 第1回養問研東京集会基調報告
- 分科会
    (1) 第1分科会　学習指導
      石神井学園における学習指導……実山宥（石神井学園）
    (2) 第2分科会　生活指導
      子どもを主人公とした集団づくりをどうとらえ、進めるか
    (3) 第3分科会　進路・親の問題
    (4) 第4分科会　職員集団をどうつくりあげていくか
      複数勤務における養護内容の向上をめざして
- 養問研東京集会報告ならびに総括
- 第5回全国大会にむけての分科会討議
- 資料

● 近畿ブロック
『みちのく八丈島太鼓は轟いて』
　編集：全国養護問題研究会 近畿ブロック　わらび座旅行実行委員会
　発行：1980年4月1日
『輝く明日のために』
　編集：全国養護問題研究会 近畿ブロック
　発行：1985年6月25日

※以上、資料で確認できる活動のみ掲載しました。

■中部・西日本・東日本研修会一覧 （2005年度～ 2016年度）

〈2005年〉
●東日本研修会
　　　＊2005年2月23日～ 24日　　岩手県 つなぎ温泉「ホテル大観」にて
・記念講演：児童虐待防止法・児童福祉法の改正内容と今後の児童養護・児童福祉のあり方を考える……喜多一憲（養問研副会長・全養協副会長）
・事例発表①：医療系児童養護施設との連携
・事例発表②：小規模グループケアの取り組み課題
・事例発表③：ファミリーソーシャルワーカーの取り組み課題
・分散会：（サブテーマ）様々な制度改変に現場としてどう対応するべきか

〈2006年〉
●東日本研修会
　　　＊2006年2月15日～ 16日　福島県 福島大学にて
・テーマ：新しい児童福祉制度をどうとらえ、どう実践するか
・基調講演：児童福祉・児童養護の今、そしてわれわれの課題……竹中哲夫（養問研調研部長・日本福祉大学教授）
・児童福祉講座：児童養護の職員の連携と協働のあり方……神戸信行（青葉学園長）
・養護実践報告①：児童養護施設におけるファミリーケアの実践と課題……鈴木文（福島愛育園 家庭支援専門相談員）
・養護実践報告②：小規模化・地域化の実践課題……高橋潔基（アイリス学園グループホーム担当）
・分散会

〈2008年〉
●東日本研修会
　　　＊2008年3月3日～ 4日　山形県 天童温泉「ほほえみの宿滝の湯」にて
・テーマ：今、児童養護に求められる課題にどう立ち向かうべきか
・基調報告：社会的養護に関する検討会や審議会の動きと今後の児童養護・児童福祉のあり方を考える……喜多一憲（養問研会長・前全養協副会長・名古屋文化キンダーホルト施設長）
・児童福祉講座①：施設小規模化、グループホーム化の進め方とその課題……武藤素明（養問研副会長・全養協制度政策部長・二葉学園施設長）
・児童福祉講座②：児童養護現場の運営と人材育成をめぐって……黒田邦夫（養問研東京支部長・筑波愛児園施設長）

・実践報告
　①施設の小規模化ユニットケア等の取り組み
　②ファミリーソーシャルワーカーの取り組み課題
・分科会
　①小規模化、ユニット化の課題
　②施設の専門化（保育士、心理士FSW、看護職、その他専門職）や連携課題
　③児童養護現場の人材育成と職員のチームワーク
　④子どもの問題行動等への適切な対応と運営課題

●西日本研修会
　　＊2008年4月23日〜24日　兵庫県姫路市　姫路市市民会館にて
・基調報告：今後の児童養護・児童福祉と養問研……喜多一憲（養問研会長）
・実践報告：別々の時期に入所してきた姉妹の心のケア……鈴木可奈（高鷲学園）
・児童福祉講座：個と集団のそだちあい……安形元伸（名古屋養育院）
・グループ討議

〈2009年〉
●中部日本研修会
　　＊2009年2月12日〜13日　愛知県犬山市　リバーサイド犬山にて
・テーマ：児童養護の新たな実践を問う
・基調報告：社会的養護の動向と児童福祉法改正……安形元伸（名古屋養育院課長）
・分科会
　①CSP（コモンセンスペアレンティング）の実践とロールプレイ……永井健・可児幸子（岐阜県立白鳩学園）・藤田哲也（麦の穂学園）
　②SST（ソーシャルスキルトレーニング）の実践とロールプレイ……児童心理療育施設「桜学館」SST委員会（池戸裕子・吉山智子・林田美由紀）
・講座：「地域小規模児童養護施設の実践と課題」報告とグループ討議……古閑瞳（名古屋文化キンダーホルト　児童指導員）

●東日本研修会
　　＊2009年3月5日〜6日　さいたま市　さいたま商工会議所にて
・テーマ：今、社会的養護に求められる課題に児童福祉現場としてどう立ち向かうべきか
・基調報告：社会的養護に関する制度の動きと今後の児童養護・児童福祉のあり方を考える
　　　　　……武藤素明（全国養問研副会長・全養協制度政策部長・二葉学園施設長）
・児童講座①：児童養護現場の運営と人材育成をめぐって……黒田邦夫（養問研東京支部長、クリスマスヴィレッジ施設長）

・児童講座②：児童養護施設や自立援助ホーム入所児童がワーキングプアにならないために
　　　　　　……大島祥市（自立援助ホームベアーズホーム施設長）
・分科会
　①施設の規模化、ユニット化の現状と課題
　②施設内暴力やいじめ等人権侵害にどう立ち向かうか
　③児童養護現場の人材育成と職員のチームワークのあり方
　④子どもの自立支援課題

〈2010年〉
●東日本研修会
　　＊2010年2月25日〜26日　青森市 ホテル青森にて
・テーマ：現在の児童養護・社会的養護に求められている課題にどう立ち向かうか
・基調講演：今まさに真価が問われる、児童養護現場における子どもの権利を擁護するために
　　　　　　……喜多一憲（養問研会長）
・児童福祉講座
　①社会的養護に関する制度の動きと今後の児童養護・児童福祉のあり方を考える……武藤素明（二葉学園施設長、養問研副会長、全養協制度政策部長）
　②家族支援における児童相談所と施設里親との連携課題……佐藤真由美（青森中央児童相談所主事）
・実践報告
　①子供の自立のために、施設が出来ること――SSTを活用してスキルアップを図る……間山えり子（幸樹園保育士）
　②職員の働く環境づくり……後藤辰也（七戸美光園施設長）・吉田浩二（七戸美光園主任指導員）
・分科会
　①施設内暴力やいじめ等人権侵害にどう立ち向かうか
　②児童養護現場の人材育成と職員のチームワークのあり方、働く職員の環境整備
　③子どもの自立支援およびリービングケア・アフターケアの課題
　④家族支援と職員間および諸機関連携のあり方

●中部日本研修会
　　＊2010年3月4日〜5日　滋賀県長浜市 長浜ドーム宿泊研修館にて
・基調報告：児童福祉改革の動きと諸論点――これまで考えてきたこと・考える指針としてきたこと……竹中哲夫（養問研調研部長・日本福祉大学）
・分科会
　①発達障害児を集団に支えるアプローチ

②児童間暴力への取り組み
・講座：権利擁護ができる施設運営とリスクマネジメント……黒田邦夫（クリスマス・ヴィレッジ施設長）

〈2011年〉
●中部日本研修会
　　＊2011年2月24日〜25日　滋賀県長浜市　長浜ドーム宿泊研修館にて
・テーマ：子ども集団と職員のチームワーク
・基調報告：「児童福祉法制度改革」の動きと諸論点―保育問題・教育問題にもふれて……遠藤由美（日本福祉大学）
・分科会
　①施設で子どもの自治集団をどうつくるのか……芦田徹（つばさ園）
　②子ども集団を支える職員のチームワークとは……西川信（名古屋文化キンダーホルト園長）
・講座：児童養護施設で暮らす発達障がいの子どもたち……吉村譲（愛知東邦大学）

●西日本研修会
　　＊2011年3月1日〜2日　大分県別府市　別府ホテル芙蓉倶楽部にて
・基調報告：社会的養護における制度改革の現状と今後求められる課題……武藤素明（養問研副会長、二葉学園施設長）
・福祉講座
　①学校現場からみた、子どもたちの様子と施設とのこれからの連携……適正隆寿（中津市立大幡小学校）
　②これからの児童養護に求められる子どもの人権保障とは……喜多一憲（養問研会長）
・事例報告：支援上特別の配慮を要し退園した児童の支援経過……近藤功（別部平和園園長）

〈2012年〉
●東日本研修会
　　＊2012年2月16日〜17日　宮城県仙台市　エスポールみやぎにて
・テーマ：時代が求める社会的養護の変革と新しい養護の創造を
・基調講演：東日本大震災の爪跡と復興（震災1年後の課題）と子ども支援の課題……刈谷忠（大洋学園施設長）
・児童福祉講座
　①社会的養護に関する制度の動きと今後の児童養護・児童福祉のあり方を考える……武藤素明（養問研副会長、二葉学園施設長）
　②今後の里親支援のあり方と施設との協働のあり方を考える……卜蔵康行（宮城県ファミ

リーホーム）
・養護実践報告
　①多問題家族と向き合う養護実践報告……鈴木文（福島愛育園　家庭支援専門相談員）
　②施設内暴力やいじめ等人権侵害や問題行動等にどう向き合い改善するか……佐野孝一（母子生活支援施設　さくらハイツ）
・分科会
　①災害と児童養護、施設のリスクマネージメント
　②施設内暴力やいじめ等人権侵害にどう立ち向かうか
　③里親支援のあり方と施設との協働連携について
　④家族支援と職員間および諸機関連携のあり方

●中部日本研修会
　　　＊2012年2月22日〜23日　滋賀県長浜市　長浜ドーム宿泊研修館にて
・テーマ：子ども集団と職員のチームワーク
・基調報告：子どもの貧困と児童福祉改革の動向……堀場純矢（日本福祉大学准教授）
・講演：退所後の子どもたち――アフターケアのあり方を考える……廣田敬史（自立援助ホームBiTS-Unit代表）
・分科会
　①施設の高機能化に向けて……橋本達昌（児童養護施設一陽　統括施設長）
　②子ども集団を支える職員のチームワークとは……伊藤由貴・山口佳映（児童心理療育施設桜学館児童指導員）

●西日本研修会
　　　＊2012年2月10日〜11日　兵庫県神戸市　シーパル須磨にて
・テーマ：時代が求める社会的養護の変革と新しい養護の創造を
・児童福祉講座
　①当事者の語り……相馬美可子・吉田宏史（CVVスタッフ）
　　実践報告……福原浩樹（長田子どもホーム児童指導員）
　②社会的養護に関する制度の動きと今後の児童養護・児童福祉のあり方を考える……武藤素明（養問研副会長、二葉学園施設長）

〈2013年〉
●東日本研修会
　　　＊2013年2月21日〜22日　茨城県つくば市　ホテルレイクサイドつくばにて
・テーマ：地域に生きる児童養護の創造、育ちあいと絆の生活づくり
・記念講演：子どもや家族の変容にともなう児童問題にどう立ち向かうべきか……宮本信也

（筑波大学大学院人間総合科学研究科教授）
・児童福祉講座
　①社会的養護の課題と将来像の実行状況と問題点について……武藤素明（養問研副会長、二葉学園統括施設長）
　②施設内暴力やいじめ等人権侵害や問題行動等にどう向き合い改善するか……中山正雄（白梅学園短期大学教授）
・養護実践報告
　①施設における生活集団の小規模化への取り組みについて……るんびにーより
　②施設内における性問題への取り組みについて……筑波愛児園より
・分科会
　①施設の小規模化、里親化、地域化の実践めぐって
　②施設内暴力やいじめ等問題行動へどう立ち向かうか
　③職員の働き甲斐、生きがい、チームワーク、施設の民主化等
　④とにかく聞いて、何でも相談・徹底懇談

●西日本研修会
　＊2013年3月14日〜15日　広島市 広島インテリジェントホテル本館にて
・テーマ：地域に生きる児童養護の創造、育ちあいと絆の生活づくり
・児童福祉講座
　①社会的養護の課題と将来像の実行状況と問題点について……武藤素明（養問研副会長、二葉学園統括施設長）
　②職員が長く働き続けるには……宮田浩明（救世軍愛光園施設長）
・実践報告
　①分園型グループケアの現状と課題について……古賀大裕（共楽養育園）
　②小規模グループケアにおける生活づくりの取り組みについて……樋口敬文（広島修道院）

●東日本研修会
　＊2013年12月4日〜5日　秋田県仙北市 たざわこ芸術村（わらび座）にて
・テーマ：児童養護の新たな流れの中で、子どもの自立を保障するために
・記念講演：今あらためて問う、子どもの権利を保障するということ、子どもの自立を保障するということとは……喜多一憲（養問研会長）
・児童福祉講座
　①家庭的養護推進計画、都道府県推進計画の実行状況と問題点について……武藤素明（二葉学園統括施設長・養問研副会長・全養協副会長）
　②生きる力を身につけること、生い立ちのふりかえりと性の諸問題への対応……大野紀代（子供の家施設長・性教育研究会幹事）

・養護実践報告
　①施設における性問題への取り組みについて……県南愛児園より
　②家庭復帰児童や社会的自立へのアフターケアの取り組みについて……秋田県の児童養護施設より
・分科会
　①施設の小規模化、里親化、地域化の実践めぐって
　②施設内の性問題等への取り組み方について
　③自立支援、アフターケア等の課題への取り組みについて
　④職員の働き甲斐、生きがい、チームワークや育成、施設の運営等について

〈2014年〉
●西日本研修会
　　　＊2014年3月3日～4日　大分県別府市 別府ホテル芙蓉倶楽部にて
・テーマ：未来を生きる子どもたちの自立支援と発達保障
・記念講演：今、私たち社会的養護関係者は何をやらなければいけないのか──家庭的養護推進計画と都道府県推進計画の動向等について……武藤素明（二葉学園統括施設長・養問研副会長）
・講座
　①「命の重さ」について考える……光武智美（助産師）
　②アフターケアから見えてくる児童養護施設の課題……薬師寺和光（児童アフターケアおおいた センター長）
・実践報告：地域小規模施設の課題について……宮崎祐介（別府平和園）

●東日本研修会
　　　＊2014年12月10日～11日　北海道札幌市 ニューオオタニ イン札幌にて
・テーマ：施設の小規模化・地域化、里親化の流れの中での子どもの権利擁護と自立支援等のあり方を考える
・記念講演：今あらためて問う、子どもの権利を保障するということ──北海道ケア基準の成り立ちから、現在の児童養護施設等の使命と役割を考える……喜多一憲（養問研会長）
・児童福祉講座
　①児童養護施設等の養育の質を向上させるために……福田雅章（養徳園施設長・運営指針ワーキンググループ委員）
　②施設の小規模化、地域化、里親化の現状と課題……武藤素明（養問研副会長・全養協副会長・二葉学園統括施設長）
・養護実践報告

①小規模化、地域化の取り組みについて……わかすぎ学園
②家庭復帰児童や社会的自立へのアフターケアの取り組みについて……札幌南藻園より
・分科会
①施設の小規模化、里親化、地域化の実践めぐって
②施設内の性問題や暴力等への対応と権利擁護の課題について
③家庭復帰、自立支援、アフターケア等の課題への取り組みについて
④職員の育成・定義、職員のチームワークや施設の運営等について

〈2015年〉
●中部日本研修会
　　＊2015年2月17日～18日　静岡県浜松市　静岡県立森林公園森の家にて
・テーマ：職員のチームワークと自立に向けた支援
・基調報告：小規模化のもとでの子ども・職員集団づくりと自立支援計画……安形元伸（倉敷市立短期大学准教授）
・分科会
①アセスメントと自立支援計画──職員1人ひとりのキャッチ力をもとに……岩田正人（名古屋文化キンダーホルト個別対応職員）
②青年期の自立支援──子どもの生い立ちを振り返る……藤田哲也（麦の穂学園主任指導員）
・講演：発展的ケース会議の手法──成功体験の共有と積み重ねに向けて……早川悟司（子どもの家施設長）

〈2016年〉
●東日本研修会
　　＊2016年2月23日～24日　群馬県高崎市　ニューサンピアにて
・テーマ：施設の小規模化・地域化・里親化の流れの中で、子どもの養育と職員（養育者）の支援のあり方を考える
・記念講演：今、社会的養護・児童養護に最も求められていることは？……喜多一憲（養問研会長）
・シンポジウム：「施設の小規模化・地域化・里親化の流れの中で、子どもの養育と職員（養育者）の支援のあり方を考える（実践報告を中心として）」……宮本昇（ファミリーホーム ひまわり施設長）・水野順一（児童家庭支援センター 希望館施設長）・日下幸夫（フランシスコの町副施設長）・橋本亜季（二葉学園コスモス ホーム長）
　　＊コーディネーター：武藤素明（養問研副会長）
・分科会
①里親養護と施設養護の強みと弱みと共同連携の在り方を探る

②施設の小規模化、里親化、地域化の実践めぐって
　③施設内の性問題や暴力等への対応と権利擁護の課題について
　④職員の確保・育成・定着、職員のチームワークや施設の運営等について

●中部日本研修会
　　＊2016年3月2日〜3日　滋賀県長浜市 長浜ドーム宿泊研修館にて
・テーマ：未来をになう子どもたちに、仲間とつくろう豊かな実践を
・基調報告：子どもの人権と職員の市民的権利保障を考える……喜多一憲（養問研会長）
・分科会
　①施設臨床・日常の関わりとアセスメント──ケアーワーカーとセラピストの協働について
　　……野々村一也（さざなみ学園 副主任セラピスト）
　②若手職員の学習・交流企画 Get Power──希望を現実に変える力……武藤佑太（宇宙）、加藤潤（和進館児童ホーム）、橋本喜予（慈泉寮）
・児童福祉講座：人材を人財に変える 組織マネジメント実践──施設に活気を！ 職員に元気を！……橋本達昌（児童養護施設・児童家庭支援センター一陽 統括所長）

〈2017年〉
●東日本研修会
　　＊2017年2月2日〜3日　新潟市 新潟市総合福祉会館にて
・テーマ：改正児童福祉法をふまえ、今後の社会的養護の行方および求められる実践を探る
・基調報告：人権保障としての社会的養護……喜多一憲（養問研会長）
・シンポジウム：「改正児童福祉法と社会的養護の展望」……武藤素明（養問研副会長）、黒田邦夫（二葉むさしが丘学園施設長）、高野善晴（新潟天使園施設長）
・分科会
　①里親との協働および地域の子育て家庭への支援
　②生活単位の小規模化、地域化の実践と課題
　③施設内暴力や性問題への対応
　④職員の確保・定着・育成とチームワークの向上

●西日本研修会
　　＊2017年2月28日〜3月1日　京都市 京都教育文化センターにて
・テーマ：子ども・親・支援者の人権保障と豊かな関係をめざして
・基調報告：子どもの人権保障と職員・支援者の市民的権利……喜多一憲（養問研会長）
・児童福祉講座：児童福祉法改正と今後の児童養護・児童福祉のあり方を考える……武藤素明（養問研副会長）
・実践報告：施設における心理的ケア……小山直樹（武田塾施設長）

・児童福祉講座：社会的養護における子どもの権利保障——改正児童福祉法……安保千秋（都大路法律事務所弁護士）
・実践報告：施設養護における子どもの権利保障の取り組み……若林里仁（迦陵園 主任児童指導員）

●**中部日本研修会**
　　　＊2017年3月9日～10日　名古屋市 愛知県青年会館にて
・テーマ：子どもたちの権利は守られているか
・基調報告：子どもの権利擁護と国の動向……望月彰（養問研監査、愛知県立大学教授）
・分散会：子どもを守るための私たちの役割……岩田正人（名古屋文化キンダーホルト）、山本圭介（大野慈童園）、児玉俊郎（岐阜聖徳学園大学）
・分科会
　①子どもの理解を深めるために
　②支援計画の立て方——子どもの最善の利益を守るため

■養問研刊行物

●『そだちあう仲間』
*全国養護問題研究会（編）

創刊号

第2号

第3号

vol.4（1979.9.20）

vol.5（1980.8.10）

vol.6（1981.9.20）

vol.7（1982.5.1）

vol.8（1982.10.1）

vol.9（1983.6.20）

vol.10（1983.11.30）

NO.11（1985.6.1）

第4章　資料編

NO.12（1986.6.10）
＊第15回全国養護問題研究会基調報告

NO.13（1987.6.22）
＊第16回全国養護問題研究会基調報告

NO.14（1988.6.21）
＊第17回全国養護問題研究会基調報告

NO.15（1989.6.1）
＊第18回全国養護問題研究会基調報告

NO.16（1989（ママ）.6.21）
養護問題1990年代の研究課題－国連（子どもの権利条約）の制定にあたって－
＊第19回全国養護問題研究会基調報告

NO.17（1991.6.20）
養護問題の現状をどう見るか－「子どもの権利条約」の視点から－
＊第20回全国養護問題研究会基調報告

NO.18（1992.6.17）
これからの施設養護をどう考えるか－定員割れが広がる中で－
＊第21回全国養護問題研究会基調報告

NO.19（1993）
児童養護問題の現状と子どもの人権を守るための課題－国連・国際家族年（IYF）に向けて－
＊第22回全国養護問題 研究会基調報告

NO.20（1994.6.20）
子どもの権利の視点から児童養護の将来を考える－国際家族年にあたって－
＊第23回全国養護問題研究会基調報告

NO.21（1995）
21世紀を展望して－児童養護の課題をさぐる－
＊第24回全国養護問題研究会基調報告

NO.22（1996.6.19）
新しい児童福祉を展望して児童福祉法改正の動きの中で
＊第25回全国養護問題研究会基調報告

NO.23（1997.6）
児童福祉法改正を中心とする資料集
＊別冊（児童福祉法改正を中心とする資料集）

NO.24（1998.6.23）
＊第27回全国養護問題研究会基調報告

NO.25（1999.6.15）
＊第28回全国養護問題研究会基調報告

NO.26（2000.6.25）
＊第29回全国養護問題研究会基調報告

NO.27（2001.6.19）
＊第30回記念全国大会要録・レジュメ集

NO.27（2002.6.19）
＊第31回記念全国大会要録・レジュメ集

第32回全国児童養護問題研究会全国大会（2003.7.1〜3）
at.ルビノ京都堀川

第33回 全国児童養護問題研究会全国大会（2004.6.29〜7.1）
at.ルビノ京都堀川

第34回 全国児童養護問題研究会全国大会（2005.6.28〜30）
at.国立オリンピック記念青少年総合センター

第35回全国児童養護問題研究会全国大会（2006.6.28〜7.1）
at.国立オリンピック記念青少年総合センター

第36回 全国児童養護問題研究会全国大会（2007.6.26〜28）
at.愛知県社会福祉会館アイリス愛知

第37回 全国児童養護問題研究会全国大会（2008.6.24〜26）
at.愛知県社会福祉会館アイリス愛知

第38回 全国児童養護問題研究会全国大会（2009.6.27〜7.2）
at.ルビノ京都堀川

第39回 全国児童養護問題研究会全国大会（2010.6.29～7.1）
at.アウィーナ大阪

第40回 全国児童養護問題研究会全国大会（2011.6.22～24）
at.国立オリンピック記念青少年総合センター

第41回 全国児童養護問題研究会全国大会（2012.6.27～29）
at.国立オリンピック記念青少年総合センター

第42回 全国児童養護問題研究会全国大会（2013.6.29～30）
at.日本福祉大学美浜キャンパス

第43回 全国児童養護問題研究会全国大会（2014.6.28～29）
at.愛知県産業労働センター ウイング愛知

第44回 全国児童養護問題研究会全国大会（2015.6.27～28）
at.チサンホテル神戸

第45回 全国児童養護問題研究会全国大会（2016.7.2～3）
at.ホテルマイステイズ新大阪コンファレンスセンター

●全国養護問題研究会

・創刊号　1973.9.17
・特集号　（第三回全国大会要綱・第二回全国大会報告）1974.9.11
・特集号（第三回大会分科会報告集・資料　児童福祉施設最低規準について）1975.9.13,14,15
・特集号（第四回全国大会報告）1976.9
・全国養護問題研究会　第6回京都大会　（分科会手引き・レポート集）1977.9.8,9,10
・第7回　養護問題研究会全国大会（講座レジメ・分科会手引き・レポート集）1978.9.18,19,20
・第8回　養護問題研究会全国大会　資料　1979.9.26,27,28
・第9回　養護問題研究会全国大会　資料　1980.9.9,10,11
・第10回　養護問題研究会（分科会手引き・レポート集）1981.9.24,25,26
・第11回　養護問題研究会全国大会（分科会手引・レポート集）1982.9.27,28,29

- 第12回　養護問題研究会全国大会（分科会手引・レポート集）1983.6.27,28,29
- 第13回　養護問題研究会全国大会（分科会手引・レポート集）1984.6.27,28,29
- 第13回　養護問題研究会　基調報告
- 第14回　養護問題研究会全国大会（分科会手引・レポート集）1985.6.25,26,27
- 第14回（1985年）全国養護問題研究会基調報告
- 全国養護問題研究会全国大会15周年記念大会（レポート集）1986.6.10,11,12
- 第16回　全国養護問題研究会全国大会（レポート集）1987.6.23,24,25
- 第17回　全国養護問題研究会全国大会（レポート集）1988.6.21,22,23
- 第18回　養護問題研究会全国大会（講座レジメ・レポート集）1989.6.13,14,15
- 第19回　全国養護問題研究会全国大会（講座レジメ・レポート集）1990.6.26
- 第20回　全国養護問題研究会全国大会（講座レジメ・レポート集）1991.6.26,27,28

● 『日本の養護』
　＊全国養護問題研究会（編）

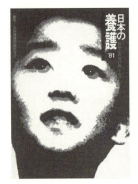
日本の養護'81
教育と福祉の統一をめざして
昭和56年5月
全国養護問題研究会（編）
発行：編集考房

日本の養護'82
福祉と教育の統一をめざして
昭和57年5月
全国養護問題研究会（編）
発行：編集考房

日本の養護'83
福祉と教育の統一をめざして
昭和58年5月
全国養護問題研究会（編）
発行：ブックショップ「マイタウン」

日本の養護'84
福祉と教育の統一をめざして
昭和59年5月
全国養護問題研究会（編）
発行：ブックショップ「マイタウン」

第4章　資料編　227

日本の養護'85
福祉と教育の統一をめざして
昭和60年6月
全国養護問題研究会（編）
発行：ブックショップ「マイタウン」

● 『日本の児童問題』

＊全国養護問題研究会（編）

　1号（1986.7.1）　　　2号（1987.5.1）　　　3号（1988.4.1）　　　4号（1989.7.1）

　5号（1990.6.1）　　　6号（1991.6.20）　　　7号（1992.6.17）　　　8号（1993.6.23）

9号（1994.6.23）　　10号（1995.6.21）　　11号（1996.6.19）

● 『日本の児童福祉』（『日本の児童問題』を改題）
　＊全国養護問題研究会（編）

12号（1997.6.25）　　13号（1998.6.22）　　14号（1999.6.15）　　15号（2000.6.20）

16号（2001.6.19）　　17号（2002.6.19）　　18号（2003.7.1）　　19号（2004.7.1）

20号（2005.7.1）　　21号（2006.7.1）　　22号（2007.7.1）

● 『子どもと福祉』

『子どもと福祉』編集委員会（編）

明石書店　定価：（本体1,700円＋税）

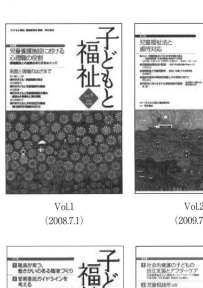

Vol.1（2008.7.1）　　Vol.2（2009.7.1）　　Vol.3（2010.7.1）　　Vol.4（2011.7.1）

Vol.5（2012.7.1）　　Vol.6（2013.7.1）　　Vol.7（2014.7.1）　　Vol.8（2015.7.1）

Vol.9
(2016.7.1)

■養問研出版書籍

全国養護問題研究会（編）
『明日をきずく子どもたち──日本の児童養護』
ミネルヴァ書房　1981年

小川利夫他（編）
『ぼくたちの15歳──養護施設児童の高校進学問題』
ミネルヴァ書房　1983年

第4章　資料編

全国養護問題研究会（編）
神田ふみよ（編集代表）
『春の歌うたえば――養護施設からの旅立ち』
ミネルヴァ書房　1992年

全国養護問題研究会（編）
浅倉恵一・神田ふみよ・喜多一憲・竹中哲夫（編集代表）
『児童養護への招待――若い実践者への手引き』
ミネルヴァ書房　＊1996年6月30日初刷り。改訂版12刷り発行

全国児童養護問題研究会（編）
竹中哲夫・長谷川眞人・浅倉恵一・喜多一憲（編集代表）
『子ども虐待と援助――児童福祉施設・児童相談所のとりくみ』
ミネルヴァ書房　2002年　＊3刷りまであり

全国児童養護問題研究会編集委員会（編）
喜多一憲・長谷川眞人・神戸賢次・堀場純矢（編集代表）
『児童養護と青年期の自立支援――進路・進学問題を展望する』
ミネルヴァ書房　2009年

『施設で育った子どもたちの語り』編集委員会（編）
『施設で育った子どもたちの語り』
明石書店　2012年

全国児童養護問題研究会（養問研）規約

第1章　総則

第1条（名称）

本会は、全国児童養護問題研究会といい、略して「養問研」と呼ぶ。

第2条（事務局）

本会の事務局の事務所は、当分の間以下の場所に置く。

児童養護施設　つばさ園

所在地　〒615-8256京都市西京区山田平尾町51-28

事務所の表示は、「つばさ園気付全国児童養護問題研究会事務所」とする。

第3条（目的）

本会は、子どもの養護・養育・教育・福祉・文化などの理論・制度・実践に関する民主的・科学的研究を推進し、子どもの生きる権利、幸福になる権利を守り育て、父母・家族の支援を進め、もって、全ての子どもと家族の福祉の向上に努めるとともに、児童福祉の現場で働く人々の福祉向上を図る。

第4条（会員）

（イ）本会の目的に賛同し、入会手続きを行い、所定の会費を納め、会の諸活動に参加するものを会員とする。

（ロ）2年連続して会費を納めない場合は、3年目以降は、退会したものとみなす。

（ハ）会員は、本会の総会の審議・議決に参加できるほか、会の運営について自由に意見を述べることができる。

（ニ）会員には、会の各種情報を提供する。

第2章　活動

第5条（活動）

本会の目的のために次の活動を行う。

（イ）年1回、全国大会を開催する。全国大会の運営については、附則に「全国大会開催に関する申し合わせ」を定める。

（ロ）年1回、研究誌を発行する。

（ハ）年1回、機関誌『そだちあう仲間』を発行する。

（ニ）研究交流のため、全国、ブロック、支部、サークルレベルの研究会、研修会、研究集会等を開催する。

（ホ）随時「養問研ニュース」を発行する。

（ヘ）研究・実践の成果をまとめ、多様な機会に発表する。

（ト）広く児童福祉関係団体との研究交流を推進する。

（チ）本会は、個人情報の保護に十分配慮をして活動をする。

第3章　組織
　第6条（名誉顧問、顧問）
　　（イ）本会に名誉顧問および顧問を置くことができる。
　　（ロ）名誉顧問および顧問の就任・解任は総会において決する。
　　（ハ）顧問は、全国運営委員会その他の会議に出席することができる。
　第7条（機関）
　　本会には次の機関を置く。
　　（イ）総会（2年に1回）
　　（ロ）全国運営委員会（随時）
　　（ハ）常任委員会（随時）
　第8条（役員・専門部および任期）
　　本会は次の役員を置く。任期は2年とし、総会において会員の中から選出する。
　　ただし、専門部員は、常任委員会において決める。
　　（イ）会長　1名
　　　　本会を代表し、総会を招集し、全国運営委員会、常任委員会を主催する。
　　（ロ）副会長　3名
　　　　会長を補佐し、会長に事故がある時はこれを代行する。
　　（ハ）事務局長　1名
　　　　本会の運営に必要な事務を行う。
　　（ニ）事務局次長　1名
　　　　事務局長を補佐し、事務局長に事故ある時はこれを代行する。
　　（ホ）専門部長、専門部次長、専門部員および専門部
　　　　（1）本会に専門部長、専門部次長、専門部員を置くことができる。
　　　　　　各専門部長の定員は、1名とする。
　　　　　　各専門部次長の定員は、1名とする。
　　　　　　各専門部員の定員は、若干名とする。
　　　　（2）専門部は、組織部、編集部、調査研究部、その他の専門部とする。
　　　　　　専門部は、会の方針を実行するために、それぞれの任務を分担し、実務を行う。
　　（ヘ）監査委員　2名
　　　　本会の財政運営について監査を行い、総会がある年は総会に、総会のない年（中間年）は全国運営委員会に監査結果を報告し承認を得るものとする。総会には、中間年に承認された監査結果を合わせて報告するものとする。
　　（ト）支部長・支部長代理者　全国運営委員となる支部長または支部選出代表者（支部長代理者）については、総会で承認するものとする。
　　（チ）支部長・支部長代理者は、総会の選出により、専門部長・次長を兼ねることができる。

第9条（機関の仕事と構成員）
　（イ）総会　会の最高機関であり、2年に1回開催し、会の基本方針と役員を決める。
　　総会は会員によって構成される。なお、会長、全国運営委員会、常任委員会のいずれかの発議により、臨時総会を開催することができる。
　（ロ）全国運営委員会　総会に準ずる機関であり、総会決定をふまえ会の運営の方針を定める。
　　構成員（全国運営委員）は、常任委員会の構成員および支部長または支部長代理者および本会が必要とする児童福祉関係者とする。
　　専門部員は、全国運営委員会の求めに応じて、全国運営委員会にオブザーバーとして出席することができる。
　（ハ）常任委員会　総会および全国運営委員会の方針に基づいて、会の日常運営を行う。
　　構成員（常任委員）は、会長、副会長、事務局長および次長、各専門部長および次長とする。
　　常任委員会には、その年次の全国大会開催地の支部長または支部長代理者を加える。
　　専門部員は、常任委員会の求めに応じて、常任委員会にオブザーバーとして出席することができる。

第10条（支部）
　（イ）各都道府県に、支部を設置することができる。
　　支部は、事務局に登録することにより暫定的に発足し、支部としての活動を開始することができる。支部は、発足後、近接の総会で承認するものとする。
　（ロ）支部は、支部長が代表する。必要に応じて支部長代理者を置くことができる。
　　支部長および支部長代理者は、本会の会員であることを要する。
　（ハ）支部は、会員5名以上をもって構成する。ただし、2006年改正規約制定以前に結成された支部はこの限りでない。
　（ニ）支部長または支部長代理者は、全国運営委員会構成員となる。
　（ホ）会員が5名に満たない都道府県組織は、支部準備会とする。ただし、2006年改正規約制定以前に結成された支部はこの限りでない。
　（ヘ）支部準備会代表者は、全国運営委員会オブザーバーとなることができる。

第4章　財政
第11条（会費）
　本会の会員は、年額4000円（ただし年1回発行の研究誌代を含む）の会費を納めなければならない。
第12条（財源）
　本会の財源は、会費その他の収入をもってまかなう。
第13条（会期、事業計画・事業報告、予算・決算）

本会の会期は2年とし、会期は、総会（2年に1回、全国大会開会期間中）から次の総会までとする。総会において事業報告・事業計画・会の方針的文書および決算報告を提案し承認する。

予算案については、総会後初めて行われる全国運営委員会に提案し承認を得るものとする。

会期途中（1年目終了時）の事業計画の変更、予算案・決算案については、全国運営委員会に提案し承認を得るものとする。

第14条（財政の運用と監査）

財政の運用は、事務局が責任をもって行い、事務局長が常任委員会に決算案を提案し、監査委員の監査を受けるものとする。

第5章　規約改正

第15条（規約改正）

規約の改正は、総会において、出席会員の過半数の賛成をもって決する。

第6章　雑則

第16条（規約の補足）

全国運営委員会は、本会の運営に必要な申し合わせを別に定め、規約を補足することができる。

第17条（規約の実施）

この改正規約（2014年改正規約）は、2014月6月28日をもって実施される。

附則

・規約の制定および改正経過
　1972年11月19日　制定
　1996年6月10日　一部改正
　1997年6月23日　一部改正
　2006年6月29日　一部改正
　2014年6月28日　一部改正

全国児童養護問題研究会（養問研）入会のご案内

　養問研（略称）は、児童養護施設で働く仲間や児童養護問題に関心のある学生や、研究者が集まって1972年に誕生した、自主的な研究団体です。子どもの発達保障と人権を擁護するための児童養護、あるいは児童福祉の諸援助や方法を研究し、更に職場の実践者の専門性の向上や、働きがいのある職場の実現も目指しています。

【主な活動内容】
- ◇　全国大会を年1回開催
- ◇　研修会を東日本・中部日本・西日本ブロックで開催
- ◇　研究誌『子どもと福祉（旧・日本の児童福祉）』年1回発行（児相研と共同編集）
- ◇　機関誌『そだちあう仲間』年1回、全国大会時発行（大会レジュメ集）
- ◇　会として発行した主たる著書

『児童養護と青年期の自立支援』『施設で育った子どもたちの語り』『児童養護への招待』等

【支部活動】
全国に、11支部設立されており独自の研究活動を実施しています。

（宮城、東京、神奈川、愛知、岐阜、京都、大阪、兵庫、広島、高知、大分）

【会　費】
会の運営は年間4,000円の会費（研究誌代含む）で賄われています。

【会員のメリット】
◇支部に所属していただき、各地の学習会にも参加できます。

◇全国規模の大会や、各地の学習会にも参加できます。

◇研究誌などに投稿できます。

◇当会発行の書籍が10％〜20％割引で購入できます。

◇全国の会員の方と、意見交換していただけます。

◇何よりも、自覚的に児童養護問題に関わって研究、学習する姿勢が生まれます。

◇働きがいのある職場作りなども追求できます。子どものこと、職場のこと、一人で悩んでおられる方も、意欲的に考え、実践に取り組んでいる方も、養問研に入会し、私たち養問研の仲間と一緒に考え、実践してみませんか。

【入会申し込み・お問い合わせ】
　申込書に必要事項をご記入の上、当会の事務局までお送りください。研究誌、養問研についてのお問い合わせも下記の事務局へお願いします。

　　　　　　　全国児童養護問題研究会事務局
　　　　　　　〒615-8256　京都市西京区山田平尾町51-28
　　　　　　　　　　つばさ園 芦田徹（事務局長）TEL 075-381-3650
　　　　　　　ホームページ　http://youmonken.org

全国児童養護問題研究会　入会申込書

貴会の目的に賛同し又、規約に同意し、（　　）年度の入会を申し込みます。

1.【入会希望者記入欄】（こちらに記入をお願いします）

入会申込	年　　　　月　　　　日		
ふりがな 氏　名		年齢	才
住　所	〒		
電話番号			
勤務先名		職　種	
勤務先住所	〒		
電話番号			
連絡事項	案内等送付先希望 自宅　｜　職場	ご要望やご質問、その他〉	

◎入会される方は、この『申込書』をコピーしご記入の上、事務局へお送りください。

＊申込書が届き次第、事務局から振込口座をお知らせしますので、年会費（4,000円）をご入金ください。

＊会員有効期間は全国大会（6月）から次の全国大会（6月）までです。

＊ご入金の確認が出来ましたら、事務局より会員証＆研究誌をお送りします。その時点で正式な入会となります。

あとがき

　私は昭和48年4月、予備知識もなく養護施設に就職をして子どもたちとの生活に出会いました。しばらくして養問研と出会い、参加するようになり、積先生と出会うことができたのです。当初の研究会、運営委員会などでお会いした晩年のお姿が、積先生との思い出であり私の印象です。

　一度目の出会いは、たしか昭和48年か49年の日本児童育成園で先生の講演を聴く機会があった時だと思います。まだ右も左もわからない自分であったので、先生の講義を受けて施設での子どもの見方、仕事の中身、子どもとの関わり方など、ぼんやりと理解ができました。その次は5年目ぐらいだったと思います。大野慈童園の中村先生が退職され、支部長の役が私になり運営会議に出て行く機会があり、その会議の場で先生とお会いすることが何度かありました。

　そのころは『明日をきずく子どもたち』の執筆の話題が多かったように思います。当時は名古屋市の城山会館で会議があり、懇談会などの機会に声をかけてもらうことがありました。先生はいつも穏やかに話をされる方だという印象が、私には強く残っています。またお酒が好きであったとの印象があります。そんな時に「山口君ねえ」と、駆け出しの私にも声をかけていただいた記憶があります。

　私は先生がご存命の時に松風荘を訪問した記憶がなく、先生が亡くなって沼津で追悼の学習会を行った時、初めて訪問したように思います。もっと早くから、先生からいろいろなことを学んでおくべきだったと悔やまれてなりません。

　積先生は「はだかの教育」を大事にされ、「この仕事こそ『はだかの教育』でいくべきだと信じ、それをつらぬいてきました。何でも言える教育、自分をまるはだかにできる教育、そこに人間としての真実のふれあいが生まれ、その真実をどこまでも大事にして、みんなで育っていくこと、これが『教育』の本道だと思っているからです」と、児童養護について述べています。私はこの思いを児童養護に携わるものとして大切にしていきたいと考えています。

　今、社会的養護の現場は「家庭的養護の推進」として、生活単位の小規模化と地域化に向けた取り組みが国主導で進められています。私たちは単に小集団で養育すれば良いというのではなく、社会的養護は子どもの安心安全が守られ、1人ひとりの子どもが集団の中で育つ取り組みが進められ、その営みを通して子どもと職員がともに育ち合える関係を築いてくことをめざす取り組みを進めていくことです。

　子どもを守ることは、子どもの命と育ちを妨げるものとの戦いです。今の日本は虐待などで入所してくる子どもが急増しています。親の生活実態が豊かでなく、働いても貧困ラインから抜け出られません。まして子どもの貧困は6人に1人という現実があります。貧困は子どもの育ちとともに将来の可能性さえも奪ってしまいます。

私は今、「満蒙開拓義勇軍（隊）」について合掌苑の成り立ちに影響した事柄として関心をもっています。郡上市のひるが野に満州から引き上げてきた人の子どもたちが厳しい生活をしていることなどが影響して、子どもの施設を作ったのだと聞いています。児童養護施設は先の戦後処理として戦争孤児、引き上げ孤児などの治安対応として多くの施設が設立されてきています。戦後新憲法ができ、戦争をしない国を作ってきたことで、子どもたちの幸せ、家族との生活や健全な子どもの発達、育ちを守り支えてきました。

　これからも、貧困と戦争のない国を続けていくことで子どもたちの幸せを守っていくことの意味を社会に発信していくことこそ、社会的養護に関わるものの大切な使命であると考えています。

　　　2017年3月

　　　　　　　　　　　　　　　　　　　　　　　　　　　　　　　　山口　薫
　　　　　　　　　　　　　　　　　　　　　　　　　　　　　　　（養問研副会長）

編集後記

　このたび、『日本の児童養護と養問研半世紀の歩み：未来の夢語れば』が刊行の運びとなりました。本書は養問研の全国大会が2016年に45回を迎えるにあたって、喜多会長の提案のもと、2014年度から常任委員を中心に準備を進め、2014年8月に山口副会長の地元・郡上八幡での合宿をとおして、論点整理と柱立ての検討を行いました。その後、年数回の常任・運営委員会や、編集会議を重ねて準備を進めてきました。

　しかし、いざとりかかってみると、養問研が歩んできた半世紀の歴史をまとめるのは容易なことではなく、膨大な資料の整理や原稿の執筆、そして、会員の方々への原稿依頼・集約などに多くの時間を費やすことになりました。そのため、当初予定していた第45回大会（大阪、2016年）での刊行はならず、第46回大会（東京、2017年）を前にして、ようやく日の目をみることとなりました。

　刊行が遅れることになったものの、常任・運営委員会や編集会議のなかで、せっかく出すのであればより良いものをという意見もあり、座談会や新たな原稿を追加するとともに、養問研の刊行物のうち、支部で刊行されたものを含めて資料編に掲載することになりました。

　私事ではありますが、私と養問研との関わりは、大学3年生の時にゼミの担当教員だった長谷川眞人先生（当時、編集部長）に誘われ、第25回全国大会（愛知、1996年）に学生スタッフとして参加したことが契機でした。当時、私は記録係としてある分科会に参加し、施設職員の方々の熱心な議論に自然と引き込まれたことを覚えています。そのことが契機となって児童養護施設で働いた後に研究者になり、長谷川先生から編集部を引き継いで現在に至っています。しかし、私はまだ養問研の半世紀のうち、その半分に満たない年数しか関わっていません。

　そのような立場で養問研の歴史を語るのはおこがましいのですが、本書は日本の児童養護や養問研の歴史に大きな足跡を残してこられた歴代の役員、そして、ベテランから若手まで幅広い年齢層の会員のみなさんの熱い思いが伝わってくる原稿が数多く掲載されています。ぜひご一読いただき、今後の活動の一助になれば幸いです。

　養問研が今後、100年史を刊行できるよう、さらなる発展を祈念して編集後記にしたいと思います。最後にご執筆いただいた会員のみなさん、そして、出版の労をとっていただいた福村出版と社長の宮下基幸さんに、深くお礼を申し上げます。

　　　　　　2017年3月

　　　　　　　　　　　　　　　　　　　　　　　　　堀場純矢（養問研編集部長）

編集委員・執筆者一覧

＊肩書きは養問研の役職/所属

■編集委員

喜多一憲（養問研会長/名古屋文化福祉会 理事）

山口 薫（養問研副会長/岐阜・桜学館 施設長）

武藤素明（養問研副会長/東京・二葉学園，二葉むさしが丘学園，トリノス 統括施設長）

石塚かおる（養問研副会長/京都・つばさ園 園長）

芦田 徹（養問研事務局長/京都・つばさ園 主任児童指導員）

早川悟司（養問研組織部長/東京・子供の家 施設長）

遠藤由美（養問研調査研究部長/日本福祉大学 教授）

堀場純矢（養問研編集部長/日本福祉大学 准教授）

望月 彰（養問研監査/愛知県立大学 教授）

■執筆者

＊五十音順
＊「前」は以前の役職、「元」は故人の以前の役職

相澤知奈実（神奈川・東京支部役員/高風子供園）・浅倉恵一（前会長/日本児童育成園）・芦田 徹（事務局長/つばさ園）・安部慎吾（神奈川支部長/唐池学園）・岩田正人（愛知支部長/名古屋文化キンダーホルト）・遠藤由美（調査研究部長/日本福祉大学）・大塚哲朗（前組織部長/吉岡保育園）・岡出多申（大阪支部長/高鷲学園）・尾道敦子（前大阪支部長/高鷲学園）・貝田依子（兵庫支部長/三光塾）・春日明子（初代東京支部長）・合宝好恵（京都支部役員/もものキ学園）・加藤 潤（愛知副支部長/和進館児童ホーム）・神田ふみよ（前副会長）・喜多一憲（会長/名古屋文化福祉会）・源野雅代（前大阪支部長）・河野博明（前大分支部長/児童アフターケアセンターおおいた）・児玉あい（岐阜副支部長/桜学館）・柴山英士（前東京副支部長/埼玉育児院）・髙橋朝子（東京支部事務局長/品川景徳学園）・豊田八郎（初代事務局長）・永井 健（元岐阜支部事務局長）・中村國之（前副会長）・鳴海賢三（前編集部長/花園大学）・長谷川眞人（前編集部長/NPO法人「こどもサポートネットあいち」）・早川悟司（組織部長/子供の家〈東京〉）・原田裕貴子（大阪支部事務局長/すみれ乳児院）・堀場純矢（編集部長/日本福祉大学）・前田佳代（広島支部長/広島修道院きずなの家）・宮﨑正宇（高知支部長/子供の家〈高知〉）・武藤素明（副会長/二葉学園）・望月 彰（監査/愛知県立大学）・山口 薫（副会長/桜学館）

日本の児童養護と養問研半世紀の歩み
――未来の夢語れば――

2017年4月15日　　初版第1刷発行

編　集　全国児童養護問題研究会　日本の児童養護と養問研半世紀の歩み編纂委員会
発行者　石井昭男
発行所　福村出版株式会社
　　　　〒113-0034 東京都文京区湯島2-14-11
　　　　電話 03-5812-9702　FAX 03-5812-9705
　　　　http://www.fukumura.co.jp
装　丁　青山　鮎
印　刷　シナノ印刷株式会社
製　本　本間製本株式会社

© 全国児童養護問題研究会　2017
Printed in Japan
ISBN978-4-571-42064-1
乱丁本・落丁本はお取替え致します。
定価はカバーに表示してあります。

福村出版◆好評図書

K. バックマン他 著／上鹿渡和宏・御園生直美・SOS子どもの村JAPAN 監訳／乙須敏紀 訳
フォスタリングチェンジ
●子どもとの関係を改善し問題行動に対応する里親トレーニングプログラム【ファシリテーターマニュアル】
◎14,000円　ISBN978-4-571-42062-7　C3036

子どもの問題行動への対応と関係性改善のための，英国唯一の里親トレーニング・プログラムマニュアル。

深谷昌志・深谷和子・青葉紘宇 著
虐待を受けた子どもが住む「心の世界」
●養育の難しい里子を抱える里親たち
◎3,800円　ISBN978-4-571-42061-0　C3036

里親を対象に行った全国調査をもとに，実親からの虐待経験や，発達障害のある里子の「心の世界」に迫る。

才村眞理・大阪ライフストーリー研究会 編著
今から学ぼう！ライフストーリーワーク
●施設や里親宅で暮らす子どもたちと行う実践マニュアル
◎1,600円　ISBN978-4-571-42060-3　C3036

社会的養護のもとで暮らす子どもが自分の過去を取り戻すライフストーリーワーク実践の日本版マニュアル。

上鹿渡和宏 著
欧州における乳幼児社会的養護の展開
●研究・実践・施策協働の視座から日本の社会的養護への示唆
◎3,800円　ISBN978-4-571-42059-7　C3036

欧州の乳幼児社会的養護における調査・実践・施策の協働の実態から日本の目指す社会的養護を考える。

M. スタイン 著／池上和子 訳
社会的養護から旅立つ若者への自立支援
●英国のリービングケア制度と実践
◎3,300円　ISBN978-4-571-42057-3　C3036

住居，教育，雇用，健康といった様々なアプローチから行われている英国のリービングケア政策と実践例を紹介。

堀場純矢 編著
子どもの社会的養護内容
●子ども・職員集団づくりの理論と実践
◎2,200円　ISBN978-4-571-42049-8　C3036

子ども・職員集団づくりなど本質的課題を基軸に，職員の労働条件など社会科学的な視点で社会的養護を解説。

武藤素明 編著
施設・里親から巣立った子どもたちの自立
●社会的養護の今
◎2,000円　ISBN978-4-571-42046-7　C3036

アンケート調査と当事者の経験談から日本における児童福祉及び社会的養護からの自立のあるべき姿を模索する。

増沢 高・青木紀久代 編著
社会的養護における生活臨床と心理臨床
●多職種協働による支援と心理職の役割
◎2,400円　ISBN978-4-571-42047-4　C3036

社会的養護で働く心理職の現状と課題を踏まえ，多職種協働の中で求められる役割，あるべき方向性を提示。

長谷川眞人・伊藤貴啓・吉村 譲・吉村美由紀 編集代表
生活を創る子どもたちを支えて
●社会的養護を支援するNPO法人「こどもサポートネットあいち」の5年間
◎1,800円　ISBN978-4-571-42050-4　C3036

社会的養護にかかわり，その充実をめざすNPO法人「こどもサポートネットあいち」の5年間のあゆみ。

◎価格は本体価格です。